동아시아 속의
한일 2천년사

동아시아 속의
한일 2천 년사

요시노 마코토 지음 | 한철호 옮김

cum libro
책과함께

일본이 한국 역사를 어떻게 파악
하는지는 일본 스스로 자신의 나
라를 어떻게 인식하는가 하는 문
제와 밀접한 관련이 있습니다. 한국에 대한 인식이 각각의 시대마다
여러 관점이 있었지만, 한편으로 '한국은 원래 일본에 종속되어야
한다'고 본《일본서기》이래의 사고방식이 계속 유지돼온 것도 사실
입니다. 더욱이 근대에 이르면 한국사의 정체성과 비자립성을 강조
하는 견해가 연구의 흐름을 형성해왔습니다.

이와 같은 식민사관을 비판한 새로운 한국사 연구가 본격적으로
이루어진 시기는 1960년대였습니다. 같은 시기에 주장하기 시작한
'동아시아 세계'의 개념은 지난날 일본사를 독선적으로 파악한 것
에 대해 반성하는 의의가 있었다고 할 수 있습니다. 한일 관계의 역
사를 재검토하려는 시도는 먼저 고대사와 근대사 분야에서 성과를
거두기 시작하였고, 곧이어 중세사와 근세사에까지 미쳤습니다. 최
근 나오는 일본사 통사와 총서에서는 일본사의 틀을 동아시아 세계
속에서 자리매김하고, 한국과의 교섭에 유의하면서 되물으려는 지
향을 엿볼 수 있습니다.

이 책은 원래 한일관계사 강의 교재로 사용할 작정으로 정리했는
데, 일반 독자들이 볼 수 있게 펴내면서 최근의 새로운 연구 동향을

4

훑어보려고 노력했습니다. 하지만 각각의 전문 연구 분야에서 축적된 연구 성과와 논쟁을 제대로 파악하고 썼는지, 오류가 있지는 않은지 염려스럽습니다.

이토록 미숙한 책을 한국어로 번역·출판하려고 하니 솔직히 망설임과 부끄러운 마음이 먼저 들었습니다. 그러나 도서출판 책과함께 류종필 사장께서 간곡하게 출판을 권유해주셨고, 게다가 존경하는 한국 근대사 연구자인 한철호 교수께서도 번역을 맡아주시어 책을 펴내게 됐습니다. 이 책이 한국과 일본 두 나라의 국경을 뛰어넘어 자유롭고 활발한 토론에 기여하는 바가 있었으면 좋겠습니다.

장의 구성으로도 알 수 있듯이, 이 책은 어디까지나 일본 역사의 흐름에 따라서 서술한 한일관계사에 지나지 않습니다. 한국사의 시각에서 글을 썼다면 동아시아 세계의 구조를 다각적으로 더욱 깊이 서술할 수 있었겠지만 충분하지 못했습니다. 독자 여러분께서 다양하게 비판해주시기를 바랍니다. 이번 한국어판 출판을 계기로 더욱 연구에 정진하도록 노력하겠습니다.

2004년 11월

요시노 마코토

한일관계사를 쉽게 공부할 수 있는 개설서를 쓸 수 없을까 생각하면서 대학 수업과 시민 강좌 등에 사용하기 위해 작성해두었던 노트를 한군데 모았습니다. 부족한 부분을 보충하고, 원래 예정에 없던 근대 부분 몇 장을 더해 한 권의 체제를 갖추었습니다. 하지만 제대로 된 통사를 썼는지 걱정이 앞섭니다. 개론에 가까운 장이 있는가 하면 연구사 소개가 돼버린 장도 있고, 사료를 제시하는 데 역점을 둔 장도 있습니다. 각각 독립된 장으로 읽어주시면 고맙겠습니다.

읽기 쉽고, 쓰기 쉽게 하기 위한 의도에서 '입니다(です)', '합니다(ます)' 등의 표현 방식으로 썼습니다. '읽기 쉽게' 한답시고 했지만 결과는 여러분들이 읽어보신 대로입니다. '쓰기 쉽게' 하겠다는 기대도 빗나가고 '입니다', '합니다' 라는 표현 방식이 듣는 사람을 강하게 의식한 스타일이기 때문에 말하는 사람이 자신의 견해를 명확히 해야만 한다는 당연한 사실을 깨달았습니다. 역사 연구는 서로 다른 관점과 견해 때문에 어느 분야에서나 논쟁이 벌어지고 있습니다. 이는 오히려 역사 공부를 재미있게 하는 요소가 되기도 하는데, 특히 한일 관계의 역사는 고대부터 근대에 이르기까지 이해가 대립되는 논란투성이라고 해도 지나친 말이 아닙니다. 게다가 최근 눈에

띄게 연구가 진전되면서 논점이 한층 더 여러 가지로 갈라졌습니다. 어느 시대 영역이건 여러 가지로 갈린 전문가들의 다양한 견해를 얼마만큼 소화해냈는지 염려스럽기 짝이 없지만, 논란이 되고 있는 부분의 일단은 보여주지 않았나 자위를 해봅니다. 참고문헌과 그림, 표의 출전 등을 참고해 한일관계사를 탐구해나가는 실마리로 삼아주셨으면 좋겠습니다.

고대 이래 일본인의 한국 인식은 이 책에서 다룬 것처럼 《일본서기》와 같은 번국관(蕃國觀)에 영향을 받아왔습니다. 게다가 근대에 이르러서는 한국의 역사를 자주성이 없고 '타율적'이며, 발전성이 없고 '정체적'이라고 강조하는 견해가 연구의 큰 흐름을 이뤘습니다. 이와 같은 주장은 "그래서 일본이 한국을 근대화해주겠다"는 논리로 이어져, 의도적 내지 무의식적으로 식민지 지배를 정당화하는 논거(論據)로 기능했습니다. 제2차 세계대전 후의 연구는 그에 대한 반성의 관점에서 대상을 '내재적' 또는 '발전적'으로 이해하려고 하며, 나름대로 한국의 역사 전개가 풍부하고 다채로웠다는 사실을 분명하게 밝혀왔다고 말할 수 있습니다.

그렇지만 이런 연구에서도 근대에 이르러 형성된 민족이나 국민국가라는 틀이 '내재'해야 할 자명한 단위로서 옛 시대를 분석하는 데 적용되고, 서구적인 근대 사회를 도달점으로 삼는 '발전' 이론이 암묵적으로 전제되는 등 여러 가지 한계가 지적되고 있습니다. '동아시아 세계'와 '동아시아 문명'에 착안하는 것은 이와 같은 연구 상황을 재검토하고, 한계를 넘어서기 위한 방법을 모색하려는 시도라고 할 수 있습니다. 게다가 최근에 일부 사람들이 주장하는 '새로운 사관'은 '일본'이나 '일본 문명'을 일찍부터 확립되었던 것으로 여겨 주변 세계에서 떼내 이해하고, 그 역사의 고유성과 우월성을 억지로 강조하며, 동시에 메이지 시대 이후 과정을 오로지 근대화 성공담으로 묘사하고 모순을 무시하려는 것입니다. 그러한 논의가 국민에게 자신감을 주는 역사로 선전되고 있는 요즘의 풍조에서는 '동아시아의 시점'을 탐구하는 의의가 더더욱 크다고 할 수 있습니다. 방법론적인 연구는 사회·경제·문화 등 구체적이고 다양한 측면에서 접근할 필요가 있습니다. 그렇지만 '동아시아사'라는 말을 큰 주제로 붙이면서 이 책이 다루었던 것은 '일본'과 '한국'의 국가적인 관계에 지나지 않으며, 그것을 이해하는 데 동아시아 국제 질서의 동향을 시야에 넣어두는 것이 필요하다고 언급했을 뿐입니다.

전근대까지 동아시아 국제 질서는 중국 황제를 중심으로 주변 국가들의 수장이 황제에게 조공해 작위를 받는 '조공 관계'·'책봉 관계'를 기축으로 만들어졌습니다. 이 책의 구성을 중국 왕조와 비교해 구분해보면 1부 '일본 열도의 원시 사회와 한반도'는 춘추전국시대부터 진·한에서 삼국 시대를 거쳐 서진에 이르는 시기, 2부 '왜의 왕권과 삼국'은 남북조시대, 3부 '일본의 성립과 신라·발해'는 수·당 시대, 4부 '헤이안·가마쿠라 시대 일본과 고려'는 송(요·금)·원의 시대, 5부 '무로마치 시대·쇼쿠호 정권기 일본과 조선'은 명나라 시대, 6부 '에도 시대 일본과 조선'은 청나라 시대, 7부 '근대 일본의 한국 침략'은 중국 아편전쟁 이후 근대에 해당합니다. 동아시아 세계의 동향도 대체로 이러한 구분으로 파악할 수 있다고 생각합니다.

한반도와 일본 열도에서 생겨났던 국가들은 동아시아 국제 질서에 참여해서 중국 왕조와 관계를 맺고, 그것에 규정되면서 상호 교섭을 진전시켰습니다. 조공 및 책봉 체제는 지배 및 종속 형식의 관계임과 동시에, 한편에서는 평화와 안정의 시스템으로 기능했습니다. 다만, 그런 체제 속에서 주변 국가들은 자기 나라를 중심으로 삼는 세계 질서 관념을 만들어나가기도 했는데, 일본은 일찍이 《일본서기》 등에 확립된 일본 중심의 관념이 그 후의 역사 과정에서 집요하게 보존·유지돼온 특징이 있습니다. 그리고 일본 중심주의의 관념은 한국에 대한 멸시 의식과 밀접하게 결부돼 있습니다.

각각의 부제인 2부 '허상과 실상', 3부 '이념과 현실', 4부 '자존과 동경', 5부 '적대와 융화', 6부 '멸시와 교린' 등으로 알 수 있듯, 일본에서 한국 문제는 서로 대립하는 요소로 규정돼왔습니다. 이 가운데 어느 쪽에 역점을 두고 이해하느냐에 따라 적대와 멸시, 또는 선린과 우호 등 한일 관계의 이미지는 매우 다르게 보입니다. 전체 흐름을 파악하기 위해서는 일본 중심주의의 논리와 동아시아 세계의 질서 원리가 어떻게 관련을 맺고 있는지를 조정과 막부, 천황과 쇼군이라는 왕권의 이중성과 연결하면서 명확히 밝히는 것이 중요합니다. 동아시아 국제 질서는 근대에 접어들어 새로운 세계 시스템에 포함되면서 해체되지 않을 수 없었지만, 그 과정에서 일본이 취했던 행동을 이해하기 위해서라도 근대 이전의 역사 전개를 아는 것이 필요하다고 여겨집니다.

이 책을 펴내면서 구로다 다카시(黑田貴史)·사토 가즈히사(佐藤和久) 두 분을 비롯해 아카시서점(明石書店) 직원들이 색인과 연표, 그림 작업 등에 애를 많이 써주셨습니다. 부족한 점이 눈에 많이 띄는 책이지만, 아낌없이 지적하고 비판해주시면 좋겠습니다.

2004년 4월

요시노 마코토

1부

일본 열도의 원시 사회와 한반도

1장 ┃ 일본 열도의 주민

1. 남방적 요소와 북방적 요소

　　　　　　　　　일본 열도를 무대로 삼아 사회와
문화의 역사를 창출해온 사람들, 그들의 선조는 어디에서 왔으며,
어떻게 이 열도에 정착하게 됐을까요? 죠몬(繩文) 문화와 야요이
(弥生) 문화의 담당자는 그 후 일본 열도의 사람들과 어떠한 관계를
가졌으며, 한반도를 비롯해 동아시아 지역들의 문화를 만들어낸 사
람들과 어떠한 관계에 있었을까요?

　이러한 '일본인' 의 내력을 살펴볼 수 있는 실마리 가운데 하나가
바로 열도 각 지역 사람들이 갖고 있는 인류학적 특징입니다. 이미
메이지(明治)·다이쇼(大正) 시대에 조사된 두장폭시수(頭長幅示
數, 머리의 길이와 폭 수치) 분포를 살펴보면, 긴키(近畿) 지방 사람
들이 단두(短頭, 위에서 본 머리 형태가 원형에 가까운 모양)의 특징을
보이는 데 비해서, 동일본을 비롯해 다른 지방 사람들은 장두(長頭,
앞뒤가 기다란 타원형)의 모습을 띠는 점이 지적되고 있습니다. 제2차

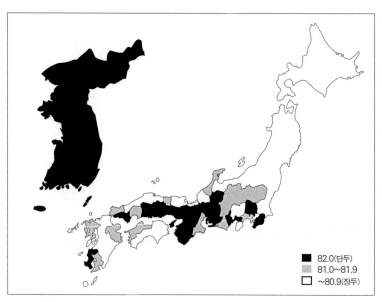

■ 82.0(단두)
▨ 81.0~81.9
□ ~80.9(장두)

〈1-1〉 **두장폭시수의 분포.** 고하마 모토쓰구(小浜基次), 《인류학연구》 7, 1960 인용.

세계대전 후 전국적인 계측 조사를 토대로 한 고하마 모토쓰구(小浜基次)의 연구에 따르면, 단두의 특징은 중앙부의 긴키와 세토우치(瀬戸內) 지방에서 전형적으로 나타나고, 도카이(東海)에서 간토(關東) 일부 지역에도 분포되어 있습니다. 장두의 경향〔중두(中頭)〕은 이를 에워싸듯이 주변의 도호쿠(東北), 기타간토(北關東), 호쿠리쿠(北陸), 상인(山陰)에서부터 시코쿠(四國), 규슈(九州) 지방에까지 퍼져 있습니다. 또한 중앙지역의 단두는 쓰시마(對馬)를 거쳐 한반도 사람들의 특징과 연결되고, 주변부의 장두 경향은 아이누(Ainu)인(일본 홋카이도(北海島)·쿠릴열도·사할린 섬에 거주하는 민족 ─ 옮긴이)들의 특징에 가깝다고 합니다. 그 외의 인류학적인 연구에서도 인골(人骨)의 형질은 똑같은 분포 상황을 보이며, 더욱이 오키나와(沖繩)를 비롯한 서남제도(西南諸島)의 주민이 아이누인을 전형으로 한 주변 지방의 사람들과 공통점이 많다는 사실이 지적됐습니다. 일본 열도 북부와 남부 사람들이 지리적으로 떨어져 있는데도 매우 비슷하고, 긴키 지방 등 중심부 사람들은 그와 상당히 다른 성질을 갖고 있다는 매우 흥미로운 경향을 엿볼 수 있습니다.

최근에 널리 행해지고 있는 유전형질이나 바이러스 연구에서도 같은 결과가 나타났습니다. 귀지(귓밥)의 건습(乾濕) 형태를 보면, 중앙부에서는 마른 귀지를 지닌 사람의 비율이 높은 데 비해, 남부와 북부에서는 젖은 귀지의 비율이 높았습니다. 또한 B형 간염 바이러스의 항원형 분포에서도 adr형이 높은 비율을 차지하는 중심부에 비해, 주변 지역에서는 adw형의 비율이 높게 나타났습니다. 나아가 시야를 아시아로 넓혀 관찰하면, 일본 열도의 주변부에서 나타나는 특징은 중국 남부에서부터 동남아시아에 걸쳐 거주하는 사람들의 경향과 매우 비슷하며, 중심 지역에서 나타나는 특징은 한반도와 중국 북부 등 북아시아 사람들의 경향과 일치하고 있습니다.

아시아 대륙에서 몽골로이드(몽골인종 또는 황색인종)는 북방계와 남방계 두 가지로 나뉘는데, 일본 열도의 중앙부에서는 북몽골로이드와 공통되는 특질이 보이고, 남부와 북부에서는 남몽골로이드적인 요소가 강하게 나타납니다. 이 사실을 어떻게 설명해야 할까요? 이것이 바로 첫 번째 문제입니다.

북아시아의 오래된 지층에서 발견되는 인골은 현재 남아시아에서 사는 사람들의 특질과 상당히 비슷합니다. 이것은 곧 옛날에는 북방에서도 남몽골로이드와 똑같은 사람들이 거주하고 있었다는 사실을 보여주며, 어느 시점부터 북몽골로이드가 정착해 살았다는 것을 의미합니다. 이 두 유형의 몽골로이드 가운데 남몽골로이드가 본래의

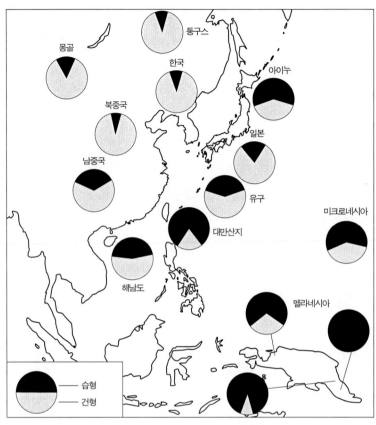

<1-2> **귀지 형태의 분포**. 오모토 게이이치(尾本惠市), 《신체에서 일본인의 기원을 찾는다》, 1986 인용.

종족, 즉 고(古)몽골로이드라고 할 수 있는데, 뒤로 가면서 진화해 온 신(新)몽골로이드가 현재의 북몽골로이드로 연결되었다는 견해 가 유력합니다.

원래 아시아 일대에는 고몽골로이드가 넓게 퍼져 있었지만, 약 2 만 년 전부터 시작된 뷔름빙기(Würm氷期)가 진행되면서 대부분 멸 종되었습니다. 이때 동부시베리아에 잔존하면서 매서운 추위 속에

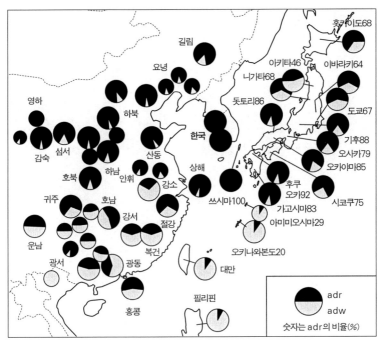

〈1-3〉 **B형 간염 바이러스의 항원형 분포.** 니시오카 구스야(西岡久壽彌), 《일본학사원기요》 38-1, 1982 및 사사키 고메이(佐佐木高明), 《일본사탄생》에서 작성.

시 살아남은 한 무리가 있었는데, 그들은 한랭한 기후에 적응할 수 있는 신체적인 형질을 얻어 새로운 몽골로이드로 진화했습니다. 그리고 지금으로부터 1만 년 전, 그들은 빙기가 끝나고 충적세(Holocene Epoch)가 시작돼 기온이 상승하자 일거에 세력을 확대하면서 남하해 고몽골로이드를 내쫓고 북아시아 일대로 퍼져갔습니다. 고몽골로이드는 남쪽으로 내려갔고, 아시아 중간 지역에는 양자가 혼합된 형태의 몽골로이드가 형성됐습니다. 이렇게 하여 현재의 몽골로이드 분포가 만들어진 것으로 보입니다.

2. 죠몬인과 야요이인

앞에서 살펴본 대로라면, 옛날에
는 일본 열도 전체에 현재 남아시아에서 거주하는 사람들과 특질이
같은 고몽골로이드가 살았으며, 이후 북아시아 사람들과 같은 특질
을 지닌 신몽골로이드가 중앙부로 비집고 들어와 살았다고 추측할
수 있습니다. 그로 말미암아 일본 열도의 주변 지역에는 고몽골로이
드의 특징이 살아남고, 긴키나 세토우치를 중심으로 한 지역에는 신
몽골로이드의 특징이 강하게 나타났습니다. 원래 고몽골로이드가
퍼져 있던 중앙부에 신몽골로이드가 들어와 자리를 잡은 결과가 지
금과 같은 일본 열도 사람들의 지역적 특징이 된 것입니다.

그렇다면 신몽골로이드는 어느 시기에 일본 열도에 들어왔을까
요? 이것이 두 번째 문제입니다.

죠몬 시대의 인골은 고몽골로이드의 특징을 잘 보여주고 있습니
다. 그 이전 홍적세(Pleistoncene Epoch)에는 일본 열도가 대륙과 육지
로 연결돼 있었는데, 이때 육지를 따라서 내려왔던 구석기 시대인은
고몽골로이드이며, 북방이나 남방 등 몇 개의 도래 경로가 있었다고
생각됩니다. 충적세에 이르러 빙하가 녹아 일본 열도가 대륙으로부
터 떨어져나가자 일본 열도에 남은 그들이 신석기 문화, 즉 죠몬 문
화의 담당자가 된 것으로 보입니다.

죠몬 시대에도 주변 지역과 교류가 이뤄졌는데, 동부의 경우에는
북방아시아와 관련이 깊은 나라림(ナラ林) 문화, 서부의 경우에는
남방계의 조엽수림(照葉樹林) 문화의 특징을 각각 갖고 있었다고 말
할 수 있습니다. 또한 한반도와 규슈 북부에서 결합식 낚시 바늘[釣
針]이 발견된 점 등으로 미루어 밀접한 교류가 있었다고 볼 수 있습

니다. 그러나 죠몬 문화의 담당자가 크게 바뀐 것 같지는 않습니다.

이후 야요이 문화가 시작되면서 비로소 문화와 인골 등이 크게 바뀌었습니다. 벼농사와 금속기가 특징인 야요이 문화는 기원전 4세기경 규슈 북부에서 시작해, 짧은 기간에 일본 서부에서 동부로 퍼져나가 홋카이도와 서남제도를 제외한 일본 열도 전역으로 확대됐습니다. 고도의 관개·배수 시설을 갖춘 논〔水田〕의 흔적을 찾아볼 수 있는 초기 야요이 시대의 유적에서 주목할 점은 죠몬인과 눈에 띄게 다른 신몽골로이드의 특질을 지닌 인골이 발견됐다는 것입니다. 도이가하마(土井ヶ浜) 유적〔야마쿠치현(山口縣)〕과 미쓰나가타(三津永田) 유적〔사가현(佐賀縣)〕 등 규슈 북부와 쥬고쿠(中國) 지방의 야요이 초기 유적에서 발견된 인골은 그때까지의 죠몬 시대인과 비교하면 키가 크고, 단두이며, 얼굴도 위아래로 길고 편평한 특징을 보입니다.

야요이 문화는 고도의 벼농사 기술과 금속기를 발달시킨 새로운 인간 집단이 도래하면서 시작됐다고 봐도 좋겠습니다. 이 사람들이 북부 규슈에서 중부로 비집고 들어오면서 신몽골로이드의 요소를 가지고 왔던 것입니다.

3. 한반도의 벼농사 유적

그렇다면 벼농사 문화와 신몽골로이드의 형질을 전해준 사람들은 어디에서 북부 규슈로 건너왔을까요? 그들의 유입 경로를 밝히는 것이 세 번째 문제입니다.

벼가 처음 재배된 곳은 인도 동북부의 아삼과 인접한 중국의 운남

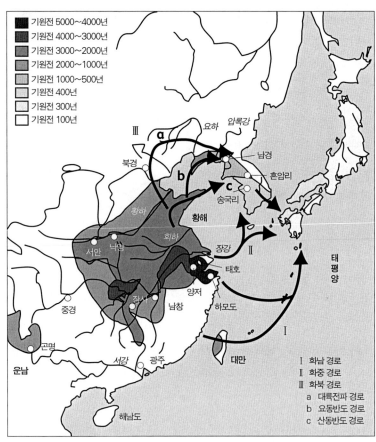

〈1-4〉 **일본의 벼농사 전래 경로.** 사사키 고메이(佐佐木高明)・와타베 다다요(渡部忠世) 편, 《아시아 속의 일본벼농사문화》에서 작성.

(雲南) 지방이라는 설도 있지만, 일본 열도에 전해진 벼농사 기술의 원류(源流)는 중국 장강(長江) 하류 지역인 강남 지방임이 분명합니다. 기원전 5000년경의 절강성(浙江省) 하모도(河姆渡) 유적에서는 짐승 뼈로 만든 가래날〔鋤先〕 등과 함께 많은 벼가 발견됐습니다. 그러면 벼농사가 중국 강남 지방에서 어떻게 일본으로 전해졌을

까요?

　일본으로 벼농사가 전래된 경로에 대해서는 세 가지 견해가 있습니다. ① 남방에서 서남제도를 따라 규슈로 전해졌다는 남방 경로, ② 중국 강남 지방에서 직접 동중국해를 넘어서 규슈 북부로 전해졌다는 강남 경로, ③ 산동(山東)반도에서 한반도를 거쳐 규슈 북부로 전해졌다는 한국 경로 등이 바로 그것입니다. 벼는 여러 기회에 다양한 경로를 통해 전파되었을 가능성이 있고, 최근 연구에 의하면 죠몬 시대에도 이미 벼가 재배되고 있었다는 주장이 유력합니다. 그러나 지금 문제는 야요이 문화의 기초가 된 벼농사가 어떠한 경로로 규슈 북부에서 시작돼 일본 전역에 전해졌는가 하는 점입니다.

　야요이 초기의 유적에서 보이는 특징 가운데 하나로 고도로 발달된 논과 함께 고인돌〔지석묘(支石墓)〕을 들 수 있습니다. 고인돌은 한반도에서 널리 볼 수 있는 유적으로, 북방식과 남방식 두 가지 유형이 있습니다. 그 가운데 남방식의 고인돌이 야요이 초기, 즉 벼농사를 짓기 시작한 시기에 규슈 서북부에서 왕성하게 만들어졌습니다. 벼농사 기술을 가지고 도래했던 사람들이 만든 것으로 판단됩니다. 이것은 벼농사의 전파 경로가 직접 한반도를 경유했다는 사실을 잘 보여줍니다.

　한반도의 원시 문화는 구석기 시대를 지나 신석기 시대의 빗살무늬토기 문화를 이루었고, 이어서 기원전 1000년경에는 청동기 시대의 무늬없는토기 문화로 바뀌어갔습니다. 무늬없는토기 문화의 주체는 신몽골로이드였고, 이때는 또한 벼농사가 확대된 시기이기도 합니다. 충청남도 부여군의 송국리(松菊里) 유적에서는 탄화미(炭火米)나 볍씨 흔적이 있는 토기 등이 출토됐고, 충청남도 논산군의 마전리(麻田里) 유적과 경상북도 울산시의 무거동 옥현(玉峴) 유적

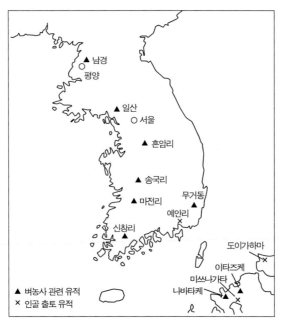

남경
○
평양

▲ 일산
○ 서울

▲ 흔암리

▲ 송국리
무거동
▲ 마전리
예안리

신창리

도이가하마
×
이타즈케
미쓰나가타
나바타케

▲ 벼농사 관련 유적
× 인골 출토 유적

〈1-5〉 **한반도의 벼농사 유적.**

에서는 수전유구(水田遺構)가 발견됐습니다. 경기도 여주군 흔암리 (欣岩里) 유적과 평양시에 있는 남경(南京) 유적에서도 탄화미가 나왔으며, 이곳의 벼농사는 밭농사 방식으로 재배됐을 가능성이 높습니다. 따라서 벼농사의 전래 경로는 이런 유적들을 근거로 벼농사가 산동반도에서 북상해 요동반도를 거쳐 한반도 북부로 전해져 계속 남하했다는 주장과 한반도 남부로 직접 전래됐다는 주장 등 두 가지 견해로 나뉩니다.

어느 주장이든 송국리 유적의 돌칼이나 돌도끼, 동검 그리고 벼의 종류는 야요이 문화 초기에 해당하는 가라쓰시(唐津市)의 나바타케 (菜畑) 유적 등과 비슷합니다. 따라서 일본 열도의 벼농사 문화가 한국의 무늬없는토기 문화와 밀접한 관련이 있다는 점은 의심의 여지가 없습니다. 한반도에서 벼농사 기술과 고인돌, 청동기 등을 포함해 고도로 발전한 문화가 유입됐으며, 상당히 많은 사람이 바다를 건너왔다고 볼 수 있습니다. 한반도 남단의 김해시 예안리(禮安里) 유적에서 발굴된 인골은 바다 건너편 일본 야마구치현의 도이가하마 유적에서 나온 인골과 매우 비슷한 특징을 보입니다.

4. 도래의 물결

신몽골로이드 특징을 가진 사람들이 한반도를 경유해 고몽골로이드의 특징을 지닌 죠몬인에게 벼농사 문화를 전했다는 점은 앞에서 추측한 대로입니다. 마지막 문제는 도래(渡來) 규모가 어느 정도였을까 하는 점입니다. 죠몬인과 도래인의 융합이 야요이 시대 이후 일본 열도에 사는 사람들의 특징을 형성했다는 점은 사실이라 하더라도, 죠몬인과 죠몬 문화에 도래인의 특징이 덧붙여졌다고 이해할지, 아니면 도래 집단이 대규모여서 오히려 토착민들을 제치고 죠몬인과 죠몬 문화를 흡수해 본류가 됐다는 주장이 맞는지가 문제로 남습니다. 즉, 도래했던 사람들이 죠몬인을 압도해갔다고 봐야 할까요, 아니면 토착 죠몬인이 벼농사 문화를 배우고 받아들였던 측면을 더 중시해야 할까요?

메이지 시대 이후 인류학에서는 석기 문화의 주체를 코로보쿠르(아이누족의 설화에 나오는 선주 민족)로 하든지〔쓰보이 쇼고로(坪井正五郎)〕 아이누족으로 하든지〔고가네이 요시키요(小金井良精)〕 간에, 일본인의 선조는 외부에서 들어와 토착민들을 대신했다는 인종 교체

야요이 초기 (기원전 300년)의 인구(명)	연 증가율(%)	나라 시대(기원후 700년)의 인구(명)		
		죠몬인 직계자손	도래계 자손	합계
75,800	0.2	560,000	4,839,800	
	0.3	1,522,485	3,877,315	
	0.4	4,138,540	1,281,260	5,399,800
160,300	0.2	1,184,466	4,215,334	
	0.3	3,219,712	2,180,088	

〈1-6〉 **도래의 규모.** 하니하라 가즈로(埴原和郎), 《일본인의 성립》에서 작성.

설이 유력했습니다. 다이쇼 시대에서부터 쇼와 시대로 접어들어 일본인과 일본 문화가 매우 빠른 시기에 형성되었다고 하며, 그 일관성을 강조하려는 풍조가 강해지자 죠몬 시대인이 일본인의 직접적인 선조였다고 하는 원(原)일본인설이 유력하게 되었습니다. 그러한 커다란 테두리 안에서 야요이 이후의 형질 변화를 외래 요소와의 융합에 주목해서 설명하거나(기요노 겐지(清野謙二) 등), 생활 환경의 변화에 따라 차츰 진화했다는 점을 강조하는(하세베 고톤도(長谷部言人) 등) 등의 차이는 있지만, 제2차 세계대전 후에는 후자의 학설이 더욱 강해졌습니다(스즈키 히사시(鈴木尙) 등). 도래의 의의가 다시 중시된 것(가나세키 다케오(金關丈夫) 등)은 비교적 최근 들어서입니다.

　이러한 가운데 하니하라 가즈로(埴原和郎)의 '백만인 도래설'은 충격을 던져줬습니다. 하니하라는 죠몬 말기 일본 열도의 인구를 76,000명 정도로 가정합니다. 이것이 나라(奈良) 시대에는 약 540만 명이 된 것으로 보이며, 야요이 시대의 시작을 기원전 4세기경이라고 하면 1천 년간의 인구 증가율이 연 0.4%를 넘는다는 계산이 나옵니다. 이는 이때까지 연구에서 보고됐던 세계 각지 초기 농경 단계의 인구 증가율과 현격한 차이가 나는 높은 비율입니다. 벼농사가 시작되었다 하더라도 매우 높은 수치인 만큼 자연 증가와 더불어 다른 요인, 즉 외부 유입을 고려하지 않으면 설명할 수가 없다는 주장입니다. 가령 증가율을 0.2%로 계산하면, 죠몬 말기 이후 재래계의 자손은 1천 년간 56만 명 정도밖에 되지 않습니다. 나머지 380만 명은 도래인 및 그 자손이 돼야 한다는 셈이며, 이 기간에 수십만 명에서 1백만 명 규모의 도래가 있었을 것이라는 내용입니다. 한 시뮬레이션에 의하면 현대 일본인의 유전자는 전국 평균으로 죠몬계 30%, 도래계 70%의 비율로 나타나며, 서부에서는 도래계의 비율이 더 높다고 합니다. 1백만이라는 숫자는 제쳐놓더라도 상상을 크게 뛰어넘는 대규모의 도래가 있었다는 사실은 확실한 것 같습니다.

그런데 방사성탄소 연대측정법을 기초로 실시한 최근의 한 조사 보고에 따르면, 규슈 북부의 초기 벼농사 유적 연대가 훨씬 이전일 가능성이 있다고 합니다. 이는 동아시아 속에서 야요이 문화의 위치를 둘러싼 논의를 활발하게 만들어줄 보고라고 생각합니다. 만일 조사 보고가 사실이라면 규슈 북부는 더욱 이른 시기부터 한국의 무늬없는토기 문화와 관련한 문화권에 포함되어 있었다는 것이 됩니다. 죠몬인과 죠몬 문화, 야요이인과 야요이 문화가 일본 열도에 오랫동안 같이 존재하고 있었다고 말할 수도 있겠습니다. 더군다나 어떠한 계기로 규슈 북부에서 서부 일대로 벼농사가 확대되었는지를 다시 문제 삼지 않을 수 없습니다. 재래의 죠몬인이 오랜 기간에 걸쳐 서서히 벼농사 문화를 받아들였을 가능성이 더욱 중요하게 될지, 아니면 제2, 제3의 도래를 상정할 수 있을 것인지가 문제입니다. 어느 쪽이든 도래는 야요이 시대뿐만 아니라, 7세기에 이르기까지 몇 차례 계속해서 이뤄졌습니다. 헤이안(平安) 초기에 정리된 《신찬성씨록(新撰姓氏錄)》에 의하면, 기나이(畿內)의 1,182개의 성씨 가운데 명확하게 도래계로 분류되는 성씨가 324개에 이릅니다. 역사 시대에 접어들면서 도래 계통의 씨족만으로도 이 정도의 숫자에 이르고 있습니다.

일본 열도의 주민이 어떻게 성립되었는지에 대한 문제는 죠몬인과 야요이 이후의 도래계 사람을 모두 시야에 넣고 이해해야만 합니다. 양자의 비중이 어떠했는지는 차치하더라도, 새로운 야요이 문화는 기존의 죠몬 문화를 압도하면서 주변으로 내쫓아버렸습니다. 7세기 후반에 명확히 모습을 드러내는 '일본'이라는 나라는 그러한 야요이 문화가 만들어낸 토대 위에서 성립했습니다. 따라서 죠몬인과 죠몬 문화에서 주목할 점은 야요이 문화를 만들어낸 하나의 요소인 동시에 야요이 문화와 그 흐름을 이어받아 창출된 '일본'을 상대화하는 시각을 갖게 해주었다는 데 있습니다. 아이누나 유구(琉球, 지금의 오키나와 섬 — 옮긴이) 문화에 빛을 비춰주면서도 내버려지고 주변화됐던 요소들에 주목하여 '일본'이란 과연 무엇인가를 캐물을 계기로 삼아야 할 것입니다. 이 점을 애매모호하게 정리한 채 죠몬 문화와 '일본'을 아무런 매개 없이 연결하고, '일본인'과 '일본 문화'의 기원을 거슬러 올라가는 것은 적절하지 않다고 생각합니다. 죠몬인과 죠몬 문화의 풍부한 모습을 꼼꼼하게 연구하는 것은 중요한 과제이지만, '일본인'과 '일본 문화'가 일찍부터 독자적인 형태로 성립됐다는 점을 지나치게 강조하는 맥락에서 '원(原)일본인'이나 '죠몬 기층 문화'를 이야기하는 것이 과연 타당할까요? 이 점은 신중히 검토하고 지나가야 할 문제입니다.

2장 │ 금인(金印)의 세계

1. 낙랑·대방군과 동이족들

농경이 발달하면서 각지에 집단 마을이 형성되고, 몇 개의 집단 마을을 통솔하는 수장(首長)이 등장했습니다. 벼농사의 전파 자체가 춘추전국시대 중국 사회의 동향과 관련이 깊지만, 진(秦)과 한(漢)이라는 강력한 통일 제국이 출현하자 중국 황제를 중심으로 주변의 수장들 사이에서 독자적인 국제 질서가 형성됐습니다. 일본 열도 내부에서 일어났던 국가 형성의 움직임 역시 처음부터 그러한 동아시아 세계의 전개에 규정되었고, 아울러 한반도에서 나타났던 같은 움직임과 병행·경합하면서 진행됐습니다.

중국의 동쪽에 위치한 세계에서 가장 일찍 국가 형성의 메커니즘이 시작된 곳은 한반도 북서부를 중심으로 한 지역이었습니다. 물론 천제(天帝)의 자손 단군(檀君)이 평양성에 도읍을 세웠다는 단군조선과 중국에서 동쪽으로 온 성인 기자(箕子)가 단군조선의 뒤를 이

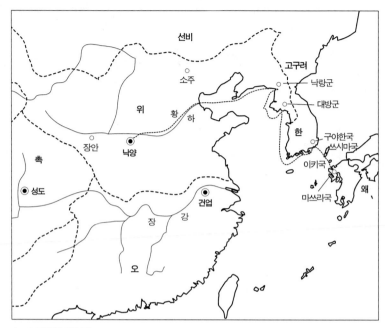

〈2-1〉 3세기 동아시아.

어받아 건국했다는 기자조선 건국신화를 사실(史實) 그대로 볼 수 없지만, 기원전 4~3세기에는 이 지역에 '조선(朝鮮) 왕'을 칭하는 수장이 분명히 존재했습니다. 기원전 221년 진(秦)이 중국을 통일할 무렵 조선 왕 부(否)가 시(始) 황제에게 사자를 보냈고, 기원전 202년 전한(前漢)이 창건된 뒤 중국에서 망명한 위만(衛滿)이 부의 아들 준(準)에게서 나라를 빼앗아 새로운 왕조 위씨조선을 세웠습니다. 이들 단군조선·기자조선·위씨조선을 합쳐 훗날 14세기에 시작된 조선 왕조와 구별하기 위해 '고조선(古朝鮮)'이라고 부릅니다.

위만은 한에 입조(入朝)해 조선 왕의 칭호를 승인받았지만, 주변 지역으로 영토 확대를 꾀했던 전한의 제7대 황제 무제(武帝)가 기원

부여
읍루
고구려
동옥저
낙랑군
예
대방군
마한
진한
변한
왜

〈2-2〉 동이족의 거주 지역.

전 108년 위씨조선을 멸망시키고 이 지역을 직할령으로 삼아 낙랑군(樂浪郡) 등 4개 군을 설치했습니다. 다른 3개의 군은 얼마 되지 않아 폐지되거나 옮겨졌지만, 낙랑군만은 8년부터 신(新)에 그리고 25년부터 후한(後漢)에 인계됐습니다. 낙랑군은 이 지역에 대한 직접 지배를 위한, 왜인을 포함한 동이족들을 관할하기 위한 거점으로서 계속 기능했습니다. 후한 말기에 이르자, 요동(遼東)의 공손씨(公孫氏)가 자립해서 낙랑군을 영유함과 동시에 남쪽에 대방군(帶方郡)을 설치했습니다. 220년 후한이 멸망한 뒤 화북을 지배했던 위(魏)가 238년에 공손씨를 정벌하고 낙랑군과 대방군을 지배했습니다.

위나라의 역사가 기록된《위지》〈동이전〉에는 중국 동북부에서 한반도, 일본 열도에 걸쳐 거주한 동이족들의 모습이 상세하게 묘사돼 있습니다. 〈동이전〉 마지막 부분인 '왜인조(倭人條)'는 일반적으로 《위지》〈왜인전〉(이하 〈왜인전〉)으로 불리는데, 야마타이국(耶馬台國)의 여왕 히미코(卑弥呼)에 관한 이야기도 실려 있습니다. 여기에 기록된 동이족의 거주 상황은 지도 〈2-2〉와 같습니다. 북쪽에 부여(夫餘)·고구려, 동해 지역에 읍루(挹婁)·동옥저(東沃沮)·예(濊), 남쪽에 한(韓) 그리고 일본 열도에 왜가 있으며, 이들 초기 국가들은 낙랑군·대방군과 교섭하면서 국가를 형성해가고 있었습니다.

고구려는 일찍부터 왕을 중심으로 정치적 통합이 진전됐고, 신나라 때는 통제에 복종하지 않는 고구려 왕을 후(侯)로 격하시키는 조치가 취해졌습니다. 후한 시대가 되자 32년 고구려는 입조해 다시 고구려 왕의 칭호를 얻었고, 통치 기구를 조직화하려고 했습니다.

이에 비해 한은 마한·변한·진한 등 세 지역으로 이뤄졌고, 70여 소국이 분립하고 있었습니다. 신지(臣智)·읍차(邑借) 등으로 불리는 수장은 낙랑군과 대방군을 통해서 읍군(邑君)이나 읍장(邑長) 등의 칭호를 받아 중국 황제와 군신관계를 맺었으며, 인수(印綬)를 받았습니다. 마한의 월지국(月支國)을 다스리면서 변진(弁辰) 12국을 통솔한 진왕(辰王) 등 연합의 움직임도 엿볼 수 있지만, 군으로부터 1천 명에 이르는 한인에게 인수가 지급된 탓에 통일적인 왕권이 성장하는 데는 오히려 커다란 걸림돌이 됐다고 볼 수 있습니다.

2. 왜의 나국왕

일본 열도의 상황도 역시 마찬가지였습니다. 《한서》〈지리지〉에 의하면, 기원전 1세기경 왜에는 100여 개의 소국이 있고, 정기적으로 낙랑군에 조공하는 나라도 있었다고 합니다. 더욱이 《후한서》〈동이전〉에는 57년인 건무중원(建武中元) 2년에 왜의 나국왕(奴國王)이 조공했고, 이에 대해 광무제(光武帝)가 인수를 주었다는 기록이 있습니다.

에도(江戸) 시대 후기인 1784년 후쿠오카(福岡)의 시카노시마

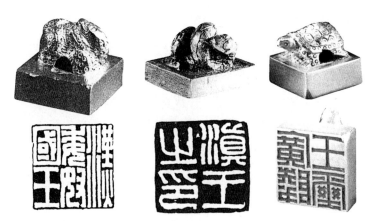

〈2-3〉 **금인의 종류.** 한왜나국왕, 전왕지인, 광릉왕새(왼쪽부터).

(志賀島)에서 당시의 금인(金印)으로 보이는 것이 발견됐습니다. 논도랑을 손보던 농부가 우연히 발견해서 번주(藩主)에게 바쳤는데, 지금은 후쿠오카시 박물관에 보관돼 있습니다. 한 변이 2.35센티미터 정도 되는 사각형의 앞면〔印面〕에는 '한위노국왕(漢委奴國王)'이란 다섯 글자가 새겨져 있고, 손잡이 부분은 뱀의 형태로 만들어져 있습니다. 일반적으로 '한의 왜(倭)의 나국왕(奴國王)'이라고 읽습니다.

발견 직후 금인의 진위가 논란이 되었는데, 이유는 무엇보다 한의 황제가 내외의 왕 및 신하에게 주었던 인장(印章) 가운데 뱀 손잡이〔蛇紐〕 모양은 매우 드물었기 때문입니다. 인장은 받는 자의 지위에 따라서 손잡이 모양이 거북과 낙타 등으로 엄격히 규정돼 있었습니다. 또한 새긴 문자도 '내신(內臣)', 즉 황제가 직접 지배하는 중국 영토의 왕에게 준 인장은 '○○왕(지)새〔○○王(之)璽〕', 군현 밖의 '외신(外臣)'에게 준 것은 '한○○왕(지)장〔漢○○王(之)章〕'·'한

○○왕(지)인〔漢○○王(之)印〕'으로 한다는 규정이 있었습니다. 그런데 시카노시마에서 발견된 금인은 이러한 규정에서 벗어나 있기 때문에 위조품이나 모조품이 아닌가 하는 의심을 받았습니다.

그런데 1956년 중국 운남성의 옛 무덤에서 발굴된 '전왕지인(滇王之印)' 금인은 손잡이가 뱀 모양으로 되어 있습니다. 전한의 무제가 기원전 109년에 하사한 금인으로, 이로 인해 뱀 손잡이의 금인이 분명히 존재했다는 사실이 확인됐습니다. 더욱이 1981년 강소성(江蘇省)에 있는 후한대의 옛 무덤에서 '광릉왕새(廣陵王璽)'라고 새겨진 금인이 발견됐는데, 이것은 규격대로 만든 거북 모양의 손잡이가 달린 금인으로 광무제가 58년 내신에게 하사했던 것입니다. 즉, 나 국왕에게 준 다음해에 만든 금인으로, 시카노시마의 금인과 크기와 무게, 문자 조각 방법 등이 매우 비슷했습니다. 같은 공방(工房)에서 제작한 금인으로 보이며, 이것들의 발견으로 2세기에 걸친 시카노시마 금인의 진위 논쟁은 진품이 확실하다는 쪽으로 결론이 났습니다.

'전왕지인'은 또한 내신과 외신의 중간적인 성격을 띤 인장이 존재했다는 점도 시사해주고 있습니다. 그리고 '나왕'이 아닌데다가 '지인'이라는 문자도 없는 '나국왕'의 금인은 외신보다 더 바깥쪽에 위치해 조공만을 행한 조공국 가운데에서도 외신(外臣)의 요소가 좀더 강한 존재라는 점을 보여주는 것이라는 견해도 있습니다.

인수제도는 원래 황제가 새로운 관직이나 작위를 줄 때 인수를 하사하는 제도로 중국 왕조의 관리임을 증명하는 관인이었는데, 이 범위를 넓혀 주변 지역의 수장에까지 인장을 지급했던 것입니다. 수(綬)는 인(印)에 붙여놓은 끈으로 관직과 작위에 따라서 색깔이 달랐습니다. 중화 황제는 천명을 받아서 세계의 중심으로 군림하고,

그 덕을 흠모해서 주변 이적(夷狄)의 수장들이 조공한 것으로 생각됩니다. 그 수장들에게까지 관직과 작위를 수여해 '외신'으로서 군신관계를 맺고, 중국의 왕조 질서에 편입시키려고 했던 것입니다. 이러한 국내·국제 질서가 바로 '책봉(冊封) 체제'이며, 이는 전근대 동아시아 세계를 규정하는 원리로 기능했습니다.

3. 친위왜왕(親魏倭王)

나국왕 이후 107년에 '왜국왕' 또는 '왜의 면토국왕(面土國王)'이 조공했다는 기록이 있고, 〈왜인전〉에는 147~189년 후한의 환제(桓帝)·영제(靈帝) 시대에 '왜국대란(倭國大亂)'이 일어나 그 난리 속에서 야마타이국의 히미코가 '공립(共立)되었다고 합니다. 180년대에는 히미코가 30여 개의 소국을 지배한 왕이 됐다고 볼 수 있습니다. 1961년 나라현 도다이지산(東大寺山) 고분에서 발견된 철칼에는 '중평(中平)'이란 연호(184~189년)가 표기돼 있는데, 만일 당시에 이것을 중국에서 가져왔다면 히미코는 이미 후한 왕조와 교류했던 것으로 볼 수 있습니다. 그러나 앞에서 서술했듯이 후한이 쇠퇴함에 따라 요동에서는 공손씨가 세력을 확대해서 낙랑군을 지배하고, 나아가 3세기 초에는 대방군을 설치했습니다. "이후 왜·한(韓)은 마침내 대방에 속한다"라는 기록으로 봐서, 히미코 역시 한반도 한의 국가들과 마찬가지로 대방군을 매개로 공손씨에게 복속되어 있었습니다.

220년 마침내 후한이 망하고 화북은 위(魏), 남쪽은 오(吳), 서쪽은 촉(蜀)이 병립하는 삼국 시대가 됐습니다. 공손씨는 위에 복속됐지만 한편으로 오와 제휴하려는 동향도 보이고 있었으므로 공손씨 아래에 있던 히미코의 처지도 미묘했다고 여겨집니다. 위나라는 마침내 238년 군대를 파견해 공손씨를 멸망시켰고, 낙랑군과 대방군도 위의 지배에 들어갔으며, 이에 히미코는 지체 없이 다음해인 239년에 사절단을 파견했습니다. 위의 도읍인 낙양(洛陽)으로 사자를 보낸 히미코에게 황제는 '친위왜왕(親魏倭王)'의 칭호를 주고 금인을 하사했습니다. 확고한 외신으로 책봉됐다고 생각할 수 있습니다. 이 칭호는 그 외에 인도와 중앙아시아에 세력을 뻗쳤던 대월씨(大月氏)의 왕에게만 주었을 만큼 특별했기 때문입니다.

남쪽의 오와 대결해야 하는 위나라의 처지에서 보면, 왜는 매우 신경 쓰이는 존재였습니다. 게다가 〈왜인전〉에 따르면, 왜는 "회계동야(會稽東冶)의 동쪽에 있는" 것으로 여겨졌습니다. 회계군 동야현의 동쪽은 대만 북쪽에 해당하는 위치로, 오의 본거지와 근접해 있다고 생각했던 것입니다. 더군다나 야마타이국 한 나라만 하더라도 8만 호나 되는 큰 세력으로 여겨졌습니다. 그러한 왜국이 오와 결탁하지 않게 최대한 주의를 기울일 필요가 있었기 때문에 '친위왜왕'이란 특별한 칭호를 내렸던 것이겠죠. 위는 또한 이 시기에 고구려의 도전을 받고 있었으며, 한족이나 예(濊)와의 대립도 깊어가고 있었습니다. 히미코 책봉 후 대방태수 궁준(弓遵)이 한족과 전투를 벌이다 사망했습니다. 위나라로서는 낙랑군과 대방군을 유지하기 위해서라도 배후에 있는 야마타이국을 우대해줄 필요가 있었습니다.

한편 히미코의 처지에서 보면 '왜국대란' 속에서 왕이 되고, 30여개 국을 통합하는 과정에서 위 황제의 후원이 커다란 힘이 됐을 것입니다. 더욱이 구나국(狗奴國)과 대립하고 있던 히미코는 240년 다시 상표(上表, 황제나 임금에게 글을 올리는 것 — 옮긴이)했고, 이어 구나국과 대립이 격화되자 243년에 사자를 보냈습니다. 이에 대해 위 황제는 245년에 황당(黃幢), 즉 군기(軍旗)를 하사했습니다. 그리고 247년에는 대방군에서 황제의 조서와 황당을 소지한 관리 장정(張政)을 파견해 구나국과 치른 전투에서 지휘를 맡았던 난쇼마이(難升米)에게 주었으며, "격문을 만들어서 이것을 널리 알리도록" 했다고 합니다. 이는 위가 왜국 내의 전쟁에 깊숙이 개입했다는 뜻이며, 히미코는 이러한 중국 왕조와의 결탁을 배경 삼아 국내 통합을 진전시켜 나갈 수 있었습니다.

4. 규슈인가, 기나이(畿內)인가

그렇다면 야마타이국은 과연 어디에 있었을까요? 이에 대해서는 일찍부터 규슈설과 기나이(畿內) 설이 대립해왔습니다. 〈왜인전〉의 첫 부분에는 야마타이국으로 가는 여정이 기록돼 있습니다. 대방군을 출발한 배는 해안을 따라 구야한국(狗耶韓國)에 이르고, 바다를 건너서 쓰시마 및 이키(壹岐)를 지나 규슈에 있는 마쓰라국(末盧國)에 상륙한 뒤 동남쪽으로 육로를 따라 500리를 가서 이토국(伊都國)에 도착했다고 합니다. 이 다음의 기록에 관해서는, 이토국을 거점으로 해서 각각 나국(奴國) · 후미국(不弥國) · 도마국(投馬國) · 야마타이국으로 가는 경로를 적었다는 주장과 이들 국가들을 차례로 거쳐 야마타이국에 도착했다는 주장으로 나뉩니다. 어느 쪽이든, "야마타이국에 이르는 데 남쪽 바닷길로 10일, 육로로 한 달"이라는 기록대로 가보면 히미코의 나

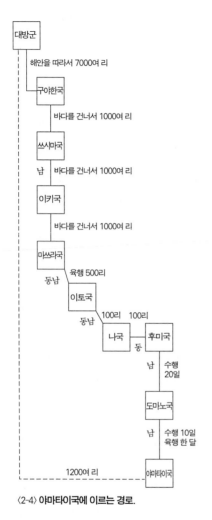

대방군

┆ 해안을 따라서 7000여 리

구야한국

┆ 바다를 건너서 1000여 리

쓰시마국

남 ┆ 바다를 건너서 1000여 리

이키국

┆ 바다를 건너서 1000여 리

마쓰라국

동남 ┆ 육행 500리

이토국

동남 ┆ 100리   100리

나국 ── 후미국

동

남 ┆ 수행 20일

도마노국

남 ┆ 수행 10일 육행 한 달

1200여 리   야마타이국

〈2-4〉 **야마타이국에 이르는 경로.**

라는 규슈에서 멀리 떨어진 남쪽 바다가 돼버립니다. 그래서 남쪽 방향은 그대로 둔 채 거리를 줄여 해석하는 규슈설과 거리는 그대로 두고 방향을 동쪽으로 바꿔야 한다는 기나이설이 서로 대립한 것입니다.

황제의 조서와 금인을 가지고 온 사자가 히미코가 있는 곳까지 가지 않았다고 추측할 수는 없습니다. 위나라 사자는 남방의 오와 대결하는 상황에서 전략의 일환으로 야마타이국과 관계를 구축하기 위해서 파견됐기 때문에 왜국을 탐색하는 임무도 당연히 포함돼 있었다고 봐야 합니다. 그 뒤에 왔던 대방군의 관리는 왜의 내전에까지 관여했습니다. 야마타이국에 이르는 기록에서 혼란이 일어났던 이유는 사자가 기타큐슈에서 목적지로 가지 않은 채 정황만 전해 듣고 아무렇게나 적당히 얼버무렸기 때문이 아니라, 야마타이국이 회계동야의 동쪽에 위치하고 일본 열도가 남쪽으로 뻗쳐 있다는 인식과 꼭 맞추기 위해

방향과 거리 가운데 어느 하나를 바꾸어 기록했기 때문이 아니었을 까요?

어쨌든 어느 주장을 받아들이느냐에 따라서 그 후 일본 열도의 역사 전개에 대한 이해가 달라집니다. 4세기에는 기나이를 중심으로 했던 야마토(大和) 조정이 기타큐슈까지 지배하고 있었으므로, 규슈설을 취하면 야마타이국 시대 뒤에 기나이 세력이 규슈를 정복했다는 주장이 가능하고, 기나이설을 따르면 야마타이국이 야마토 조정의 전신이었을 가능성이 높아집니다.

원래 기나이설의 출발점은 《일본서기》 징구 황후기(神功皇后紀)의 주(注)에 일부러 〈왜인전〉을 인용한 데 있습니다. 야마토 조정이 한반도의 국가들을 복속시켰다는 이야기의 주인공이 징구 황후인데, 기록에 그와 히미코가 동일 인물이었다는 점을 넌지시 비춘 것은 허구성이 강한 징구 황후에게 실재성을 부여하기 위해서가 아니었을까요? 그러나 그것은 동시에 야마토 조정이 중국 황제에게 신속(臣屬)돼 있었다는 사실을 인정하는 근거이기도 합니다. 에도 시대에 이르러 아라이 하쿠세키(新井白石)가 기나이설에서 규슈설로 바꾼 이유는 《일본서기》 기록의 절대화를 피하고 〈왜인전〉의 기록을 고증한 결과였습니다. 한편 모토오리 노리나가(本居宣長)의 경우 규슈설을 통해 야마토 조정의 존엄을 보호하려 했다고 말할 수 있습니다. 즉, 노리나가의 규슈설은 '만국(萬國)의 원본대종(元本大宗)'인 황국 일본이 중국에 조공해서 신하의 예를 차렸을 리가 없으며, 징구 황후가 사방에 이름을 떨치고 있던 점을 이용해서 규슈 지방의 구마소(熊襲) 등이 제멋대로 이름을 위조해 중국에 사자를 보냈다는 내용입니다.

근대에 이르러 시라토리 구라키치(白鳥庫吉)가 규슈설을 주장했던 것도 노리나가와 똑같은 의도였습니다. 일본 문화의 독자성을 명확히 하고, 천황을 중심으로 한 국가 체제의 유구성을 강조하고 싶었던 시라토리는 중국 황제에게 신종하는 히미코를 야마토 조정의 역사에서 배제할 필요가 있었습니다. 게다가 일본이 한국의 국권을 강탈했던 1910년에 규슈설을 강조하는 논문을 발표했던 이유 역시 삼한정벌이란 공적을 쌓은 징구 황후를 히미코에게서 명확하게 떼내려는 의도와 관계가 있습니다. 신화에 바탕을 둔 신성한 황국의 역사를 쓰기 위해서는 히미코를 규슈로 추방할 필요가 있었기 때문입니다.

같은 해 나이토 고난(內藤湖南)이 기나이설에 근거한 논문을 발표함으로써 야마타이국의 위치를 둘러싼 논쟁이 시작됐는데, 신화를 근거로 한 역사가 일반화된 후에는 야마타이국은 역사학의 주요 주제에서 멀어지게 되었습니다. 제2차 세계대전이 끝나고 황국사관의 극복이 과제가 되었을 때, 〈왜인전〉과 히미코가 다시 관심 있는 주제로 떠올랐습니다. 이번에는 규슈설이 야마토 조정 중심의 일본사를 재검토하는 실마리로 인식되기도 했습니다.

규슈설을 취하면 야마토 조정의 통일 이전에 별도의 국가가 존재했던 점을 명확히 하는 것이고, 기나이설을 취하면 일찍부터 야마토 조정이 통일했다는 것을 주장할 수는 있지만 야마토 조정이 중국 왕조에 신속(臣屬)하면서 출발했다는 사실을 폭로하는 셈이 돼버립니다. 오늘날에도 여전히 일본사의 서술을 신화에서 시작하기도 하고, 야마토 조정의 일관성과 자율성을 강조하려는 쪽에서는 히미코의 존재가 눈엣가시처럼 여겨집니다. 〈왜인전〉의 가치를 되도록 낮게 보려는 의도는 여전히 변함이 없습니다.

2부

왜의 왕권과 삼국

| 허상과 실상 |

3장 | 수수께끼의 4세기와 칠지도 명문

1. 공백 기간

중국 위·오·촉 3국의 항쟁에서
는 먼저 263년 위가 촉을 멸망시켰는데, 위는 265년 신하였던 사마
(司馬)씨가 세운 진(晉)으로 대체됐습니다. 진은 280년 마침내 오를
멸망시키고 중국 통일을 이뤄냈습니다. 그러나 국내의 반란이 잇따
르는 가운데 주변 여러 민족들의 활동이 활발해지면서 화북으로 침
입했고, 결국 316년 진도 멸망하고 말았습니다. 다음해인 317년 지
금의 남경(南京)인 건강(建康)에 도읍을 두고 동진(東晉)이 다시 세
워졌지만, 중국의 남쪽만을 지배하는 왕조에 지나지 않았습니다. 이
후 건강을 수도로 강남을 지배했던 역대 왕조를 남조(南朝)라고 부
릅니다. 한편 화북은 이곳을 침입했던 5개 민족에 의해 16개의 국가
가 흥망하는 5호(胡) 16국(國) 시대를 맞이했으며, 마침내 439년 선
비족(鮮卑族)의 탁발(拓跋)씨가 건국한 북위(北魏)에 의해 통일됐
습니다. 이후 589년 수(隋)나라가 전 국토를 통일하기까지의 시기를

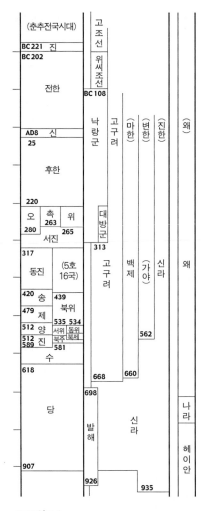

〈3-1〉 **연표 1.**

남북조시대라고 합니다.

이때 한반도에서는 고구려가 눈에 띄게 성장했습니다. 300년에 즉위한 미천왕(美川王) 대에 이르러서 313년 낙랑군, 그 다음해에 대방군을 멸망시킴으로써 중국의 군현 지배에 종지부를 찍었습니다. 더욱이 331년에 즉위한 고국원왕(故國原王) 시기에 고구려는 5호 16국의 하나로 국경을 서로 맞대고 있던 선비 모용(慕容)씨의 전연(前燕) 등과 격렬하게 항쟁하면서 국가 조직을 정비하고 세력을 넓혀나갔습니다. 한편 한반도 남부에서도 중국의 군현 지배에서 해방된 한이 활발하게 움직였습니다. 마한 지방에서는 50여 개 소국 가운데 하나인 백제국(伯濟國)이 주변 국가들을 통합해 백제(百濟)를 건국했고, 364년에 즉위한 근초고왕(近肖古王) 시기에는 발전의 기초가 다져졌습니다. 또한 진한 지방에서는 사로국(斯盧國)을 중심으로 신라의 통일이 진전되고, 356년에 즉위한 내물왕(奈勿王) 시기에 왕권의 신장이 도모됐습니다. 삼국 중에서도 남쪽으로 영토를 확대하려 했던 고구려와 백제 사이에 특히 격렬한 대립이 전개되었습니다.

그럼 왜국의 상황은 어떠했을까요? 위에 뒤이어 진이 건국된 다음 해인 266년, 히미코의 뒤를 이은 이요(壹與)가 사신을 보냈다는 기록을 마지막으로 중국의 역사서에서 왜에 관한 내용은 뚝 끊겨버립니다. 왜가 다시 등장하는 기록은 413년부터 시작된 왜 5왕(五王)의 사절 파견에 대한 것이므로, 약 150년에 걸쳐 왜는 중국의 기록에서 완전히 사라져버렸던 것입니다. 그런데 이 공백 기간이야말로 전방후원분(前方後圓墳)이 출현해서 각지에 확대되고, 야마토 조정에 의한 통합이 진전되는 시기에 해당합니다. '야마타이국은 어떻게 됐을까', '그와 야마토 조정의 관계는 어떠했을까' 등 일본 고대 국가의 성립 과정을 이해하는 데 결정적으로 중요한 기간에 관한 기록이 중국 사료에는 빠져 있는 것입니다. 이 점이 바로 '수수께끼의 4세기'라고 불리는 이유입니다.

이 공백 기간을 메워줄 수 있는 극히 적은 기록이 백제 왕이 선사했던 칠지도(七支刀)의 명문(銘文)과 고구려의 광개토왕(廣開土王) 비문(碑文)에 있는 왜에 관한 기술입니다. 《일본서기》에 있는 징구황후의 전설 등에 기초한 일본 고대사상(古代史像)에서는 4세기 중엽에 야마토 조정이 전국을 통일하고, 나아가 한반도로 출병해서 소국들을 굴복시켰으며, 남부 지역에 '임나일본부(任那日本府)'를 설치하여 직접 지배했다고 파악되고 있습니다. 그리고 그것을 증명해주는 사료가 칠지도 명문과 광개토왕 비문, 그리고 5세기에 왜의 5왕이 중국 왕조에서 선사받았던 칭호라고 주장했습니다.

메이지 시대 이후 일본 학자가 만든 이러한 고대사상은 제2차 세계대전 후 식민지 지배에서 해방된 한국(대한민국)과 북한(조선민주주의인민공화국) 학계의 비판을 계기로 재검토하지 않을 수 없게 됐습니다. 이 장에서는 칠지도 명문에 관한 연구 동향을 중심으로 검토해보고자 합니다.

2. 백제 헌상설

칠지도는 나라현 텐리시(天理市) 이소노카미(石上) 신궁(神宮)에 전해지고 있습니다. 총길이가 약 75센티미터, 좌우에 나뭇가지 형태의 서로 다른 검신이 3개씩 튀어나온 특이한 모양의 철검입니다. 철검 표면에 뒤덮여 있던 녹을 제거하고 새겨져 있는 문자를 발견한 사람은 메이지 시대 초기(1873년 — 옮긴이)에 이소노카미 신궁의 관리를 맡고 있던 궁사(宮司) 간 마사토모(菅政友)였습니다. 명문은 앞면에 34자, 뒷면에 27자가 있고, 금으로 상감(象嵌)돼 있었습니다. 무라야마 마사오(村山正雄)의 《이소노카미신궁칠지도명문도록》(1996)에는 칠지도의 선명한 사진이 실려 있지만, 확실하게 읽어낼 수 없는 문자가 많아 100년 넘게 여러 방향으로 해독이 시도됐습니다. 해독된 글자는 다음과 같지만, 아직까지도 *표시의 문자를 비롯해서 다양한 견해가 있습니다.

〈앞면〉　泰和*四年 □ 月十六日, 丙午正陽, 造百錬銕*七支刀,
　　　　　生辟百兵, 宜*供供侯王 □□□□ 作
〈뒷면〉　先世以來, 未有此刀, 百濟王世子奇生聖音*,
　　　　　故爲倭王旨造, 傳示後世

〈3-2〉 **칠지도.**

그런데《일본서기》에 의하면, 징구 황후 46년 임나 지방의 탁순국(卓淳國)에 파견됐던 시마노스쿠네(斯摩宿禰)는 백제가 통교를 바란다는 얘기를 듣고 자신의 부하를 파견했는데, 이때부터 비로소 백제와 교류가 이루어지게 되었습니다. 이어 47년, 백제 왕이 구저(久氐) 등을 사자로 파견해서 야마토 조정에 조공했고, 49년 장군으로 파견됐던 아라타와케(荒田別)와 가가와케(鹿我別)가 백제의 목라근자(木羅斤資)와 함께 신라를 토벌해서 임나 지방의 7국을 평정하고, 나아가 서쪽 지역을 정복한 다음 백제에 내주었다고 합니다. 더욱이 사자 치쿠마나가히코(千熊長彦)가 백제로 가서 백제 왕과 회맹(會盟)했고, 백제 왕은 "늘 서쪽 번국(蕃國)으로 칭하고 춘추로 조공한다"고 서약했으며, 52년에 백제 왕의 사자 구저가 와서 복속의 징표로 칠지도(七枝刀)를 헌상했다는 것입니다.

이 기록에 근거해 호시노 히사시(星野恒)는 〈칠지도고〉(《사학잡지》 37, 1892)라는 논문에서 이소노카미 신궁의 철검을 설명했습니다. 이 논문이 발표된 뒤, 읽기 어려웠던 문자를 '칠(七)'로 하고, 그때까지 '육차도(六叉刀)' 등으로 불렸던 철검을 '칠지도(七支刀)'라고 하기 시작했습니다. 백제 복속의 사실을 보여주는 기록이 바로 칠지도라고 여겼던 것입니다.

다만《일본서기》의 칠지도와 이소노카미 신궁의 칠지도가 같다고 보는 데는 어려운 문제가 남아 있었습니다. 앞면에 있는 연호를 최초로 발견한 간(旾)은 '태시(泰始)'로 읽고, 이를 서진(西晉)의 태시 4년(268년)으로 판단했습니다. 그러나 징구 52년을 서기로 환산하면 252년이 되기 때문에 제작 연도가 증정 연도보다 늦어집니다. 더군다나 징구 황후 시대의 기록이 120년(간지 2운) 앞당겨져 있다는 사실은 기년 논쟁을 거쳐 이미 분명히 밝혀졌기 때문에, 징구 52년의 사건은 실제로 120년 뒤인 372년에 일어난 것이므로 서진의 태시 4년과 100년 넘게 차이가 납니다. 이외에도 '태초(泰初)'로 읽는 학설 등도 있지만, 모두 이 문제를 제대로 설명하지는 못했습니다.

제2차 세계대전 후 후쿠야마 도시오(福山敏男, 〈이소노카미신궁칠지도〉, 《미술연구》 158, 1951)는 칠지도를 《일본서기》의 기록과 관련지어 백제 헌상설의 기초를 마련하고, 명문의 문자 해독을 진행함으로써 주목을 받았습니다. 후쿠야마는 연호를 '태화(泰和)'로 읽고, '태(泰)'가 금석문에서는 '태(太)'와 통용되므로 동진(東晉)의 '태화(太和)' 4년(369년)일 개연성이 높다고 주장했습니다. 월일에 대해서는 '오월 십일일'로 해독했는데, 이날이 '병오(丙午)'에 해당하지 않은 점에 대해서는 '병오'가 도검(刀劍)과 거울 이름 등에 쓰이는 길상구(吉祥句)이며, 꼭 현실의 월일을 가리키지 않는다고 파악했습니다.

이로써 칠지도(七支刀)가 《일본서기》의 칠지도(七枝刀)와 같다는 주장에 힘이 실렸고, 백제 복속을 보여주는 확실한 증거로 자리잡았습니다. 이에 머무르지 않고, 칠지도의 실재가 확인됨으로써 임나일본부를 비롯해 《일본서기》의 한국 관계 기록에 대한 신뢰성이 높아졌다고 생각됐습니다.

3. 백제 하사설과 동진 하사설

　　　　　　　　　　　　'백제에서 헌상했다' 는 학설은 칠
지도 명문 자체의 검토에 기초한 해석이라기보다 《일본서기》의 기
록에 의거해서 이해하려는 견해입니다. 그런데 이러한 메이지 시대
이후의 연구에 대해 근본적인 비판이 가해졌습니다. 비판의 도화선
에 불을 붙인 사람은 북한의 역사학자 김석형(金錫亨)이었습니다.

　김석형은 1963년에 발표한 논문(《삼한 삼국의 일본렬도내 분국(分
國)에 대하여》)에서 먼저 '후왕(侯王)' 이라는 단어에 주목했습니다.
후왕은 원래 한대(漢代)에서 황제와 군신관계를 맺고 봉국(封國)을
부여받았던 사람인데, 백제 왕이 왜 왕에게 후왕이라는 명칭을 사용
하고 있다는 점은 왜와 백제의 관계에서 통설과 반대로 백제가 상위
에 있었을 것이라는 주장입니다.

　다음으로는 '왜왕지(倭王旨)' 라는 표현 방식이 문제가 됐습니다.
김석형은 이 '지(旨)'를 왜 왕의 고유명사로 보았는데, '왜왕○ 라
는 표현 방식은 중국 황제와의 왕래에 사용된 형식이며, 백제 왕이
이러한 호칭을 쓰고 있는 것으로 미루어 왜 왕을 아랫사람으로 간주
하고 있었음이 분명하다고 말합니다.

　이러한 사실들을 바탕으로 김석형은 그때까지 일본인 학자의 견
해와 반대로 윗사람인 백제 왕이 아랫사람인 왜 왕에게 칠지도를 하
사한 것이라고 주장했습니다. 이것은 오로지 《일본서기》를 근거로
이루어진 그때까지의 연구보다 명문 자체의 해석이 더 필요하다는
사실을 보여준 획기적인 지적이었습니다.

　이 논문이 발표된 후 김석형설을 무시하고 연구를 더 이상 진행할
수 없는 상황이 되었으며, '왜와 백제의 관계를 어떻게 볼 것인가'

에 대해 다양한 견해가 쏟아졌습니다. 왜의 우위성을 전제로 하면서 명문은 하사 형식이었다는 지적을 근거로 한 주장이 구리하라 도모노부(栗原朋信, 〈칠지도의 명문에 대한 일해석〉, 1966)의 '동진 하사설'입니다. 구리하라는 가야모토 도진(榧本杜人, 〈이소노카미신궁의 칠지도와 그 명문〉, 《조선학보》 3, 1952)의 견해에 따라 뒷면 중앙부의 문자를 '성진(聖晉)'으로 읽고, 진 왕조를 숭배하는 자세를 보여주고 있다고 했습니다. 더욱이 태화(泰和＝太和)라는 동진의 연호를 사용하고 있다는 점 등을 근거로 칠지도에 동진 왕조의 의도가 들어 있다고 추측했습니다. 즉, 동진 왕조가 백제 왕에게 명령해서 칼을 제작해 왜 왕에게 선사하게 했다는 것입니다.

4. 백제 · 왜 대등설

그렇다면 김석형의 문제 제기에 어떻게 답해야 할까요? 먼저 '후왕'에 대해, 진보 기미코(神保公子, 〈칠지도의 해석을 둘러싸고〉, 1975)는 한대 이후 금석문에는 '의후왕(宜侯王)'이란 단어가 관용적으로 사용되고 있는데, 이는 신분 관계를 나타내는 용어라기보다 길상어로서의 의미가 강하다고 주장합니다. 즉, '후왕'은 일반적으로 신분이 높은 유복한 사람을 가리키고 있을 뿐이며, '의후왕'은 고귀한 사람에게 어울리는 용어로 상하관계를 직접 나타내는 말이 아니라는 것입니다. 사에키 아리키요(佐伯有淸, 〈칠지도의 명문을 읽다〉, 1976)는 '공공(供供)'이란 문자가 '공공(恭恭)'과 같은 뜻으로 사용되었다고 보아 공손하다는 의미로 해석하고, 이 부분을 "공손한 후왕에게 잘 어울립니다"라고 읽었습니다.

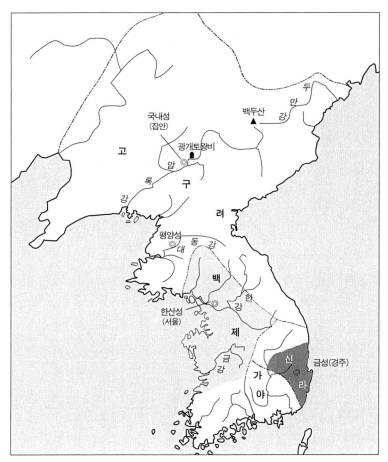

〈3-3〉 **4세기 한반도.**

이어 '왜왕지'에 대해서, 스즈키 야스타미(鈴木靖民, 〈이소노카미 신궁칠지도명에 대한 일시론〉, 1983)는 증여 주체인 '백제왕세자' 다음 의 '기(奇)'를 인명으로 보았는데, 당시 세자였던 귀수(貴須, 뒷날 근 구수왕(近仇首王))를 이 한 문자로 표현했다고 보았습니다. 그러므로

《일본서기》징구기				한국·중국 사료		
쥬아이 9	경진	200	징구 황후의 신라 정벌.			
징구 1	신사	201	징구 황후 섭정 원년.			
5	을유	205	신라를 치다.			
39	기미	239	(위지 : 왜 여왕의 사절 파견)	기미	239	히미코의 사절 파견.
46	병인	246	시마노스쿠네(斯摩宿禰)가 탁순국에 다다르다. 또한 백제에 종자(從者)를 보내 교통을 하다.			
49	기사	249	아라타와케(荒田別) 등을 파견해 백제의 목라근자 등과 함께 신라를 치다. 임나 7국을 평정하고, 서쪽을 쳐서 백제에 주다. 백제 초고왕이 치쿠마나가히코(千熊長彦)와 회맹해서 "서번(西蕃)으로 칭하고 춘추로 조공"한다고 약속.	기사	369	칠지도 제작(동진 태화 4년). 고구려가 백제 공격.
				신미	371	백제가 평양을 공격해 고국원왕을 전사시키다.
52	임신	252	백제가 구저를 파견해 칠지도 헌상.	임신	372	동진으로 입조.
55	을해	255	백제의 초고왕 사거(死去).	을해	375	근초고왕 사거. 근구수왕 즉위.
56	병자	256	왕자 귀수가 왕위 계승하다.			
62	임오	262	사치히코(沙至比跪)가 신라의 미녀에게 유혹당해 가라를 치다. 목라근자에게 명해서 가라를 회복하다.			
64	갑신	264	귀수왕 사거. 침류왕 즉위.	갑신	384	근구수왕 사거. 침류왕 즉위.
65	을유	265	침류왕 사거. 진사왕 즉위.	을유	385	침류왕 사거. 진사왕 즉위.
66	병술	266	(진 태초 2년, 왜의 여왕 공헌(貢獻))	병술	266	이요가 진에 사절 파견.
69	기축	269	징구 황후 사거.			

〈3-4〉《일본서기》징구 황후 시기의 기사.

'왜왕지'와 '백제왕세자기'는 똑같은 형식이며, 어느 쪽의 우위를 표현한 말이 아니라 대등한 관계를 일컫는 말로 봐야 한다고 주장했습니다. 최근에 요시다 아키라(吉田晶, 《칠지도의 수수께끼를 풀다》, 2001)는 동아시아 세계에선 대등한 관계에서 서로 지위나 칭호만 부를 뿐 이름을 쓰지 않는 것이 관례라고 말했습니다. '지(旨)'와 '기(奇)' 모두 인명이 아니며, '왜왕'과 '백제왕세자'라는 호칭을 통해 대등성을 읽어낼 수 있다고 주장하면서, 왕이 아니라 세자와 왜 왕을 대등한 상대로 삼고 있다는 점으로 미루어 백제는 스스로를 우위에 두고 있었을지도 모른다고 말합니다.

또한 '성진(聖晉)'에 대해서는, 명문의 문자 해독에 힘써온 무라야마 마사오는 일관되게 '성음(聖音)'이라고 주장하면서 이것을 불교 용어로 이해하려 하고 있습니다. 이에 대해 야마오 유키히사(山尾幸久, 《고대의 일조관계》, 1989)와 기무라 마코토(木村誠, 〈백제사료로서 칠지도명문〉, 2000)는 도교와 관련지어 설명했습니다. 그리고 요시다 아키라는 '백제왕세자기생성음(百濟王世子奇生聖音)'을 '백제왕의 세자, 이상[奇]하게도 성음으로 살고'로 읽었습니다.

'성진'으로 읽을 수 없다고 한다면 동진 하사설은 주요 근거를 잃지만, 372년에 백제는 동진으로 사신을 파견해 책봉을 받게 되므로 동아시아 국제 관계 속에서 칠지도를 이해해야 한다는 지적을 잊어서는 안 됩니다.

어쨌든 칠지도 명문에서는 백제가 야마토 조정에 복속되었다는 증거로 삼을 만한 내용을 읽어낼 수가 없습니다. 따라서 제작과 증여의 주체인 백제의 관점에서 명문의 내용을 근거로 다시 연구하는 일이 무엇보다 중요하다고 봅니다.

당시 한반도에서는 남하하려는 고구려와 백제가 격렬하게 싸움을 벌이고 있었습니다. 369년에는 고구려의 고국원왕이 2만여 명의 군대를 이끌고 백제를 공격했으며, 백제의 근초고왕은 세자 귀수에게 명령을 내려 반격을 시도했습니다. 371년 고구려가 다시 공격해오자 백제는 3만여 명의 병사로 반격하여 오히려 평양성에서 고국원왕을 전사시켰습니다. 백제는 여세를 몰아서 한산성(漢山城)으로 수도를 옮겼습니다. 이후에도 고구려와 백제의 대립은 한반도의 정세를 좌우하는 하나의 중요한 축이 되었습니다.

백제는 고구려와 벌이는 싸움을 유리하게 이끌기 위해서 활발한 외교를 펴나갔습니다. 366년과 368년에 이미 신라에 사자를 파견했고, 372년에는 동진에 입조해서 책봉을 받았습니다. 이러한 적극적인 외교의 일환으로 왜와 동맹을 맺었고, 그것을 증명하기 위해 증여했던 물품이 칠지도였다고 볼 수 있습니다.

《일본서기》의 기록은 백제가 일본의 조공국이었다는 관점으로 일관돼 있습니다. 징구 황후 시기에 한국과 관련된 기록은 대부분《백제기(百濟記)》에서 인용한 것입니다. 그런데 이 책은 백제 멸망 후 일본으로 망명한 백제인이 정리해서《일본서기》편찬국에 제출했던 것으로 여겨지며, 천황을 신하로서 섬기겠다는 자신의 처지에 영합하는 내용으로 이뤄져 있다고 생각됩니다. 백제가 원래 야마토 조정에 신속해왔다는 점을 강조하고 증명하는 데 주안점을 둔 책입니다. 그러한 배경 속에서 징구 46년부터 52년에 걸친 두 나라 관계의 성립 과정이 조공 관계의 시작으로 묘사되고 있습니다. 이 서술에 전적으로 의존한 해석이 '백제 헌상설'이었습니다.

4장 | 광개토왕 비문 연구

1. '도해(渡海)' 의 주어

           4세기에 왜가 한반도로 진출해 백제와 신라를 복속시키고 임나일본부를 설치했다는 점을 증명하려는 사료로 칠지도 명문과 함께 고구려 광개토왕(廣開土王) 비문이 거론됩니다. 광개토왕은 391년에 즉위해 이름대로 재위 기간에 영토를 확장함으로써 고구려 발전의 기초를 마련했습니다. 413년 사망한 다음해에 왕위를 계승한 아들 장수왕(長壽王)이 부왕의 업적을 기념하여 수도 국내성(國內城, 지금의 중국 길림성(吉林省) 집안(集安))에 세운 비가 바로 광개토왕릉비입니다. 압록강에서 중국 쪽으로 1킬로미터 정도 떨어진 곳에 세워져 있습니다.

    비는 높이 6.3미터, 아랫부분 한 변이 1.4미터에서 2미터 정도 되는 사각 모양이며, 네 면에 1,775자의 글이 새겨져 있습니다. 이 가운데 제1면에서부터 제3면 절반까지는 광개토왕이 적과 싸워서 영토를 확대해나간 업적이 연대순으로 기술돼 있습니다. 왜와 관련한 기록은

〈4-1〉**고구려 광개토왕비.**

제1면의 8행째부터 9행째에 걸쳐 신묘년(辛卯年), 즉 391년에 군대를 파견한 왜가 고구려와 싸웠다는 내용입니다.

百殘新羅舊是屬民由來朝貢, 而倭以辛卯年來渡海破百殘□□新羅, 以爲臣民

메이지 시대 이후 일본에서는 이 부분을 야마토 조정이 한반도에 진출해서 백제와 신라를 복속시키고 임나일본부를 설치한 확실한 증거로 삼아왔습니다. 앞부분은 "백제와 신라가 원래 고구려의 속민이며, 고구려에 조공을 바쳐왔다"는 내용으로 독해에 큰 어려움은 없습니다. 문제는 뒷부분입니다. 일반적으로 뒤의 문장은 "왜가 신묘년에 와서 바다를 건너, 백제·□□·신라를 격파하고, 이로써 신민으로 삼았다"는 맥락으로 읽히며, □□ 부분에는 임나를 넣었습니다. 또는 여기에 '갱토(更討)'·'우벌(又伐)' 등을 넣어 왜가 백제를 격파하고 다시 신라를 토벌했으며, 이로써 신민으로 삼았다고 읽기도 합니다.

이와 같이 왜의 위세를 읽어내려고 하는 통설에 대해, 해방 후 남한과 북한의 학계에서 근본적인 비판이 가해졌습니다. 1955년에 한국의 정인보(鄭寅普)가 논문 〈광개토경평안호태왕릉비문석략(廣開土境平安好太王陵碑文釋略)〉을 발표했습니다. 나아가 북한에서는 박시형(朴時亨)이 《광개토왕릉비》, 김석형이 《초기 조일관계연구》를 1966년에 각각 펴냈습니다. 이 연구들이 일본에 소개돼 커다란 충격을 주었고, 고대사를 올바로 이해하려는 기운을 북돋우는 실마리가 됐습니다.

이들 새로운 학설은 모두 '래(來)'와 '도해(渡海)' 사이에서 문장을 끊어 왜가 신묘년에 왔고, 이에 대항해서 고구려가 바다를 건넜다고 해석했습니다. 광개토왕의 사적(事績)을 기록한 비문인 만큼 어디까지나 고구려를 주체로 삼아 해석하고, '도해'의 주어를 왜가 아니라 고구려 내지 광개토왕으로 봐야 한다는 주장입니다.

정인보와 박시형은 또한 '파(破)'·'백잔(百殘)' 사이를 끊어서 고구려가 바다를 건너가 왜를 격파했다고 해석했습니다. 그 아래는 백제를 주어로 삼아 왜와 통했던 백제가 신라를 토벌했다고 해석했습니다. '이위신민(以爲臣民)'에 대해, 정인보설에서는 광개토왕이 백제와 신라를 신민으로 생각했다고 보고 있으며, 박시형설에서는 백제가 신라를 신민으로 삼았다고 해석했습니다. 이에 대해 김석형은 비문 전체를 고구려 주체로 해석해 고구려 내지 광개토왕이 백제를 격파하고 백제와 신라를 신민으로 삼았다고 고찰했습니다.

정인보설 : (고구려) 도해, 파(왜), 백제 연(聯) 침(侵) 신라, (광개토왕) 이위신민

박시형설 : (고구려) 도해, 파(왜), 백제 초(招) (왜) 침(侵) 라, 이위신민

김석형설 : (고구려) 도해, 파백제, □□신라, 이위신민

어떤 설이든지, 메이지 시대에 탁본이 전해진 이후 의심의 여지가 없던 통설에 정면으로 의문을 제기하고 있으며, 왜에 관한 사료가

아니라 고구려나 광개토왕의 사료로 해석해야 한다고 말합니다.

2. 참모본부

이러한 남한과 북한 연구자들의
문제 제기를 받아들여 메이지 시대 이후 비문 연구에 대한 재검토가
본격화됐습니다. 사람들에게 잊혀졌던 석비가 오랜 세월이 지나 발
견된 시점은 1880년이지만, 겨우 3년 만에 탁본이 일본에 들어오게
됐습니다. 지금 도쿄 국립박물관에 소장돼 있는 탁본이 바로 그것입
니다. 나카쓰카 아키라(中塚明, 〈근대일본사학사에서 조선문제〉, 1971)
는 이 탁본을 가져온 사람이 육군참모본부 장교인 사카와 가게아키
(酒勾景信, 지금까지 '사코 가게노부'로 알려졌지만, '사카와 가게아키'로
읽는 것이 적절하다 — 옮긴이)이며, 비문의 해석이 참모본부에서 이뤄
졌다는 점, 그때의 해석이 이후의 연구를 규정해 아무런 반론 없이
이어져왔다는 점에 주목했습니다.

그리고 사에키 아리키요(〈고구려광개토왕릉비문 재검토를 위한 서
장〉, 1972)는 방위청 전사실(戰史室)에 남아 있는 사료 등을 통해 사
카와의 임무가 밀정이었다는 점을 밝혀냈습니다. 사카와는 중국인
으로 변장한 뒤 안에 칼을 넣은 지팡이를 들고 그 지역으로 들어가
활동하다 일부러 부피를 늘린 탁본을 갖고 귀국했던 것입니다. 참모
본부는 임나 연구에 온 힘을 쏟아 이미 1882년에 《임나고(任那考)》
를 편찬한 적이 있는데, 이후 사카와가 갖고 돌아온 탁본으로 연구
에 박차를 가했습니다. 탁본은 1889년 간행된 《회여록(會餘錄)》 제5
집에 참모본부편찬과 요코이 다다나오(橫井忠直)의 〈고구려고비고

〈4-2〉 **사카와 가게아키.**

(高句麗古碑考)〉및 해석문과 함께 처음 사진 석판(石版)으로 사람들에게 소개됐습니다. 당시 신문에 실린 공고(公告)에는 "옛날 우리나라 사람들이 백제·신라·임나·가라 등을 정복했던 사적을 기록해두었다"고 되어 있습니다.

그런데 더욱더 충격적인 견해가 제시됐습니다. 이진희(李進熙, 〈광개토왕릉비의 수수께끼〉, 1972)의 '비문개찬설(碑文改竄說)'이 그것입니다. 사카와가 갖고 돌아왔던 도쿄 국립박물관 소장의 탁본은 매우 선명해서 교과서 등에 사진이 실렸고, 연구는 이것을 토대로 이루어져왔습니다. 이진희는 사카와의 탁본이 선명했던 데 비해 그 후에 만든 것으로 보이는 탁본이 선명하지 못해 읽기 어렵고, 1900년경 이후에 뜬 탁본은 다시 읽기 쉽게 돼 있다는 점에 의문을 품었습니다. 그리하여 1913년에 시행됐던 첫 학술 조사 결과, 비석에 석회가 마구 칠해져 있어 마치 '석회가면(石灰假面)'을 둘러쓴 듯한 상태였다는 이마니시 류(今西龍)의 보고에 착안했습니다. 그리고 사카와의 탁본이 선명한 까닭은 석회를 바른 뒤에 탁본을 떴기 때문이며, 그 후의 탁본은 석회가 벗겨져 떨어졌기 때문에 선명하지 않았고, 이후 다시 석회를 발라 선명한 탁본이 만들어졌다고 생각했습니다.

밀정인 사카와가 고의로 석회를 칠해서 만들었다면, 그 탁본 자체가 수상하다고 말하지 않을 수 없습니다. 게다가 1905년 도리이 류조(鳥居龍藏)가 현지에 갈 때까지 그곳을 방문했던 일본인은 모두 군 관계자였습니다. 이진희는 "사카와의 위조가 발각되는 것을 막기 위해 일본군이 석회를 다시 칠한 건 아닐까", "군이 석회 도포 작전을 한 건 아닐까"라고 추측했습니다. 실제로 군은 광개토왕비에 집착해서 러일전쟁 후 이 비를 도쿄로 옮기려는 계획까지 세워두고 있었습니다. 뗏목에 실어 압록강을 내려오고, 하구에 군함을 파견해 일본으로 운반하려 했던 것입니다. 국제법에 어긋나는 이 계획은 실제로 실행되지 않았지만, 석회 작전 역시 도저히 있을 수 없는 황당무계한 일이라고만 단언할 수 없는 상황이 정말로 벌어졌던 셈입니다.

3. 원석 탁본의 탐구

개찬설(조작설)은 커다란 충격을 던져주었고 찬성과 반대를 둘러싼 논쟁이 벌어졌지만, 이진희설은 탁본을 재검토해야 한다는 것을 분명하게 못 박았다는 점에서 커다란 의의가 있습니다. 일본 육군에 의한 석회 도포 작전의 사실 여부는 차치하더라도, 석회를 바르고 나서 작성된 것으로 의심되는 탁본을 토대로 이뤄졌던 연구는 더 이상 설득력이 없게 됐습니다. 현지 조사에 기초해서 왕건군(王健群)의 《호태왕비연구》(1984)가 출간됐습니다. 풍화가 진행되고, 수지가공(樹脂加工)으로 보존 조치가 취해진 비석을 연구해야 했기 때문에 그만큼 조사에는 한계가 있을 수밖에 없습니다.

한편, 미즈타니 데이지로(水谷悌二郎)가 자신의 소장 탁본을 토대로 진행한 연구(〈호태왕비고〉, 1959)를 계승·발전시킨 다케다 유키

〈4-3〉 **묵수곽전본, 원석 탁본, 석회 탁본**(왼쪽부터). 다케다 유키오, 《광개토왕비 원석탁본집성》 인용.

오(武田幸男)는 탁본을 더욱 상세하게 연구했습니다. 다케다는 사카와가 가지고 온 탁본을 정확하게 묵수곽전본(墨水廓塡本)이라 불러야 한다고 했습니다. 비면(碑面)을 직접 채취한 탁본은 풍화가 진전돼 선명하지 않기 때문에, 탁본을 묽은 먹으로 별지에 모사(模寫)하고, 그 뒤에 진한 먹을 사용해 자획(字劃)을 덧그리고 곽전해서 완성하는 기법으로 만들었다고 봤습니다. 그러니 탁본이 선명한 것은 당연합니다.

1890년대에 이르면, 선명한 탁본을 만들기 위해 비면에 석회를 발라서 자획을 뚜렷하게 만드는 방법이 쓰입니다. 이 방법을 이용해 탁본이 대량으로 만들어질 수 있었습니다. 따라서 이후의 탁본은 석회 탁본이라고 할 수 있는데, 물론 원래의 비면을 정확하게 보여준다고는 말할 수 없습니다. 단지, 석회 도포는 부근에 사는 중국인 탁본공이 판매를 목적으로 사용한 방법인 만큼 일본군에 의한 작전이었다는 이진희설은 성립하지 않는다고 했습니다.

그런데 석회 탁본이 만들어지기 전인 1887년경부터 어느 한 시기, 원석에서 직접 채취한 탁본이 가치를 인정받던 시기가 있었습니다. 다케다는 이 시기의 원석 탁본에 주목해 1889년 북경의 유명한 탁본공으로 알려진 이운종(李雲從)이 현지에 직접 가서 작성한 원석 탁본이 존재한다는 사실을 밝혀냈습니다. 미즈타니가 소유했던 탁본도 그 가운데 하나인데, 이것을 포함해서 중국 등지에 6본의 원석 탁본이 있다는 사실을 알아냈습니다. 그 주요 사실들을 사진 도판으로 정리해놓은 책이 《광개토왕비 원석탁본집성》(1988)입니다.

이후에도 다른 곳에 원석 탁본이 더 있다는 사실이 밝혀지고 있습니다. 개찬설의 충격은 결과적으로 탁본 연구를 진전시켜준 요인으로 기능했습니다. 원석 탁본에 대한 조사는 물론, 그것에 기초한 연구가 반드시 필요해진 것입니다.

4. 전치문(前置文)

남한과 북한 학계에서 제기한 비판을 계기로 신묘년 기사의 종래 해석에 대해서도 재검토가 이뤄졌습니다. 특히 비문이 가지는 전체적인 맥락을 염두에 두고 신묘년 기사를 재해석할 필요가 있다는 점이 강조됐습니다. 하마다 고사쿠

(浜田耕策)(〈고구려광개토왕릉비문의 허상과 실상〉, 1973)는 비문에서 광개토왕의 사적을 기록한 부분의 기술 방식에 일정한 틀이 있다는 점에 착안했습니다. 비문은 영락 5년(395)을 시작으로 6·8·9·10·14·17·20년 등 모두 여덟 부분에 걸쳐 광개토왕이 적과 싸웠던 공적을 연대순으로 기술하고 있는데, 필법은 크게 두 가지 유형으로 나뉩니다.

첫 번째 유형은 '왕궁솔(王躬率)'이라고 표현된 기록입니다. 광개토왕이 몸소 군대를 이끌고 출격해서 적과 싸웠던 경우입니다. 19년 부분에는 이 표현이 아니라 '왕순하(王巡下)'로 돼 있는데, 몸소 군대를 이끌고 순회했다는 뜻인 만큼 첫 번째 유형에 포함해 고찰할 수 있습니다. 두 번째 유형은 '교견(敎遣)'이란 표현입니다. 광개토왕은 수도에 머무른 채, 명령을 내려서 군대를 파견해 적을 무찌른 경우입니다. 하마다는 경우에 따라 쓰는 방식이 두 가지로 나뉘어 있다고 파악합니다.

첫 번째 유형 : (연도) (출격한 이유) 왕궁솔……
두 번째 유형 : (연도) 교견……

왕이 명령을 내려서 군대를 파견했던 두 번째 유형의 경우에는 연도에 이어서 곧바로 '교견……'으로 표현됐습니다. 그러나 왕이 몸소 출격한 첫 번째 유형의 경우에는 하나의 예외를 제외하면 모두 연도와 '왕궁솔(또는 '왕순하')' 사이에 왕이 왜 스스로 나서지 않으면 안 됐는지 이유를 설명하는 문장이 들어가 있습니다. 적이 강대하고 흉악하다는 등 고구려에 불리한 상황이 적혀 있습니다.

그런데 첫 번째 유형에서 단 하나의 예외가 영락 6년의 기록입니

永樂五年歲在乙未王(以稗麗不□□人)躬率往討過富山負山至鹽水上破其三部洛六七百營牛馬群

羊不可稱數於是旋駕因過襄平道東來候城力城北豊五備海遊觀土境田獵而還(百殘新羅舊是屬民

由來朝貢而倭以辛卯年來渡□破百殘□□新羅以爲臣民)以(六年內申王躬率□軍討伐殘國軍□)

南攻取寧八城曰模盧城各模盧城幹氏利城□□城關弥城牟盧城弥沙城□舍蔦城阿旦城古利城□

遣使還告以□計十年庚子教遣步騎五萬往救新羅從男居城至新羅城倭滿其中官軍方至倭賊退

通)王巡下平穰而新羅遣使白王云倭人滿其國境潰破城池以奴客爲民歸王請命太王慈稱其忠誠

肅愼土谷因便抄得莫□羅城加太羅谷男女三百餘人自此以來朝貢論事(九年己亥)百殘違誓與倭和

迷之愆錄其後順之誠於是得五十八城村七百將主弟并大臣十人旋師還都(八年戊戌教遣偏師觀

□□□朝貢(十四年甲辰)(而倭不軌侵入帶方界□□□□石城□連船□□□王躬率□□□從平穰

□□□鋒相遇王幢要截盪刺倭寇潰敗斬煞無數(十七年丁未教遣步騎五萬□□□□□□□□師

□□□合戰斬殺蕩盡所穫鎧鉀一萬餘領軍資器械不可稱數還破沙溝城婁城□住城□□城□那

□城(廿年庚戌)(東夫餘舊是鄒牟王屬民中叛不貢)王躬率往討軍到餘城而餘城國駭

□□□王恩普覆於是旋還又其慕化隨官來者味仇婁卑斯麻鴨盧椯社婁鴨盧肅斯舍鴨盧□□

鴨盧凡所攻破城六十四村一千四百

〈4-4〉 **비문의 필법.** 다케다 유키오, 《고구려사와 동아시아》 해석문 참조.

다. 백제와 싸워 큰 승리를 거둔 기록인데, '6년 병신(丙申)' 뒤에 바로 '왕궁솔'이 이어지면서 이유를 설명하는 문장이 들어가 있지 않습니다. 첫 번째 유형의 기술은 모두 5개가 있지만, 예외는 이것 하나뿐입니다. 그런데 이 '6년 병신' 직전에 있는 기록이 문제의 신묘년 기사입니다. 신묘년, 즉 391년의 기록은 영락 5년(395)과 영락 6년(396) 사이에 끼여 들어가 있어 연대순으로 적혀 있는 무훈(武勳) 기록에서도 이질적인 부분입니다.

신묘년 기사는 원래 '6년 병신'과 '왕궁솔' 사이에 들어가야 하며, 광개토왕이 몸소 군대를 이끌고 출격하지 않으면 안 됐던 이유를 설명하는 문장이 아닐까요? 이것이 하마다의 주장입니다. 연도와 '왕궁솔' 사이에 넣기에는 문장이 너무 길기 때문인지, 아니면 그 후의 연도에서도 왜와 관련한 전투 기록이 나오는 것으로 봐서 그들 전체에 관련한 이유 때문인지는 알 수 없지만, 어쨌든 형식을 무너뜨리면서 '6년 병신' 앞에 넣은 것으로 보입니다.

요컨대 신묘년에 관한 기록은 영락 6년에 광개토왕이 몸소 군대를 이끌고 출격하지 않으면 안 됐던 이유로, 391년 이후 왜의 침입으로 대립이 계속되고 있음을 설명하는 문장이 됩니다. 그러한 관점에서 고찰한다면 '도해(渡海)'의 주어는 왜이고, '이위신민'도 왜가 주체가 아니라면 그 의미가 없어집니다. 원래 백제와 신라는 고구려의 속민이었는데, 신묘년 이후 왜가 침입해 백제 등을 격파한 뒤 신민으로 삼았기 때문에 광개토왕이 몸소 군대를 이끌고 출격해서 커다란 전과를 올렸다는 내용입니다.

비문의 서술은 다케다 유키오(《고구려사와 동아시아》, 1989)가 명쾌하게 분석한 대로, 고구려의 태왕(太王)을 중심으로 했던 독자적인 질서 구조의 존재를 전제로 삼고 있습니다. 거기에서 백제와 신라는 본래 고구려에 조공하는 속민으로 간주됐습니다. 이성시(李成市, 〈표상(表象)으로서의 광개토왕비문〉, 1994)는 근대 국민 국가 형성을 위한 언설(言說)이라는 테두리 속에서 전개돼왔던 논쟁의 문제성을 지적함과 아울러, 고구려의 사료로서 고구려의 세계관에 입각해서 해석할 필요가 있다고 강조했습니다. 비문에서는 고구려를 중심으로 한 세계가 전제되고, 왜는 그 세계를 바깥으로부터 위협하는 적으로 간주되고 있습니다. 대립의 상대인 백제의 주체성은 철저하게 부인되고, 저항은 오로지 왜와의 통모(通謀)로 설명돼 있으며, 고구려의 싸움은 전적으로 왜와의 대결로 그려져 있습니다. 따라서 왜가 강대하면 할수록, 또 광포(狂暴)하면 할수록, 침입에 대한 광개토왕의 싸움은 정당성을 더욱 부여받고, 승리한 왕의 위대성은 더욱 높아가는 구조로 돼 있는 것입니다.

백제와 신라가 속민이었다는 인식이 고구려의 일방적인 주장인 것과 마찬가지로, 왜가 백제와 신라를 속민으로 삼았다는 주장 역시 객관적인 사실이라고 말하기는 어렵습니다. 결론만으로 본다면, '도해'의 주어는 통설대로 왜가 맞다고 보이지만, 여기에는 또 다른 측면에서 왜의 활동이 과장돼 있습니다. 본래 있어야 할 질서를 파괴하는 왜의 악역비도(惡逆非道)한 모양을 부각하려는 의도가 바로 백제와 신라를 '신민으로 삼았다'는 내용에 들어가 있다는 점에 유의하지 않으면 안 됩니다.

5장 │ '임나일본부' 문제

1. 왜의 5왕

히미코의 뒤를 이은 이요가 진
(晉)나라에 사신을 보냈던 해가 266년. 그 이후 없던 왜국에 관한
기록이 다시 중국 역사서에 등장하는 것은 1세기 반 뒤의 일입니다.
413년 왜국이 조공해왔다는 기록이 있고, 421년부터 502년에 걸쳐
왜의 5왕이 보낸 사신과 중국 왕조가 내린 책봉 그리고 칭호 수여
등에 대한 기록이 잇따릅니다. 당시 중국은 남북조의 대립 시대에
놓여 있었습니다. 강남 지방을 지배했던 남조는 동진 · 송(宋) · 제
(齊) · 양(梁)으로 이어지고, 마지막 국가인 진(陳)이 6세기 말에 북
조에서 진출한 수(隋)에 병합되었는데, 왜국 왕은 이들 남조의 여러
왕조에 사신을 보내고 책봉을 받았던 것입니다.

다섯 왕의 이름은 산(讚) · 친(珍) · 세이(濟) · 고(興) · 부(武)로
기록돼 있으며, 이들이 어떠한 '천황'에 해당하는지에 대한 여러 가
지 주장이 오래전부터 제기돼왔습니다. 이 가운데 마지막 왕인 부는

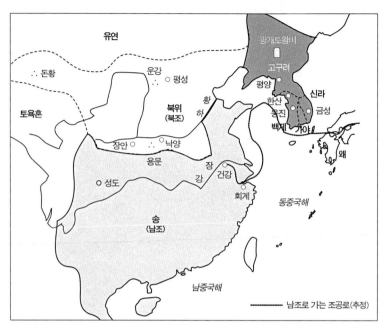

〈5-1〉 **5세기 동아시아.**

실명이 '오오하쓰세노와카타케'이며,《일본서기》에 '대박뢰유무(大泊瀬幼武)', 사이타마현(埼玉縣) 이나리산(稲荷山) 고분에서 출토된 철검에 '와카다케루대왕(獲加多支鹵大王)', 구마모토현(熊本縣)에다후나산(江田船山) 고분에서 출토된 철도(鐵刀)에 '와○○○루대왕(獲○○○鹵大王)'으로 기록된 '유랴쿠(雄略) 천황'을 가리키는 것만은 확실해 보입니다. 일본 열도의 여러 지역으로 지배를 확대해나갔던 그들은 자신의 세력을 공고히 하고, 나아가 여러 왕권이 서로 경쟁하는 동이(東夷) 세계에서 자신의 위치를 확보하기 위해 중국 왕조의 보증을 받아내려고 했습니다.

왜의 5왕은 조공을 바쳤던 대가로 중국 황제에게서 칭호를 받았습니다. 예를 들어, 478년 왕 부가 송나라 황제에게서 받은 칭호는 다음과 같습니다.

사지절(使持節), 도독(都督)왜(倭)·신라(新羅)·임나(任那)·가라(加羅)·진한(秦韓)·모한(慕韓)육국제군사(六國諸軍事), 안동대장군(安東大將軍), 왜(국)왕(倭(國)王)

메이지 시대 이후 연구에서는 이러한 칭호가 당시 한반도에서 왜국의 우위성을 보여주는 근거로 강조됐습니다. 특히 칠지도 명문, 광개토왕 비문과 함께 '임나일본부'가 존재했음을 보여주는 절대적인 증거로 여겨졌습니다. 그러나 과연 그렇다고 말할 수 있을까요?

칭호 중에 '사지절'·'도독……제군사'는 군사 지배권에 관한 것입니다. 군령 위반자를 처벌하는 권한과 관계가 있는 '사지절'은 사지절·지절(持節)·가절(假節)의 세 등급 가운데 최고위이며, 황제의 군사 대권 위임에 관한 '도독' 역시 도독·독(督)·감(監)의 세 등급 중 최고위에 해당합니다. 이 군사 지배권을 나타내는 칭호 가운데 신라와 임나, 가라의 이름이 포함된 점이 문제가 됐던 것입니다. 진한은 진한(辰韓), 모한은 마한(馬韓)에 해당하는데, 왜 신라와 백제에 의해 통일됐던 지역의 옛 명칭까지 써놓았을까요? 아마 이는 이들 지역 가운데 아직 완전히 통합되지 않은 부분을 가리켰던 듯합니다. 신라는 어찌됐든 간에, 임나의 군사 지배를 인정했던 칭호는 마치 왜국에 의한 임나 지배를 증명하고 있는 것처럼 보입니다.

그러나 이 시기에 중국 왕조가 각지의 왕에게 부여한 군사 지배권의 칭호를 검토했던 사카모토 요시타네(坂元義種)의 연구에 의하면, 칭호에 기록된 지역 이름이 반드시 실제로 군사 지배가 이뤄졌던 장소를 의미하지는 않습니다. 예를 들어 '도독하서제군사(都督河西諸軍事)'는 423년부터 444년에 걸쳐 하서(河西) 왕에게 부여됐지만, 432년부터 502년에 토욕혼(吐谷渾) 왕에게도 수여되었으며, 또한 476년부터 505년 사이에 탕창(宕昌) 왕에게도 승인해주었습니다. 같은 시기에 여러 사람에게 하서의 군사 지배권을 인정해주고 있는 셈입니다. 칭호는 기본적으로 신청자가 희망하는 대로 부여하는 경우가 대부분이었으므로, 신라와 가라 등의 군사 지배권을 인정받았다는 점을 이유로 왜 왕이 이들 지역에 세력을 미치고 있었다는 증거로 삼을 수는 없습니다. 사실 이때 왜 왕 부는 백제까지 포함한 '칠국제군사(七國諸軍事)'를 요청했는데, 송 왕조는 백제를 제외한 6국제군사의 칭호만 승인해줬습니다. 오히려 이러한 측면에 주목하지 않으면 안 됩니다.

　장군 칭호도 마찬가지로, 부는 송에게서 '안동대장군'을 승인받았습니다. 그 후 479년에 제나라에서 '진동대장군(鎭東大將軍)', 502년에 '정동장군(征東將軍)'을 받았던 것은 실제로 사자를 파견했던 결과가 아니라 신왕조 성립을 기념했던 축하용이라고 말할 수 있는데, 왜 왕은 확실히 안동 → 진동 → 정동으로 장군 칭호의 단계를 상승시켜나갔습니다. 그러나 이 시기에 중국 왕조와 교류하지 않았던 신라를 제외하더라도, 왜 왕의 장군 칭호는 백제 왕과 고구려 왕의 장군 칭호와 비교해 어떠했을까요? 왜 왕이 479년에야 겨우 얻었던 진동대장군을 백제 왕은 이미 420년에 받았으며, 왜 왕이 정동장군이 된 502년에는 백제 왕에게 정동대장군이 부여됐습니다. 고구려는 남북 양조에 조공했는데, 남조에서 받은 칭호를 보면 413년 정동장군, 416년에 정동대장군을 각각 받았으며, 그 후 거기대장군(車騎大將軍)에서 표기대장군(驃騎大將軍)으로 지위를 높여갔습니

연도	왕명	왕조	자칭 및 수여받은 칭호
413	—	동진	고구려 사신〔高句麗使〕과 함께 조공?
421	산	송	
425	산	송	
430	—	송	
438	친	송	(자칭)　육국제군사 · 안동대장군 · 왜국왕. (제정(除正)) '안동장군왜국왕'.
443	세이	송	(제정)　'안동장군왜국왕'.
451	세이	송	(제정)　'사지절, 도독왜 · 신라 · 임나 · 가라 · 진한 · 모한육 국제군사, 안동(대)장군, 왜국왕'.
460	—	송	
462	고	송	(제정)　'안동장군왜국왕'.
477	—	송	
478	부	송	(자칭)　칠국제군사 · 안동대장군 · 개부의동삼사(開府儀同 三司) · 왜국왕. (제정)　'사지절, 도독왜 · 신라 · 임나 · 가라 · 진한 · 모한육 국제군사, 안동대장군, 왜국왕'.
479	부	제	(제정)　'진동대장군'. 사절 파견은 하지 않았고 칭호 수여만 있음.
502	부	양	(제정)　'정동장군' 호칭 수여만 있음.

〈5-2〉 왜의 5왕.

연대	왕명	도독제주제군사(都督諸州諸軍事)					제주자사(諸州刺史)		
		양(凉)	진(秦)	서진	하(河)	사(沙)	양(凉)	서진	하(河)
423~444	하서 왕	○	(○)		○	○	○		
432~502	토욕혼 왕			○	○	○		○	○
476~505	탕창 왕	○			○		○		○

〈5-3〉 군사지배권(하서 · 토욕혼 · 탕창의 경우). 사카모토 요시타네, 《왜의 5왕》 인용.

다. 장군 칭호에서 나타나는 왜 왕의 평가는 백제와 고구려에 비해 언제나 아래였던 것입니다.

	동진		송				제	양	
표기대장군								고	
표기장군									
차기대장군						고			
거기장군									
정동대장군			고						백
정동장군		고							왜
진동대장군			백				왜		
진동장군	백								
안동대장군					왜				
안동장군				왜					
장군호 연도	372	413	420	438	451	463	479	480	502

〈5-4〉 **장군 호칭 비교.** 사카모토 요시타네, 《왜의 5왕》 참조.

2. '기사년의 사실(史實)'

칠지도 명문과 광개토왕 비문에
이어서 왜 5왕의 칭호 역시 한반도에서 왜국의 패권을 보여주는 사
료가 아니며, '임나일본부'의 존재를 증명해주는 것도 아니라고 말
할 수 있습니다. 다만, 군사 지배권과 관련한 칭호 요청은 임나 지배
에 대한 왜국의 일관된 지향을 보여주는 자료라고 할 수 있습니다.
　왜국이 한반도의 국가들보다 우위에 서 있다고 하는 일본 고대사
상(古代史像)의 핵심을 이루는 부분이 '임나일본부' 설입니다. 4세
기 후반 야마토 조정이 한국에 진출해서 남부 지방을 직접 지배 아
래 두었는데, 그곳을 지배하기 위해 설치했던 기관이 임나일본부이
며, 562년 신라에 의해 멸망되기 전까지 200년에 걸쳐 존속했다는

주장입니다. 그러나 임나일본부에 관한 기록은《일본서기》이외에 없으며, 그것을 뒷받침해줄 사료가 바로 칠지도와 광개토왕 비문, 왜의 5왕 칭호였습니다. 1949년《임나흥망사》에서 스에마쓰 야스카스(末松保和)가 말한 대로, "《일본서기》연구는 임나 역사의 재료 연구와 다를 바 없다"는 것입니다.

8세기 초에 완성된《일본서기》는 천황 통치의 정통화를 목적으로 한 책입니다. 이 목적과 관련해서, 한반도 국가들이 원래 번국(蕃國)이었던 만큼 일본에 복속돼야 한다는 점, 천황이 한반도 국가들을 조공국으로 거느리는 존재라는 점 등을 보여주는 것이 주요한 주제였습니다. 4세기 후반에 시작된 한반도 국가들과의 교류를 일본에 대한 복속의 이야기로 삼고, 징구 황후의 사적(事績)으로 묘사했던 것입니다.

그리고 징구 황후의 섭정 원년을 201년으로 설정했던 까닭은 일부러 〈왜인전〉의 한 구절을 주기(註記)해서 히미코와 동일한 인물인 것처럼 표현하고, 실재한다는 인상을 강하게 주려는 의도 때문이었겠지요. 그로 인해 4세기 후반의 사건이 120년이나 앞당겨져 3세기 징구 연간의 사건으로 기록되기에 이르렀습니다. 예를 들어,《삼국사기》에 375년 을해년으로 기록되어 있는 백제 근초고왕의 즉위를 《일본서기》에서는 120년 앞당겨 똑같은 을해년, 즉 255년에 해당하는 징구 55년의 사건으로 기록돼 있는 것입니다.

그러한 징구 황후 49년(기사년), 즉 120년 물려서 369년의 기록이 실질적으로 한반도 복속의 시원을 보여주는 기록으로 돼 있습니다. 이해에 징구 황후는 아라타와케 등을 장군으로 삼아 출병시키고, 백제 장군 목라근자 등과 함께 신라를 정복해서 임나 7국을 평정했으며, 나아가 서쪽 지역을 정복한 뒤 백제에 주면서 백제 왕에게 복속을 맹세하게 했다는 것입니다. 스에마쓰는 과연 견실한 실증사가답게 사료를 꼼꼼히 비판해 즉위 당초 삼한정벌 등의 허구성을 지적하면서도, '기사년의 사실(史實)'은 부정할 수 없다는 태도에서 '획기적인 출병'에 의한 7국 평정을 임나 지배와 임나일본부 설치의 출발점으로 간주했습니다.

그러나 임나 7국 평정은 기사년의 기록에서도 구체성이 결여되어 있어 당돌하다는 인상을 지울 수가 없습니다. 만일 그것이 어떠한 사실을 반영하고 있다 하더라도, 잘 읽어보면 백제 장군 목라근자의 작전에 따른 것이며, 오히려 백제가 주체인 사건이었다고 해석할 수도 있습니다. 또한 《삼국사기》 475년의 기록에 나오는 '목협만치(木刕滿致)'가 《일본서기》(모쿠마치(木滿致))에서는 목라근자가 신라를 토벌했을 때 신라 여성과의 사이에서 얻은 아들이라고 쓰여 있는데, 나이를 보더라도 모순됩니다. 그것을 근거로 삼아 일련의 기록을 369년에서 60을 더한 기사년, 즉 429년의 일로 보는 야마오 유키히사(山尾幸久)의 견해도 있습니다.

어쨌든 《일본서기》의 기록은 첫출발에 해당하는 기사년의 단계에서부터 이미 임나 전역의 지배가 확립된 것처럼 묘사하고 있습니다. 따라서 임나일본부의 역사는 오로지 562년의 '멸망'으로 향해가는 역사이며, 스에마쓰도 "임나 국가들의 역사는 쇠퇴 일로의 경과를 거쳤고, 임나일본부도 부패한 정치로 빠져버렸다." 그리고 "대략 150년의 역사는 퇴보의 길로 점차 나아가는 과정이었다"고 말하지 않을 수 없었던 것입니다.

3. 대가야연맹의 동향

그런데 《일본서기》에서는 '임나'라는 말을 가야(加耶 · 加倻 · 伽耶 · 伽倻 · 가라(加羅)) 지방 전체를 가리키는 용어로 쓰고 있습니다. 가야는 옛날 변한 지방을 중심으로 소국들이 백제나 신라에 통합되지 않은 채 자립성을 유지했던 곳입니다. 한편 임나는 원래 가야 지방의 소국 가운데 하나인 금관국(金官國)의 다른 명칭입니다. 임나, 즉 금관국이나 안라국(安羅國) 등 가야 지방의 남부는 옛날부터 왜와 관계가 깊고, 철 자원의 교역과 문화 교류의 거점이었던 지역입니다. 광개토왕 비문에도 '임나가라' · '안라인술병(安羅人戍兵)'이라는 말이 나오듯, 왜의 출병도 이들 소국과의 제휴로 인해 일어났습니다. 《일본서기》에서는 원래 금관국을 가리키는 '임나'를 가야 전체의 명칭으로 쓰면서, 왜와 금관국의 긴밀한 관계를 가야 전체에 대한 지배로 살짝 바꿔버렸습니다. 그러나 가야가 가야다운 이유는 소국들이 최후까지 독립성을 잃지 않았으며, 따라서 통일을 이루지 못했다는 데 있습니다. 《일본서기》는 '임나'라는 말을 사용해 가야 지방 전체를 한 나라로 이해하고 야마토 조정의 지배 아래 있었다고 간주함으로써 자립성을 지녔던 소국들이 펼쳤던 가야사의 약동을 무시해버렸습니다.

예를 들어 징구 62년(임오) 기록에 의하면, 왜는 사치히코(沙至比跪)를 파견해 신라를 치려고 했지만 신라의 미녀 두 명에게 유혹당했고, 사치히코는 그 뒤 '가라국'을 공격해 멸망시켰습니다. 그로 말미암아 가라국 왕은 백제에 응원을 요청했고, 목라근자가 파견돼 가라의 사직을 회복해주었다고 합니다. 《일본서기》의 관점에서 임나, 즉 가야(가라) 전체를 지배하고 있던 왜의 장군이 어째서 가라를

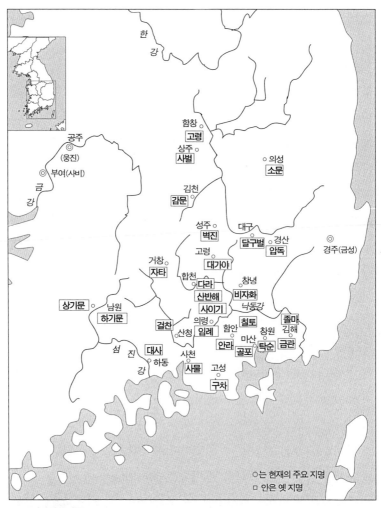

〈5-5〉**가야의 국가들.** 다나카 도시아키,《대가야연맹의 흥망과 '임나'》참고.

※감문(甘文), 걸찬(乞飡), 고령(古寧), 골포(骨浦), 구차(久嵯), 금관(金官), 다라(多羅), 달구벌(達句伐), 대가야(大加耶), 대사(帶沙), 벽진(碧珍), 비자화(比自火), 사물(史勿), 사벌(沙伐), 사이기(斯二岐), 산반해(散半奚), 상기문(上己汶), 안라(安羅), 압독(押督), 임례(稔禮), 자타(子他), 졸마(卒麻), 칠토(漆吐), 탁순(卓淳), 하기문(下己汶).

공격했을까요? 가야 지방 전
역이 왜의 지배 아래 있었다
고 하는 임나일본부설에 비
춰보면 이해하기 어려운 사
건입니다.

〈5-6〉 **5세기 한반도.**

가야는 비록 소국이 분립해
있었지만 통합하려는 움직임
이 계속됐는데, 그 중심의 하
나가 남부 지역의 금관국, 또
다른 하나가 북부의 대가야
국〔고령(高靈)〕입니다. 아마
징구 62년의 사건은 금관국
등 남부 지역의 세력과 결탁
한 왜가 북부 지역의 대가야
국을 침략하려고 하자, 대가야국이 백제와 결탁해 대항했다고 말하
는 것이겠지요. 야마오의 연구에 의하면, 이 임오년은 60년 뒤인
442년이었을 가능성이 많고, 그렇다고 한다면 왜의 5왕이 438년에
임나가라의 군사 지배권을 요청하기 시작했던 것과 관련이 있다고
생각할 수 있습니다. 가야가 통일을 지향하는 가운데 대가야국과 금
관국이 서로 대립했고, 백제와 왜가 그와 관련해 움직이고 있었다고
볼 수 있는 것입니다.

이 사이에도 고구려와 백제의 대립은 계속되었으며, 475년 한산
성을 공략당한 백제는 멸망 위기에 몰렸습니다. 이는 백제와 강고하
게 결탁돼 있던 대가야국에도 위기였던 동시에 백제의 영향에서 벗
어나 자립을 꾀할 수 있는 기회이기도 했습니다. 다나카 도시아키

(田中俊明)는 479년 중국 남조의 제나라에 사절을 파견해 '보국장군(輔國將軍)'의 칭호를 얻었던 '가라국왕 하지(荷知)'가 대가야국 왕인 가실(嘉實)이라고 파악했습니다.

남하를 한층 강화한 고구려와 신라의 대립이 심화되자 대가야국은 신라를 도와 고구려와 싸우는 등 독자 외교를 전개하면서 소국들과 제휴를 추진해나갔습니다. 다나카에 의하면, 가실왕은 제나라의 쟁(箏)을 모방해 우륵(于勒)에게 악기와 음악 곡을 만들게 했습니다. 이에 우륵이 12현의 가야금과 12곡의 연주곡을 만들었습니다. 12곡의 연주곡은 각각 소국의 가요를 바탕으로 작곡된 것으로 보이며, 대가야연맹이 회합할 때 연주됐을 것으로 추측됩니다. 가야 전체를 왜가 지배했다고 보는 임나일본부설에서는 소국끼리의 통일을 향한 움직임이나 절묘한 외교 전략 등 낭만적 요소도 함유된 역동성(dynamism)을 제대로 이해하지 못하고 말았습니다.

4. '일본부'의 멸망

6세기에 접어들어 한반도의 정세는 크게 바뀌었습니다. 신라는 500년에 지증왕(智證王), 514년에 법흥왕(法興王)이 즉위하면서 급속하게 발전하기 시작했습니다. 한산성을 잃은 뒤 웅진(熊津, 지금의 공주)으로 도읍을 옮기면서 부흥한 백제는 502년 무녕왕(武寧王)이 즉위하면서 여전히 자립성을 유지하고 있던 서남부의 영산강 유역으로 지배력을 넓힘과 동시에, 513년부터 가야 서부로 진출하여 기문(己汶)과 대사(帶沙)를 점령했습니다. 이러한 백제의 압박에 대항하기 위해 대가야 왕은 신라와 제휴를 꾀했고, 522년 신라의 공주를 왕비로 맞이했습니다. 신라는 북부의 대가야와 혼인 동맹을 맺은 다음 524년부터 가야 남부에 공세를 가했습니다.

위기에 빠진 금관국 등 남쪽 가야 국가들의 요청 때문이었는지 왜는 군대를 파견하려 했지만, 527년 쓰쿠시(築紫)의 구니노미야쓰코(國造, 야마토 정권의 지방관 — 옮긴이) 이와이(盤井)가 반란을 일으켜 실행에 옮기지 못했습니다. 이와이의 반란 배후에 신라가 있었던 것으로 보이는데, 당시 왜국 역시 굳건하게 뭉쳐 있지는 않았습니다. 529년 신라의 공격으로 금관국은 심각한 타격을 입었으며, 이와이의 난을 진압한 왜는 오미노 케누(近江毛野)를 장군으로 삼아 안라국에 주둔했습니다. 안라는 백제에도 출병을 요청했기 때문에 백제 군도 주둔했습니다. 그러나 532년, 결국 금관국은 신라에 투항해 병합되고 말았습니다. 이러한 정세 속에서 신라와 혼인 동맹을 깨뜨리면서 경계를 강화하고 있던 대가야국은 안라 등 가야 남부 및 백제, 왜 등과 제휴를 강화했습니다.

사실 《일본서기》에는 '일본부'란 말이 이 시기에 국한돼 나오고 있습니다. '일본'이라는 명칭이 이 시기에 존재하지 않았던 만큼, '왜부(倭府)'·'왜신(倭臣)' 등으로 불렸을 것입니다. 이는 안라에 주둔한 오미노 케누와 그를 따라간 왜국의 사신 등을 가리키는 명칭으로 보이는데, 어찌됐든 장기간에 걸친 식민지 지배 기관은 아니었습니다. 이를 두고 마치 영속적인 지배 기구처럼 묘사했던 것입니다. '일본부'의 활동으로 주목받은 사건이 541년과 544년에 열렸던 '임나부흥회의'입니다. 그런데 회의는 백제의 수도 사비성(泗沘城)에서 개최됐고, 《일본서기》의 기록으로 봐도 회의를 주도한 나라는 백제였습니다.

가야를 둘러싼 상황은 이처럼 백제와 신라의 대결이란 색채를 짙게 띠고 있었는데, 그것이 빨리 해결되지 못한 이유는 북방으로부터 고구려의 압력이 거세지고 있었기 때문입니다. 백제는 신라와 힘을 합쳐 고구려의 공격에 대처했고, 551년에는 옛 한산성을 탈환하는 데 성공했습니다. 그런데 이후 백제와 신라가 대립하면서 다음해인 552년에 백제는 애써 회복한 한산성을 신라에 빼앗기고 맙니다. 그리고 554년, 성왕(聖王)은 신라에 패배하면서 전사했습니다.

　이후 신라는 가야를 본격적으로 공격해 마침내 562년 대가야를 멸망시키고, 대가야와 연합하고 있던 소국들도 병합했습니다. 그래서 왜가 가야 전체를 지배한 것처럼 묘사했던 《일본서기》에서는 이것을 '임나의 멸망'이라고 한 것입니다.

3부

일본의 성립과 신라·발해

| 이념과 현실 |

6장 | 아스카 불교의 배경

1. 불교의 공전(公傳)

 6세기에 들어 급성장한 신라가 마침내 가야를 병합함으로써 문자 그대로 고구려 · 백제 · 신라 삼국의 대립 양상이 두드러졌습니다. 더욱이 중국의 정세도 크게 변화했습니다. 북조에서 나타난 수(隋)나라가 589년 드디어 남조의 진(陳)을 멸망시킴으로써 남북조의 분립에 종지부를 찍었고, 7세기에 접어들자 당(唐)이 그 뒤를 이어 더욱 강력한 체제를 형성했습니다. 강대한 통일 제국의 출현이라는 동아시아 정세에 왜국도 삼국과 함께 심각하게 대응하지 않을 수 없었습니다. 그러한 상황 속에서 7세기 말 왜국은 '일본(日本)'으로서 고대 통일국가를 완성하기에 이릅니다. 쇼토쿠(聖德) 태자 시대로부터 다이카개신(大化改新)을 거쳐 율령 체제를 구축하기에 이르는 과정이 겉으로는 일관된 노정을 거친 것처럼 보입니다. 그렇지만 고구려 · 백제 · 신라 삼국 항쟁의 귀추를 제대로 꿰뚫어보지 못한 상황에서는 외교 정책 하나만 보더라

《일본서기》	《상궁성덕법왕제설》, 《원흥사 연기》	연도	한반도 정세
		513	(백제) 기문·대사에 압력.
		522	(대가야) 신라와 동맹.
			(신라) 가야 남부에 압력.
		529	(대가야) 신라와 동맹 파기.
			(왜) 안라에 주둔.
게이타이 사거/앙칸 즉위. 셍카 즉위.	김메이 즉위.	531	(백제) 안라에 진주.
		532	(신라) 금관국 병합.
		535	
	불교 공전(무오=김메이 7년).	538	(백제) 사비로 천도.
김메이 즉위.		539	
		541	(대가야·백제·왜) 임나부흥회의.
		551	(백제) 고구려로부터 한산성 탈환.
불교 공전(김메이 13년).		552	(신라) 백제로부터 한산성 탈취.
		554	(백제) 신라와 전투에서 성왕 전사.
		562	(신라) 가야 지방을 병합.
김메이 사거 (재위 32년).	김메이 사거 (재위 41년).	571	

〈6-1〉 **불교 전래와 한반도의 정세.**

도 우여곡절을 겪었을 것입니다.

여기에서는 먼저, 쇼토쿠 태자 시대 삼국과의 관계를 아스카 불교에 국한해 살펴보기로 하겠습니다. 인도에서 중앙아시아를 거쳐 중국에 전해졌던 대승불교가 다시 한반도에 전파된 시기는 4세기였습니다. 중국 북조의 전진(前秦)에서 고구려에 승려가 파견돼 불상과 경문이 전해졌던 때가 372년, 남조의 동진(東晉)에서 백제에 전파됐던 때가 384년, 신라는 좀더 늦어 5세기에 처음 고구려에서 전래됐습니다. 이것이 다시 왜에 전해졌던 시기는 6세기로, 불교 전래

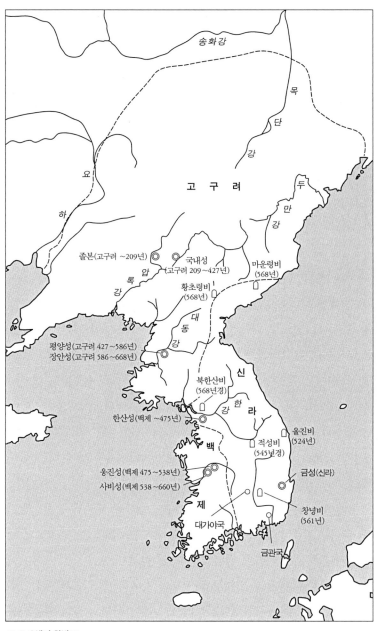

송화강

목

단

강

요

고 구 려

두

하

만

강

록

졸본(고구려 ~209년)

압

국내성
(고구려 209~427년)

마운령비
(568년)

황초령비
(568년)

강

대

동

평양성(고구려 427~586년)
장안성(고구려 586~668년)

강

북한산비
(568년경)

신

한

라

한산성(백제 ~475년)

강

울진비
(524년)

적성비
(545년경)

백

웅진성(백제 475~538년)

금성(신라)

사비성(백제 538~660년)

제

창녕비
(561년)

대가야국

금관국

〈6-2〉 **6세기 한반도.**

역시 동아시아 정세의 변동과 밀접한 관련이 있습니다.

백제의 성왕(聖王, 聖明王)이 김메이(欽明) 천황에게 불상과 경전을 보냈던, 이른바 '불교 공전(公傳, 공식 전래)'의 연도에 대해서는 잘 알려져 있는 대로 538년과 552년 두 가지 설이 있습니다. 《일본서기》의 기록에 따르면, 531년에 게이타이(繼体) 천황이 죽은 뒤 단명한 앙칸(安閑)과 셍카(宣化) 천황으로 이어지고, 이윽고 540년 김메이 천황이 즉위했습니다. 김메이 천황 13년인 552년에 불교가 전해졌다는 것입니다. 이에 비해 《상궁성덕법왕제설(上宮聖德法王帝說)》과 《원흥사연기(元興寺緣起)》에는 불교 전래가 무오년(戊午年)으로 돼 있습니다. 서기로 따지면 538년으로, 《일본서기》의 연대에 따르면 김메이 천황이 즉위하기 전의 일입니다. 그런데 《원흥사연기》에는 김메이 7년이라고 쓰여 있습니다. 김메이 천황이 죽은 때는 모두 571년으로 돼 있는데, 《일본서기》에는 재위 기간이 32년간으로 기록된 데 비해, 《원흥사연기》에는 41년간으로 기록됨으로써 게이타이 천황이 죽은 뒤 곧바로 김메이 천황이 즉위했다고 봤습니다. 그렇다면 확실히 무오년은 김메이 천황 7년에 해당합니다. 이로 인해 540년까지는 천황이 두 명이어서 왕조가 분열·대립하고 있었으며, 김메이 천황으로 일원화됐던 때가 540년이 아닐까 하는 설이 주창되기도 합니다.

이것만으로는 시기를 정할 수 없지만 승려의 파견과 불상·경전의 증여는 여러 차례 있었는데, 538년이 처음이고 552년도 그 몇 번째에 해당하는 것이라고 생각할 수도 있습니다.

어느 쪽이든지 불교 전래는 한반도의 정세와 밀접한 관련이 있습니다. 백제는 고구려와 오래전부터 계속 대립해왔는데, 475년 한산성(지금의 서울)에서 웅진성(공주)으로 도읍을 옮기지 않을 수 없었고, 다시 남쪽의 사비성(부여)으로 천도해서 재건을 꾀했던 때가 538년입니다. 이해에 불교가 전래됐다면, 왜와 동맹 관계를 다시 확인하는 의미가 있었을 것입니다. 앞에서 살펴본 대로, 이후 백제는 551년에 한산성을 탈환하는 데 성공했지만 다음해인 552년 신라에 다시 빼앗겼고, 554년에는 성왕이 전사하는 사태를 맞았습니다. 552년에 불상이 전래됐다면, 백제가 신라와 대립하는 가운데 왜와의 관계를 강화하기 위한 의도에서 행해졌다고 여겨집니다. 이 사이 백제와 신라의 대립은 가야 지방을 둘러싸고 더욱 치열해지고 있었으며, 562년 마침내 신라가 가야를 병합합니다.

2. 호코사의 건립

김메이 천황 시기에 불교를 받아들이는 데 적극적이었던 인물이 소가씨(蘇我氏)입니다. 소가씨는 도래인(渡來人)과 관계가 깊으며, 조정의 재정을 담당하는 직책을 바탕으로 세력을 넓혀간 씨족입니다. 당시 장부를 적거나 복잡한 계산을 하는 등의 재정 업무에는 첨단 지식이 필요했기 때문에 도래계 씨족들과의 관계 구축이 불가피했다고 봅니다. 불교도 그러한 새로운 문화와 무관한 것이 아니었습니다. 불교를 들여오는 데 반대했던 모노노베씨(物部氏)와 소가씨 사이에 587년 전쟁이 벌어졌습니다. 이 전쟁에서 승리한 소가노 우마코(蘇我馬子)의 지지를 받아 592년에 스이코(推古) 천황이 즉위했고, 다음해에는 쇼토쿠 태자가 섭정을 합니다. 이러한 정세 속에서 소가씨의 씨족 사찰로 건립됐던 것이 호코사(法興寺)입니다.

호코사를 건립하는 데 백제가 지원해주었다는 사실은 말할 필요도 없습니다. 승려와 사공(寺工), 와박사(瓦博士), 화공(畵工) 등이 백제에서 파견됐습니다. 호코사 건립을 둘러싸고 주목되는 점은 고구려가 불상을 제작하는 데 황금 320냥을 보냈다는 것입니다. 호코사는 나라 시대에 헤이죠쿄(平城京)로 이전해서 간고사(元興寺)가 됐고, 옛 절은 지금까지 이어져 내려온 아스카사(飛鳥寺)입니다. 1956~1957년의 발굴조사 결과, 창건 당시 호코사의 가람 배치가 밝혀졌습니다. 가람 배치는 1개의 탑을 동·서·북 3개의 금당이 둘러싸고 있는 매우 특이한 구조로, 이미 1930년대에 조사가 이뤄졌던 평양 청암리(淸岩里) 폐사(廢寺)의 양식과 같았습니다. 똑같은 양식은 상오리(上五里) 폐사나 정릉사(定陵寺) 등 고구려의 다른 사원 유구(遺構)에서도 확인되고 있습니다. 호코사의 건축 양식이 고구려의 영향을 크게 받았다는 점을 엿볼 수 있는 대목입니다.

596년 호코사가 완성됐는데, 595년에는 고구려에서 혜자(慧慈), 백제에서 혜총(慧聰)이 일본으로 건너갔고, 이 두 사람이 초대 주지가 됐습니다. 특히 고구려에서 파견된 혜자는 615년 귀국할 때까지 일본에 머물면서 쇼토쿠 태자의 불교 스승 구실을 했을 뿐 아니라 정치·외교의 브레인으로서 중요한 일을 맡았습니다. 쇼토쿠 태자가 저술한《삼경의소(三經義疏)》도 혜자의 지도 아래 이뤄진 연구 성과라고 할 수 있습니다. 예전부터 있어온 백제 불교에 고구려 불교의 영향이 더해진 것입니다.

그렇다면 백제와 격렬하게 대립하고, 왜와도 대립 관계에 있었던 고구려가 왜에 접근하려고 애썼던 이유는 무엇일까요? 고구려가 처음 왜국에 사신을 보낸 때는 570년이며, 572년과 다음해에도 사신을 보냈습니다. 그리고 호코사를 건립할 즈음에는 고구려가 커다란

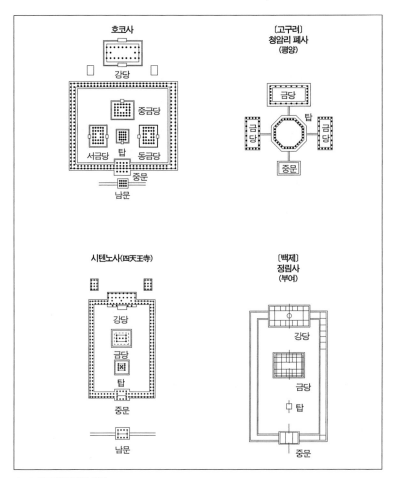

호코사

〔고구려〕
청암리 폐사
(평양)

강당

중금당

서금당 탑 동금당

중문

남문

금당

금당 탑 금당

중문

시텐노사(四天王寺)

〔백제〕
정림사
(부여)

강당

금당

탑

중문

남문

강당

금당

탑

중문

〈6-3〉 호코사의 가람 배치.

구실을 하는 데까지 이르렀습니다.

앞에서 말했듯이, 6세기에는 신라가 급속히 성장해 영역을 확대하면서 552년 고구려와 백제를 격파하고 서해안 지역으로 진출해 바닷길로 중국과 직접 통교했습니다. 589년 수가 중국을 통일하자, 고구려·백제·신라는 각각 수에 조공해서 책봉을 받았습니다. 그러나 국경을 맞댄 수와 고구려 사이에 긴장이 고조됐고, 598년에는 마침내 수나라 문제(文帝)가 30여만 대군을 고구려에 파견하는 사태가 벌어졌습니다. 더군다나 이러한 정세에 호응해서 수와 우호적인 관계를 구축하고 있던 신라가 고구려의 영토를 위협하는 움직임을 강화했습니다.

이와 같은 동아시아의 정세 및 한반도의 동향 속에서 고구려와 왜가 손을 잡았던 것입니다. 600년에 왜가 출병해서 신라와 싸웠던 기록이 있으며, 601년에는 왜가 고구려·백제에 사자를 파견해서 신라 공격에 대해 협의한 기록도 있습니다. 그리고 602년에는 쇼토쿠 태자의 동생뻘 되는 구메(來目) 황자를 장군으로 삼아 25,000명의 군대를 신라 원정에 파견하려고 했고, 쓰쿠시(築紫)에까지 가려고 했습니다. 그런데 구메 황자가 병사하는 바람에 황자의 이종사촌 형인 다이마(當麻) 황자를 장군으로 삼았지만, 이 역시 황자 비(妃)가 사망하는 바람에 계획이 중단되고 말았습니다. 같은 해에 백제가 신라 영토로 침입하고, 다음해인 603년 고구려는 신라에 의해 점령된 북한산성을 공격했습니다. 이와 같이 왜와 고구려, 백제 사이에서는 제휴가 이뤄지고 있었던 것으로 보입니다.

3. 견수사의 파견

쇼토쿠 태자가 벌인 외교의 핵심이라고 할 만한 견수사(遣隋使)의 파견도 이러한 움직임 속에서 이뤄졌습니다. 중국의 기록인 《수서(隋書)》에 의하면, 첫 번째 견수사 파견은 600년으로 돼 있습니다. 이 내용이 《일본서기》에 전혀 나오지 않은 이유는 견수사가 실패했기 때문이겠죠. 《일본서기》에 최초로 기록된 견수사는 607년 오노노 이모코(小野妹子)입니다. 그는 잘 알려진 바대로 "해 뜨는 곳의 천자가 해 지는 곳의 천자에게 국서를 보낸다"고 쓰인 국서를 지참했습니다. 국가적 자립의 기개를 보여주었다고 해서 자주 강조되는 문서인데, 어찌된 일인지 《일본서기》에는 나오지 않고 《수서》에만 실려 있습니다. 양제(煬帝)는 '무례' 하다고 하면서 불쾌한 태도를 보였지만, 귀국하는 이모코와 함께 배청세(裴淸世)를 파견했습니다. 왜 왕은 기뻐서 "듣건대, 바다 서쪽에 대수(大隋)가 있는데 예의(禮義)의 나라라고 한다. 그러므로 조공할 것이다. 나는 오랑캐 사람[夷人]으로 바다 한구석에 동떨어져 있어서 예의를 알지 못했다"고 《수서》에 기록돼 있습니다.

양제가 노했던 까닭은 '해 뜨는 곳' 과 '해 지는 곳' 에 가치의 우열이 있었기 때문이 아닙니다. 이것은 당시 중국 문헌에 쓰인 방식만 봐도, 동과 서라는 방향을 나타내는 단어에 불과합니다. 문제는 세계의 중심에서 오직 한 사람만 군림해야 할 '천자' 를 자칭하고 있다는 점, 게다가 번이(蕃夷)의 소국에 지나지 아니한 왜가 '천자' 를 칭했다는 점입니다. 이 국서가 중국 황제를 흉내 내어 자신도 또 다른 한 명의 황제가 되려는 의지를 보여주는 것임이 틀림없습니다.

그런데 왜 이런 긴박한 정세 속에서 감히 수나라를 분노케 하는 사절을 파견했을까요? 어떻게 그런 일이 가능했을까요? 당시의 국제 정세는 신라가 수에 접근함으로써 고구려가 수와 신라에 협격당하고, 한편으로 왜가 고구려 · 백제와 제휴해서 신라를 원정하려고 했습니다. 이러한 속에서 상대편을 자극하는 국서를 지닌 견수사를 파견했던 것입니다. 거기에는 쇼토쿠 태자의 외교 정책에 있어 핵심 인물이었던 혜자, 즉 고구려의 전략이 반영된 것은 아닐까 하는 견해도 있습니다. 고구려의 배후에 교만한 왜가 존재하고 있다는 점을 일부러 부각함으로써 수의 고구려 공격을 견제하려 했다고 보는 것입니다.

백제는 같은 해인 607년에 사절을 파견해서 "고(구)려를 공격하기를 요청한다"고 해 수나라에 영합하려는 듯한 태도를 보여주지만, 이에 대해 수는 오히려 "안으로 고(구)려와 서로 화합[通和]하여 거짓으로써 중국을 엿본다"고 판단해 경계했습니다. 각국 모두 표리양면으로 합종연형(合從連衡), 만만치 않은 외교가 이뤄지고 있었던 것만은 확실한 듯합니다. 분수를 모르는 무례한 사절이었는데도, 양제가 넓은 안목으로 국교를 성립한 이유는 고구려와 왜의 결탁을 두려워했기 때문입니다. 대등한 국가로서의 기개를 보여준 '해 뜨는 곳의 천자'의 국서였지만, 이 일이 가능했던 배경에는 고구려가 수와 대결하려는 국제 정세가 있었음을 놓쳐서는 안 되겠습니다. 수는 612년과 614년에도 고구려를 공격했지만, 고구려는 을지문덕 장군 등의 활약으로 이를 막아냈고, 오히려 수나라가 고구려 원정에 실패함으로써 멸망하고 말았습니다.

4. 두 개의 미륵보살상

왜의 처지에서 보자면, 견수사의 파견이 긴장된 동아시아 세계 속에서 수와 관계를 확보하는 계기가 됐으며, 또한 신라와 관계를 호전시키는 실마리가 됐습니다. 이후 불교에서도 신라 불교와 교류가 강화되었습니다.

〈6-4〉 **두 개의 미륵보살상**. 한국 국립중앙박물관 소장(왼쪽), 고류사 소장.

왜와 신라의 불교 교류에 대한 증거를 교토(京都) 우즈마사(太秦)에 있는 고류사(廣隆寺)의 미륵보살상에서 찾아볼 수 있습니다. 한쪽 발을 무릎에 올려놓고 오른손으로 뺨을 괸 채 사색에 잠긴 독특한 모습의 반가사유상(半跏思惟像)인데, 미소를 머금은 표정으로 인해 아스카 시대의 불상 중에서도 유달리 인기가 높습니다. 아스카 미술의 대표적인 작품으로, 조각 부문의 국보 제1호로 지정됐습니다. 그런데 이것과 꼭 닮은 반가사유상이 한국에도 있습니다. 서울의 국립중앙박물관에 소장돼 있는 금동미륵보살상입니다. 한국의 불상에는 금동제로 금박이 입혀 있지만, 고류사의 불상은 목제입니다. 한국의 반가상이 약간 포동포동한 느낌인 데 비해, 고류사의 불상은 호리호리한 인상을 줍니다. 그렇지만 서로 빼닮았다고 할 정도로 매우 비슷합니다.

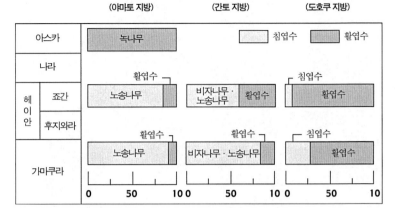

〈6-5〉 **불상의 재료**. 고하라 지로(小原二郞) 외,《미의 비밀 : 두 개의 미륵보살상》인용.

《일본서기》에 의하면, 고류사는 스이코 11년(603년)에 도래계 씨족인 하타 가와카쓰(秦河勝)가 쇼토쿠 태자에게서 불상을 받아 창건했다고 하며, 이 미륵상은 태자가 하사한 것이라고 여겨져왔습니다. 그런데 이 불상이 적송(赤松)으로 만들어졌다고 판명됨으로써 누가, 어디에서 만들었는지가 새로운 문제로 대두됐습니다. 문제가 된 이유는 아스카 시대의 불상은 거의 대부분 녹나무로 만들었고, 헤이안 시대 이후가 되면 노송나무로 만든 것이 많다는 재료의 흐름이 분명했기 때문입니다. 소나무로 만든 고류사의 미륵상은 매우 드문 예입니다. 목재가 풍부한 일본에서는 가공하기 힘든 소나무를 쓰지 않습니다. 그렇다면 일본의 국보 제1호가 사실은 일본에서 만든 것이 아닐까요?《일본서기》에는 쇼토쿠 태자가 죽자 스이코 31년(623년)에 신라에서 불상을 보내 고류사에 안치했다는 기록이 있습니다. 그런 탓에 이 미륵보살상도 한반도에서 제작된 것이 아닐까 하는 견해가 강하게 제기되었습니다.

한편 한국에 있는 미륵보살상은 1910년 '한일합방' 후 일본인에 의해 서울로 옮겨졌다고 전해집니다. 이 시기, 한국 각지에서는 일확천금을 노린 일본인들이 불법으로 많은 미술품을 반출했습니다. 문제의 불상도 그 가운데 하나이며, 어느 곳에서 반입됐는지는 정확하게 모릅니다. 다만, 미륵신앙은 특히 신라에서 융성했으며, 출처를 알 수 있는 현존 대형 반가상 대부분이 신라에서 만든 것으로 간주됩니다. 따라서 고류사의 미륵보살상도 신라에서 만들어져 일본으로 건너갔을 가능성이 높다고 할 수 있습니다. 신라의 반가사유상 양식이 변천하는 과정 속에서 살펴보면, 두 개의 미륵보살상이 공통의 원형태에서 태어난 형제 관계라는 견해도 있습니다.

고류사의 미륵보살상은 메이지 중기에 대규모 보수가 이뤄졌는데, 그때 콧날이 오뚝해지고 눈이 선명해졌다고도 전해집니다. 그렇다면 보수하기 전에는 좀더 포동포동한 얼굴 생김새였을 테고, 원상태가 보존됐다면 한국의 미륵보살상과 더욱 비슷했을 것입니다. 더군다나 고류사의 미륵보살상도 원래는 금박이 입혀져 있었다고도 합니다.

어쨌든 아스카 불교가 백제·고구려뿐만 아니라 신라 불교와도 깊은 관계를 맺고 있었다는 사실을 두 개의 미륵보살상이 잘 말해주고 있습니다. 아스카 불교를 통해 알 수 있는 삼국의 불교와 왜의 연관성은 왜국의 외교적인 모색의 반영이기도 했던 것입니다.

7장 | 다이카개신과 백촌강 전투

1. 당의 건국과 동아시아

　　　　　　　　　　7세기 왜국에서는 쇼토쿠 태자 시대가 시작되고 다이카개신을 거쳐 권력의 집중이 지향됐으며, 덴무(天武)와 지토(持統) 천황의 시기에 이르러서 율령 체제가 확립됐습니다. 이 과정은 동아시아 세계의 동향과 밀접한 관계를 갖습니다.

　　고구려 원정의 실패가 한 원인이 돼 수가 멸망하자, 중국에서는 618년 창건된 당이 전 국토를 장악하고 율령 제도를 기반으로 더욱 강력한 국가 체제를 갖춰나갔습니다. 삼국은 잇따라 사신을 파견해 책봉을 받았습니다. 그러나 수대에 뒤이어 고구려와 당도 긴장을 늦추지 않았고, 고구려는 당의 공격에 대비해 수십 년에 걸쳐 장성을 쌓았습니다. 당은 630년 북방의 동돌궐(東突厥)을 멸망시킨 뒤 본격적으로 고구려에 대한 압력을 강화했습니다. 이해에 왜도 첫 번째 견당사(遣唐使)를 파견했습니다. 그런데 632년에 파견된 당나라 사절 고표인(高表仁)이 왜와 '예를 다투고' 귀국했다는 기록으로 봐서 관계 구축이 순조롭지 않았던 듯합니다. 당이 고구려를 공격하는 데 왜국 측에 협력을 요구했다는 견해도 있습니다. 왜는 긴박했던 동아시아 정세 속에서 외교 노선을 선택해야만 하는 상황에 처해 있었던 것입니다.

대당제국의 출현이라는 국면에 맞닥뜨려 640년이 되자, 동아시아 국가들에서는 국내 체제를 강화하려는 움직임이 일어났습니다. 당의 압박이 갈수록 강해지던 642년, 고구려에서는 연개소문(淵蓋蘇文)이 쿠데타로 권력을 장악하고 당과 대결하려는 자세를 더욱더 분명하게 취했습니다. 641년에는 백제에서도 의자왕(義慈王)이 반대파를 제거하고 권력을 강화한 정변이 일어났습니다. 이어 642년이 되자 스스로 대군을 이끌고 신라로 침공해 들어갔습니다.

그러자 신라는 김춘추(金春秋)를 고구려로 보내 동맹 관계를 맺고 백제를 공격하자고 호소했지만, 연개소문에게 거절당하고 오히려 억류되고 말았습니다. 신라는 김춘추를 어렵게 구출한 뒤, 643년 당에 사자를 보내 고구려와 백제의 부당함을 호소하면서 구원을 요청했습니다.

당은 마침내 645년, 대군을 동원하여 고구려를 공격하기 시작했습니다. 신라는 이에 호응해 수만의 군사를 고구려에 보내서 양공작전을 폈고, 백제는 그 틈을 타서 신라에 빼앗겼던 지역들을 회복하려고 전력을 기울였습니다. 왜국에서 이른바 다이카개신이 단행됐던 시기는 당의 원정군이 고구려를 공격하고, 삼국의 공방이 더욱 격렬해지고 있었던 때입니다. 당의 첫 번째 고구려 원정은 실패했으나, 당은 잇따라 647년에 두 번째, 648년에 세 번째 공격을 시도했습니다. 이러한 상황에서 신라의 유력한 귀족인 비담(毗曇) 등이 당에 대한 외교 노선을 둘러싸고 반란을 일으켰지만, 김춘추 세력이 이를 진압하고 권력 집중을 추진했습니다. 649년에는 복장(服裝)제도를 당풍(唐風)으로 바꾸었고, 다음해에는 당의 연호를 채용하는 동시에 당의 제도를 모방한 관제 개혁을 단행했습니다.

2. 개신 정부의 외교 정책

당이 대군을 보내 고구려를 공격하고 있던 645년, 왜국에서 일어났던 사건이 다이카개신입니다. 이 쿠데타도 삼국에서 각각 일어났던 왕권 강화의 움직임과 같은 성격입니다. 나카노오에(中大兄) 황자를 중심으로 한 집단에 의해 궁중에서 소가노 이루카(蘇我入鹿)가 암살되고, 그의 아버지 에미시(蝦夷)가 자살함으로써 권세를 누렸던 소가씨 가문은 멸망했습니다. 고토쿠(孝德) 천황이 즉위하고, 나카노오에 황자 자신은 황태자가 됐습니다. 소가씨와 관계가 깊었던 후루히토노오에(古人大兄) 황자는 이루카가 살해된 뒤 집으로 돌아와서 "한인(韓人), 구라쓰쿠리노오미〔鞍作臣(이루카)〕를 죽였다. 마음이 아프다"고 엉겁결에 말했다고 전해지는데, 《일본서기》의 편자는 "한정(韓政)으로 말미암아 주살됐음을 이른다"고 주(注)를 달아놓았습니다. '한정'이 글자 그대로 대한(對韓) 정책을 뜻하는지는 정확히 알 수 없지만, 이미 살펴본 바와 같이 당시 왜국은 긴박하게 외교 노선을 정해야 하는 정세에 놓여 있었습니다. 당의 고구려 공격이 임박한 상황에서 고구려와 백제에서 사절이 파견됐고, 왜국에서도 고구려·백제·신라에 사절을 파견했다는 기록이 남아 있습니다. 또한 실제로 개신을 전후해 외교 정책에 변화가 나타나고 있었습니다.

전통적으로 왜가 친(親)백제 정책을 외교의 기조로 삼았다는 사실은 틀림없습니다. 그런데 개신 정부는 빠르게 신라와 관계를 긴밀히 했던 것으로 보입니다. 견수사를 따라서 유학한 뒤 당에서 신라를 거쳐 귀국해 개신에 커다란 힘을 쏟았던 다카무코노 구로마로(高向玄理)가 646년 신라에 파견됐고, 다음해인 647년에는 신라의 김춘추가 일본에 왔습니다. 게다가 김춘추는 648년에 당으로 건너갔는데, 이때 개신 정부는 당에 보내는 친서를 위탁했습니다. 다이카 연간 신라의 사절 왕래는 백제를 능가했으며, 개신 정부의 외교는 당 및 신라의 관계를 중시하는 노선으로 기울었던 것으로 보입니다. 653년에는 오랜만에 두 번째 견당사를 파견했고, 다음해인 654년에도 다카무코노 구로마로와 에니치(惠日)를 세 번째 견당사로 파견했습니다. 당은 고구려와 백제가 신라를 침략한다고 비난했으며, 왜국에 신라 구원을 요청했다고도 전해집니다. 개신 정부는 외교 노선을 더욱더 명확히 해야 할 처지에 놓인 것입니다.

이처럼 개신 정부가 신라와 당에 접근책을 펼쳐가고 있는 상황에서도, 다른 한편에서는 651년 신라에서 온 사자의 당나라 복장을 보고 좌대신(左大臣) 고세노 도코다(巨勢德陀)가 "지금 신라를 치지 않는다면 후회하게 될 것이다"고 주청하는 등 친백제 세력도 뿌리 깊게 존재하고 있었던 듯합니다. 이를 통해 왜국의 내부에서 외교 노선을 둘러싼 대립이 있었다는 사실을 엿볼 수 있습니다.

그런데 다이카개신에 대해서는 개혁의 존재 자체를 의심하는 견해도 강하게 남아 있습니다. 《일본서기》에는 개혁이 나카노오에 황자를 중심으로 처음부터 율령 국가 체제를 목표로 한 정연한 계획에 따라서 실행된 것처럼 묘사돼 있습니다. 물론 소가씨를 타도한 쿠데타가 일어났다는 것은 사실이지만, 개혁의 방향을 명확하게 제시한

〈개신의 조(詔)〉가 이 시점에 정말로 있었는지는 알 수 없습니다. 그 주체에 대해서도 고토쿠 천황이 나카노오에 황자의 허수아비 같은 존재에 지나지 않았는지의 여부도 의심의 여지가 있습니다. 즉, 고토쿠 천황의 구실이 더 컸다고도 볼 수 있습니다. 653년에 나카노오에 황자는 고토쿠 천황을 나니와쿄(難波京, 지금의 오사카 부근 — 옮긴이)에 남겨둔 채 아스카로 돌아와버렸습니다. 다음해인 654년 고토쿠 천황은 나니와(難波) 궁에서 쓸쓸히 사망했고, 4년 뒤에는 그의 아들 아리마(有間) 황자가 숙청됐습니다. 개신 정부도 굳건했던 것이 아니라 내부에서 대립하고 있었다고 할 수 있겠죠. 655년, 나카노오에 황자는 개신 당시 퇴위해 있던 어머니 고교쿠(皇極) 천황을 다시 즉위시켜 사이메이(齊明) 천황으로 삼았습니다.

그렇다면 고토쿠 천황과 나카노오에 황자의 대립이 과연 외교 노선의 차이에서 비롯되었을까요? 전자를 친신라, 후자를 친백제 노선으로 보는 견해가 있는 한편, 반대의 견해를 내세우는 연구도 있습니다. 어느 쪽이든지, 당과 신라에 협조하는 경향을 띠었던 개신 정부의 외교는 나카노오에 황자가 아스카로 돌아가고 고토쿠 천황이 사망한 뒤 급속히 백제 쪽으로 기울었습니다. 657년 신라에 의뢰했던 당에 대한 중재 사안도 거절됐고, 659년에 파견된 네 번째 견당사는 곧바로 당의 도읍인 장안(長安)에 억류되고 말았습니다. 이미 당·신라와 백제·고구려의 대립은 피할 수 없는 정세가 됐던 것입니다.

3. 통일신라와 발해

659년 백제가 신라 영토를 침입하자, 신라는 당과 관계를 더욱 강화했습니다. 결국 당은 고구려에 대한 작전을 염두에 두면서 먼저 백제를 공격하고자 군사를 파견했습니다. 660년의 일입니다. 당의 수군은 금강을 거슬러 올라가고, 신라의 무열왕(武烈王)은 동쪽에서 몸소 5만여 명의 병력을 이끌고 각각 백제의 왕도인 사비성(부여)을 향해 나아갔습니다. 무열왕은 바로 젊은 날의 김춘추로, 격동하는 동아시아 정세에 교묘하게 대응하면서 한반도를 통일하기 위한 전쟁의 도화선에 불을 당긴 장본인입니다.

당과 신라의 공격을 받아 백제의 사비성이 함락되었고, 옛 수도 웅진성(공주)으로 도망갔던 의자왕이 항복함으로써 백제는 멸망하기에 이릅니다. 의자왕은 당의 수도 장안으로 끌려갔다가 곧 사망합니다. 그런데 백제 왕족 가운데 한 사람인 복신(福信,《일본서기》에는 귀실복신(鬼室福信)으로 표기됨)을 중심으로 각지에서 백제 부흥을 노리는 세력이 봉기하고, 전투가 잇따랐습니다. 복신은 왜국에 원군을 요청함과 동시에 왜국에 있는 의자왕의 아들 부여풍〔夫餘豊, 풍(豊), 여풍장(余豊璋)〕에게 귀국할 것을 요구했습니다. 나카노오에 황자는 이에 응해 출병하기로 결정했고, 사이메이 천황과 함께 나니와를 출발해 규슈의 쓰쿠시(筑紫)로 이동했습니다. 661년 이곳에서 사이메이 천황이 죽고 말았지만, 나카노오에 황자는 출병 준비에 더욱 박차를 가해 부여풍에게 직관(織冠)을 수여하는 의식을 행한 뒤, 5천여 명의 군대와 함께 백제에 귀환토록 했습니다. 복신은 이들을 맞이해 부여풍을 백제 왕으로 추대했습니다. 부여풍은 금강 하류 연안

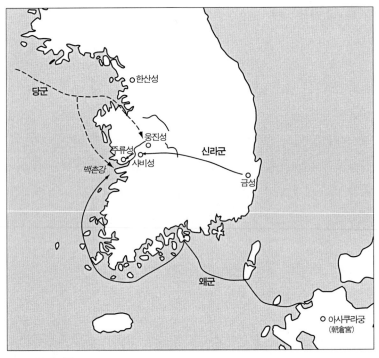

〈7-1〉 **백촌강 전투.**

에 있는 주류성(周留城)을 거점으로 항전했고, 왜국은 663년에 가미쓰케노노 와카코(上毛野稚子)를 장군으로 삼아 27,000여 명의 대군을 증파했습니다.

주류성으로 향하는 왜군에 대비해 당 수군의 배 170척은 금강 하구를 봉쇄한 채 기다렸고, 육상에서는 무열왕의 뒤를 계승한 문무왕(文武王)이 이끄는 신라군이 당군과 함께 포진하고 있었습니다. 왜군의 각 부대는 앞다투어 공격을 감행했지만, 매번 패하고 말았습니다. 《구당서(舊唐書)》에는 "왜병과 백강(白江) 입구에서 맞닥뜨려 네 번을 싸워서 이겼다. 왜국의 배 400척이 불타면서 연기와 불꽃이

하늘로 치솟았고, 바닷물은 모두 붉게 물들었다. 적들은 대부분 궤멸됐다"고 기록돼 있습니다. 왜군이 크게 패한 것입니다. 당시 백제 부흥군은 이미 내부 대립으로 복신이 살해되고, 주류성도 함락된 상태였습니다. 왜에 의해 책립됐던 '백제 왕' 부여풍은 그 후 어떻게 됐는지 알 수 없습니다.

　백제가 망하자, 신라와 당의 칼끝은 고구려로 향했습니다. 고구려에서는 연개소문이 죽은 뒤 내부 대립이 극심했습니다. 마침내 668년 고구려가 당·신라와 전쟁을 치른 끝에 멸망하고, 삼국의 항쟁은 신라가 승리하는 것으로 결론이 났습니다. 그러나 아직 싸움은 끝나지 않았습니다. 당은 멸망한 백제 지역에 웅진도독부(熊津都督府), 고구려 지역에 안동도호부(安東都護府)를 각각 설치해서 지배하려고 했습니다. 신라는 671년 당과 전쟁을 개시했습니다. 그리하여 결국 676년, 당의 군대를 한반도에서 몰아내는 데 성공했습니다. 드디어 한반도는 신라에 의해 통일된 것입니다. 그때까지를 고구려·백제·신라의 삼국시대라고 하며, 이후를 통일신라시대라고 부릅니다. 멸망한 고구려의 유민 일부는 북으로 옮겨가서 698년 말갈인(靺鞨人)과 함께 발해(渤海)를 건국했습니다. 발해는 고구려 계승 국가로도 지칭되는데, 이 시대를 남의 신라와 북의 발해가 병립하던 남북국시대로 보는 견해도 있습니다.

4. '왜'에서 '일본'으로

　　　　　　　　당·신라에 패배한 왜국은 엄청난 긴장에 휩싸였습니다. 쓰시마·이키·쓰쿠시에 변방방위군[防

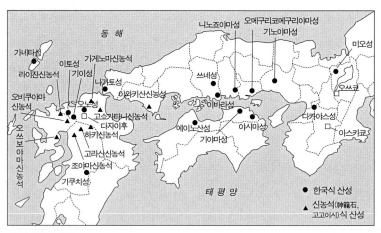

〈7-2〉 한국식 산성.

人]과 봉화대가 배치되고, 쓰쿠시에는 다자이후(大宰府)를 방위하기 위해 수성(水城)이 만들어졌습니다. 665년부터는 쓰쿠시·나가토(長門)를 비롯해 각지에 산성이 축조됐습니다. 지금도 흔적이 남아 있는 이들 한국식 산성은 망명한 백제 사람들의 기술로 쌓은 것으로 보입니다. 667년 나카노오에 황자는 오미(近江) 오쓰쿄(大津京)로 도읍을 옮겼고, 다음해인 668년 정식으로 즉위해 덴지(天智) 천황이 됐습니다. 이해에 오미령(近江令)이 제정된 것으로 보이며, 670년에는 경오년적(庚午年籍)이 작성됐습니다. 백촌강(白村江, 금강) 전투의 패배로 인해 조성된 긴장 속에서 국가 체제를 구축하려 했다고 할 수 있겠죠.

당과 신라는 고구려와 전쟁을 앞둔 상황에서 왜와의 관계를 고려하지 않을 수 없었습니다. 그 후 당과 신라의 전투가 시작되자 왜국은 위기에서 벗어나는 형국이 됐습니다. 665년과 669년에는 다섯

670년	(함형 원년) 왜국 왕이 사절을 파견해서 고려를 평정한 것을 축하하다.(《책부원구》) (신라 문무왕 10년) 왜국이 이름을 일본이라 고쳤는데, 스스로 해 뜨는 곳에 가깝기 때문에 이렇게 이름붙였다고 한다.(《삼국사기》)
671년	(신라 문무왕 11년) 이때 왜의 수군이 백제를 도우러 와 왜선 1천 척은 백강(白江)에 정박하고, 백제의 정예 기병이 언덕 위에서 배를 지키고 있었다. 신라의 날랜 기병이 중국〔당(唐)〕 군사의 선봉이 됐다.(《삼국사기》〈설인귀에게 보낸 문무왕의 서간〉)
698년	(신라 효소왕 7년) 3월에 일본국 사신이 내조(來朝)하였으므로, 왕이 숭례전(崇禮殿)에 불러 접견했다.(《삼국사기》)
702년	(대족 2년) 10월, 일본국이 사신을 보내 방물을 바치다.(《구당서》〈측천무후기〉) ＊ 일본국은 왜국의 별종이다. 나라가 해 주변에 있다고 해서 일본을 이름으로 삼았다고 한다. 혹은 왜국 스스로 이름이 우아하지 않음이 싫어 새로 일본으로 했다고 한다. 혹은 일본은 옛 소국, 왜국의 땅을 병합했다고도 한다. 그들은 대부분 자긍심이 커서 실(實)로써 대하지 않는다. 그러므로 중국은 이를 의심한다.(《구당서》〈일본국전〉)

〈7-3〉 **일본이라는 명칭.** 《삼국사기》 문무왕 10년 기사는 《구당서》의 글을 참고해 추가한 것으로 보임.

번째와 여섯 번째 견당사가 파견됐고, 신라와의 관계도 회복돼갔습니다.

이러한 상황 속에서 덴지 천황이 죽자, 672년 후계를 둘러싸고 임신(壬申)의 난이 일어났습니다. 이 난은 다이카개신 같은 궁중 쿠데타와 달리, 두 진영이 정면으로 무력 대결을 벌인 내란이며, 여기에서 실력으로 승리한 오아마(大海人) 황자가 즉위해서 덴무 천황이 됐습니다. 덴무 천황이 죽은 뒤 황후가 뒤를 계승해 지토 천황이 됐는데, 바로 이 덴무·지토 천황 시대(672~697년)에 율령 제도가 확립됐습니다. 율령 제도는 중국에서 도입됐는데, 제도가 확립된 덴

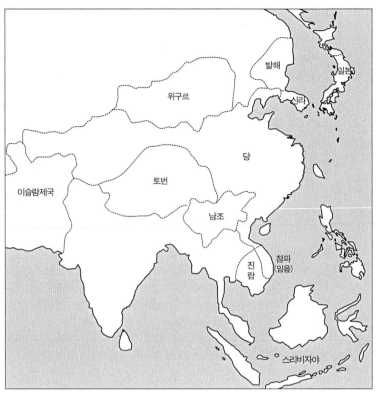

〈7-4〉 당나라 시기 동아시아.

무·지토 시기에는 견당사가 한 번도 파견되지 않았습니다. 669년 이후 일곱 번째 견당사가 파견된 때는 701년 다이호율령(大寶律令)이 제정된 다음해였습니다. 율령 제도는 당의 제도를 본떠 만든 게 틀림없지만, 제도를 만들어나가는 가장 중요한 덴무·지토 천황 시기에 실제로 견당사가 한 번도 파견되지 않았습니다. 반면 이 기간에 신라와 사절 왕래가 빈번하게 이뤄지고 있었던 점으로 미루어, 율령을 도입하는 데 신라와의 관계가 매우 중요하게 작용했다는 사실을 엿볼 수 있습니다.

어쨌든 702년의 견당사는 율령 국가의 확립을 배경으로 했는데, 이 사절은 당에 가서 처음으로 스스로를 '일본' 의 사신이라고 말합니다. 《구당서》에 의하면, 당은 이 점을 의아해하면서 추궁했으나 답이 요령부득이었다고 합니다. 이때까지 존속했던 왜를 멸망시키고 새로 세운 왕조인지, 아니면 단순히 이름만 바꾸었는지 알 수 없었던 것입니다. 신라와의 관계 측면에서도 《삼국사기》를 보면, 698년 "일본국의 사신이 왔다"고 기록돼 있습니다. 실제로 이 시기에 '일본' 이라는 명칭이 사용됐다는 사실을 알 수 있습니다. 당을 중심으로 주변에 발해 · 신라 · 일본이 병립한 동아시아 세계의 윤곽이 완성됐다고 이해해도 좋겠습니다.

8장 │ 동이의 소제국

1. '천황' 이라는 칭호

　　'천황' 이라는 칭호가 성립된 시기에 관해서는 스이코, 다이카개신, 덴지 시대 등 다양한 견해가 있습니다. 그러나 적어도 제도로서 확립되기에 이른 시기는 '일본' 이 성립한 7세기 후반인 덴무·지토 천황 기간임이 틀림없습니다. 지금까지 왜국 왕을 편의상 천황이라고 부르긴 했지만, 정확하게는 '일본' 의 수장을 '천황' 이라고 해야 합니다. 이 칭호는 중국 황제를 강하게 의식하고, 그것을 모방해서 만들어진 것입니다.

　　천명을 받은 중화 황제가 세계의 중심으로 군림하고, 주변 국가들의 수장은 그에게 조공하고 작위를 받았습니다. 한나라 이후 동아시아에는 이러한 책봉 관계를 축으로 해서 중국을 중심으로 한 국제 질서가 형성됐습니다. 수많은 책봉국을 거느림으로써 황제의 권위는 높아지고, 주변의 수장들은 책봉을 받음으로써 지역 지배권을 강화할 수 있었습니다. 더군다나 중국 황제에게서 책봉받아 군신 관계를 맺은 수장들 가운데에도 스스로를 중심으로 삼아 주변에서 의사적(擬似的) 책봉 관계를 설정하려고 했던 모습이 나타납니다. 가장 먼저 고구려의 '태왕(太王)'에게서 그러한 모습이 나타났는데, 광개토왕 비문에 있는 "백제와 신라는 예로부터 속민이었다"는 말이 그것을 증명합니다. 신라 왕 등에서도 똑같은 사실을 확인할 수 있고, 왜의 '대왕(大王)'이 끊임없이 백제와 신라·임나 등에 지배권을 행사하는 칭호를 갖고 싶어했던 이유도 같은 목적의 표출로 볼 수 있습니다.

지금까지 살펴본 대로, 나국왕과 히미코에 이어서 왜의 5왕 시대에 책봉 체제에 들어갔던 왜국은 고구려·백제·신라 등과 경합하면서 세력을 확대하려고 힘썼습니다. 그리고 왜국은 6세기에 접어들면서 책봉 체제에서 벗어났다가, 수·당 제국이 출현하면서 다시 조공을 시작했습니다. 동이족들의 항쟁은 7세기 후반 절정을 이루어 신라가 한반도를 통일하고, 북방에 발해가 건국됐습니다. 백촌강 전투에서 패배한 왜국은 뎀무·지토 천황 시기에 율령 체제가 구축됐고, '일본'이란 국명을 쓰기 시작했습니다. 당을 중심으로 발해·신라·일본이 주변에 배치되는 형태로 고대 동아시아 세계가 완성된 것입니다.

그러한 동아시아 세계의 정세 속에서 '일본'의 '천황'이 창출되었고, 중국의 동방에서 또 하나의 황제를 지향하는 칭호로 설정됐습니다. 즉, 중화 황제의 축소판을 만들어내려는 지향을 표현했던 칭호가 천황인 셈입니다. 영(令)의 규정에는 칭호에 대해 '제사에서 칭하는' 이름이 천자, '조서에서 칭하는' 이름이 천황, '화이(華夷)에서 칭하는' 이름이 황제, '상표(上表)에서 칭하는' 이름이 폐하라고 돼 있습니다.

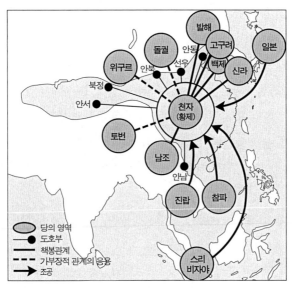

〈8-1〉 **당나라 시기의 국제 질서.** 도쿄서적 편, 《세계사 B》 인용.

천황, 즉 황제란 이적(夷狄)을 복속하고 천하에 군림하는 존재이
며, 황제인 만큼 조공국이 존재하지 않으면 안 됩니다. 일본 열도 내
에서는 에조(蝦夷, '에미시'라고도 함. '동방의 사람'인데 도호쿠(東北)
지방에 사는 사람을 일컬음 — 옮긴이)와 하야토(隼人, 규슈 남부에 사는
사람 — 옮긴이)가 이적이고, 한반도 국가들이 조공국으로 설정됐습
니다. 영의 규정에는 당을 '이웃 나라(隣國)'라고 말함으로써 대등
한 국가로 삼는 한편, 신라와 뒤늦게 국교를 연 발해는 '번국(蕃國)'
이라고 되어 있습니다. 천황이란 개념 자체가 한반도 국가를 복속시
킨 존재이며, 그들을 복종시키지 않은 천황은 존재할 수가 없었다고
말할 수 있습니다. 한편으로는 실제 중국에 종속적인 위치에 서지
않으면서, 다른 한편으로는 한반도 국가에 대해 종주국으로서 군림

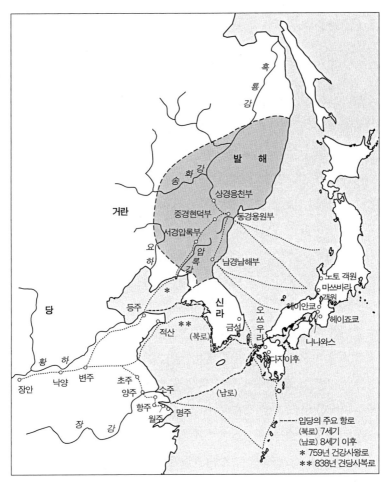

〈8-2〉당, 신라, 발해의 교통로.

하려고 하는 고대 일본의 태도를 이시모다 쇼(石母田正)는 '동이(東夷)의 소제국(小帝國)'이라고 표현했습니다.

2.《일본서기》

　　　　　　　　　　이러한 천황, 즉 한국 복속을 필수불가결한 요소로 삼았던 천황 칭호가 창출된 시기는 왜(일본) 왕권의 범위가 일본 열도 내에 최종적으로 한정된 시기이기도 합니다. 이전까지 왜는 중국의 동방 세계에서 고구려 · 백제 · 신라, 나아가 가야 제국 등과 경합 · 대립하면서 활동하고 있었습니다. 동이 세계를 활동 영역으로 삼고, 동이족 가운데 하나로서 때로는 한반도에도 종적을 남겨왔던 것입니다. 그런데 백촌강 전투에서 패배하고, 신라가 통일을 실현함으로써 왜는 한반도에서 활동할 여지를 잃고 말았습니다. 즉, 왕권의 활동 영역이 최종적으로 일본 열도 내에 한정됐다고 말할 수 있습니다. 이러한 시기에 한반도 국가들의 복속을 필수불가결한 요소로 삼는 '천황' 호칭이 창출된 것입니다. 그런 만큼 처음부터 허구를 동반하지 않을 수 없었습니다. 무엇보다도 역사적으로 한반도의 국가가 천황의 덕을 흠모해서 조공했다는 이야기를 만들어내지 않으면 안 됐습니다.

　　덴무 천황은 율령 제정을 명령함과 거의 동시에 역사서를 편찬하라고 명했는데, 그 결과 720년에 《일본서기》가 완성되었습니다. 《일본서기》가 천황 통치를 정통화하기 위한 역사서였다는 점은 두말할 필요도 없습니다. 한국과 관련한 징구 황후의 삼한정벌과 임나일본부 이야기는 단순한 일화가 아니라 《일본서기》의 편찬 의도와 관계가 있습니다. 천황이 천황이기 위해서는 한반도의 국가들을 복속시킨 역사가 절대적으로 필요했던 것입니다.

　　왜국과 고구려 · 백제 · 신라 및 가야 제국 사이에서는 밀접한 교류가 존재했으며, 때로는 왜가 우세하기도 하고 열세하기도 한 상황이 반복됐습니다. 그런데 《일본서기》에는 이를 왜가 일관되게 복속시키고, 조공시키고, 임나에 일본부를 두고 직접 지배한 것처럼 묘사했습니다. 이러한 '천황' 창출과 관련해 만들어졌던 이야기가 그 후 한국관을 규정해왔던 것입니다. 이로 인해 그 배후에 있는 고대 한일 관계의 실상에 다가가는 과제가 중요해진 것이라고 할 수 있습니다.

만일 왜와 한반도의 국가 사이에 책봉 관계가 구체적으로 설정될 가능성이 있었다고 한다면, 663년 백촌강 전투가 일어날 무렵이었습니다. 나카노오에 황자는 일본에 살던 백제 왕자 부여풍을 군대와 함께 귀환시킬 때, 직관을 주고 신하로 삼았습니다. 백제의 옛 땅으로 돌아간 부여풍은 백제 왕으로 즉위하는 의식을 치렀습니다. 왜 왕의 신하인 사람이 백제 왕이 됐으므로 왜 왕이 백제 왕을 책봉한 셈입니다. 대군을 파견한 근본적인 이유가 이처럼 한국의 왕을 책봉하는 황제의 존재를 세우기 위해서라고 생각하는데, 물론 그것은 실패로 끝나고 말았습니다. 이후 왜 왕은 망명해온 부여풍의 동생 선광(善光)에게 '백제왕(百濟王, 구다라노코니키시)'이란 성을 내리고, 일본에서 거주토록 했습니다. 일본 천황이 백제 왕을 신하로 삼아서 거느리고 있다는 허구를 만들어놓은 데 만족할 수밖에 없었던 것입니다.

3. '이웃 나라' 당과의 관계

일본의 율령에서 '이웃 나라', 즉 대등한 국가로 규정한 당과의 관계는 실제로 어떠했을까요? 일본은 말할 필요도 없이 당에 견당사를 파견했는데, '이웃 나라'에 상응하는 대등한 외교 사절이었던 것처럼 묘사돼 있습니다.

그러나 이는 어디까지나 일본의 기술일 뿐, 당에서는 '조공사'라고 불렀으며 대우도 기본적으로 다른 조공 사절과 다름없었습니다. 752년에 파견된 후지와라노 기요카와(藤原清河)는 당 조정에서 조하(朝賀) 의식을 거행할 때, 자신의 자리가 신라보다 낮은 데 항의하는 '쟁장사건(爭長事件)'을 일으켰습니다. 일본의 항의로 자리가 상석으로 바뀌긴 했지만 당이 내린 평가는 그 정도였던 것입니다.

견당사가 과연 국서를 지참했는지 여부에 대해서는 몇 가지 견해가 있습니다. 일본 기록에는 국서에 관한 내용이 전혀 나오지 않습니다. 문서를 지참할 경우, 군신 관계를 보여주는 상표문(上表文)의 형식을 취할 수밖에 없기 때문에 그것을 피하기 위해 갖고 가지 않았다고 볼 수도 있습니다. 그렇지 않고 갖고 갔는데도 대등한 관계라고 꾸미기 위해 비밀에 부친 채 역사서에 기록하지 않았다는 견해도 있습니다. 최근 연구는 국서의 존재를 인정하는 주장이 강한데, 만일 그렇다면 어떠한 형식으로 되어 있었을까요?

《책부원구(冊府元龜)》에 있는 735년 당 현종(玄宗) 칙서에는 "일본 국왕 스메라미코토(主明樂美御德)에게 칙(勅)한다. 그대의 나라는 예의의 나라로서 신령이 돕는 곳이다"고 기록돼 있습니다. 신하에게 내리는 일반적인 칙서 형식인데, 여기에 그대의 나라는 '예의의 나라'라고 쓰여 있습니다. 앞서 쇼토쿠 태자가 파견했던 견수사에게 양제가 불쾌감을 나타냈던 이유는 '해 뜨는 곳의 천자' 운운한 국서가 '무례'하다고 여겼기 때문인데, 현종 칙서가 '예의'를 갖췄다고 말한 이유는 바로 올바른 형식의 문서를 갖고 왔기 때문이라고 생각할 수 있습니다. 상표 형식이었는지의 여부를 떠나서, 양제를 화나게 만들었던 "서를 보낸다[致書]"는 대등한 형식의 국서가 아니

차수	출발	귀착	비고
①	630	632	이누가미 노미타스키(犬上御田鍬), 당사(唐使) 고표인(高表仁)과 함께 귀국.
②	653	654	제2선은 왕로(往路) 사쓰마(薩摩) 다케시마(竹島) 부근에서 조난.
③	654	655	다카무코노 구로마로(高向玄理), 당나라에서 죽음.
④	659	661	한반도 남단에서 직접 대양을 횡단. 대백제 개전으로 당에 억류.
⑤	665	667	당사 유덕고(劉德高)를 보냄. 고종의 태산봉선(泰山封禪) 의식에 참렬.
⑥	667	668	구백제에 주류한 당군에 당사 법총(法聰)을 보냄.
⑦	669	?	고구려 평정을 축하함.
⑧	702	704	'일본'을 칭함.
⑨	717	718	유학생 아베노 나카마로(安倍仲麻呂) 입당.
⑩	733	734	조난된 헤구리노 히로나리(平群廣成) 등이 발해를 경유해서 귀국.
⑪	(746)		중지.
⑫	752	753	쟁장사건. 조난으로 후지와라노 기요카와(藤原清河)가 귀국하지 못함.
⑬	759	761	발해를 경유해서 입당. 기요카와를 귀국시키려는 목적을 달성하지 못함.
⑭	(761)		중지.
⑮	(762)		중지.
⑯	777	778	당사 조보영(趙寶英)과 함께 귀국.
⑰	779	781	당사를 보냄.
⑱	804	805	구카이(空海)·사이쵸(最澄) 입당.
⑲	838	839	엔닌(圓仁) 입당. 신라선을 빌려 산동반도를 거쳐 귀국.
⑳	(894)		스가와라노 미치자네(菅原道眞)의 상주로 정지.

〈8-3〉 **견당사.** ⑦까지는 주로 북로, ⑧부터는 남로 내지 서남제도 경유 남로도(南島路)가 중심이 되었다.

었다는 점만은 확실하다고 말할 수 있겠습니다.

또 현종 칙서에는 "일본 국왕 스메라미코토에게 칙한다"고 쓰여 있습니다. 당연한 얘기이지만, 중국 황제가 또 다른 황제인 '천황'을 인정한 것이 아니라 '일본 국왕'으로 부르고 있는데, 문제는 '스메라미코토'를 고유명사로 오인하고 있는 듯하다는 점입니다. 아무래도 견당사가 지참한 국서에는 당당하게 스스로를 '천황'이라고 말할 수 없어 당이 오해할 것이란 사실을 예측하고 슬쩍 일본식 이름인 스메라미코토를 사용해 스스로 만족할 수밖에 없었던 것 같습니다.

일본과 당의 관계는 실제로 당의 사신이 일본에 갔을 때, 매우 예민한 문제가 됐습니다. 778년 일본으로 건너간 당나라 사신 조보영(趙寶英)을 맞이하는 의식을 둘러싸고 어느 귀족의 기록에는, "저쪽(당)은 크고, 이쪽(일본)은 작으니 모름지기 번국(藩國)의 의식을 행해야만 한다"는 주장에 대해 "해외의 일개 사절을 두려워해서 옛날부터 바르게 확정되어 있는 천자[萬代楷定天子]의 호칭을 낮추려고 한다. 이는 매우 불충 불효한 말이다"라며 서로 언쟁하는 모습이 묘사돼 있습니다. 그리고 천황이 "어좌를 내려와서" 응대했던 일이 비판적으로 쓰여 있습니다. '어좌(御座)를 내려왔다'는 말은 무슨 뜻일까요? 당의 사신이 번속국에 파견된 경우, 어디까지나 황제의 대리인으로 북쪽에 앉아 남쪽을 바라보게 돼 있습니다. 천황 또한 자신의 신하를 대할 때 북쪽에 앉아서 남쪽을 바라보는데, 어좌를 내려왔다는 말은 당나라 사신에게 양보하고 자신은 신하의 위치인 남쪽에 자리했다는 뜻이겠죠. '이웃 나라' 당과의 관계도 현실은 이와 같았습니다.

4. '번국' 신라·발해와의 관계

일본은 당에 사용할 수 없었던 '천황'의 칭호를 '번국'인 신라와 발해에 사용했고, 중국 황제가 내리는 조서와 똑같은 형식의 문서를 발급했습니다. '천황경문신라왕

연대	일본 파견	신라 파견
660	1	2
670	3	10
680	3	9
690	2	5
700	4	4
710	3	2
720	2	3
730	2	3
740	1	2
750	2	1
760	0	4
770	1	2
780	0	0
790	1	0
800	2	0
810	0	0
820	0	0
830	1	0
840	0	0

〈8-4〉 **신라와의 교류.** 《삼국사기》 등에는 이 외에 698·703·742·787·806·808·878·882년 일본 사절 도착이 기록돼 있다.

연대	일본 파견	발해 파견
720	1	1
730	0	1
740	1	0
750	1	3
760	3	1
770	3	5
780	0	1
790	3	2
800	0	1
810	1	4
820	0	4
830	0	0
840	0	2
850	0	1
860	0	1
870	0	2
880	0	1
890	0	2
900	0	1
910	0	1

〈8-5〉 **발해와의 교류.**

(天皇敬問新羅王)'·'천황경문발해왕(天皇敬問渤海王)'으로 시작하는 문서 형식입니다. 그리고 신라와 발해에서 온 사자에게는 상표문의 지참을 요구했습니다. 이러한 경향은 '일본'과 '천황'을 칭하던 7세기에서 8세기로 넘어가는 세기 교체기에 더욱 두드러지게 나타납니다. "신라국이 와서 조정을 받드는 일은 오키나가타라시히메(氣長足媛) 황태후(징구 황후)가 그 나라를 평정하시면서부터 시작됐고, 이로써 지금에 이르기까지 우리 번병(藩屛)이 됐다. ……지금 이후로는 국왕이 친히 와서 마땅히 말씀(辭)을 올려야만 한다"라고

〈8-6〉《화엄연기(華嚴緣起)》에 그려진 신라 배.

말했듯이, 징구 황후 이후 신라가 조공국이었다는 이유를 내세워 상표문을 요구했던 것입니다.

신라나 발해는 당연히 일본의 요구를 받아들이지 않았고, 마찰이 일어났습니다. 특히 당과 관계가 호전된 신라는 일본으로부터 조서의 수취를 거부하고, 일본의 계속된 요구에도 끝까지 상표문을 갖고 가지 않았습니다. 더군다나 734년에 일본에 갔던 신라 사신은 스스로를 '왕성국(王城國)'의 사자라고 일컬으면서 자존심을 드러냈고, 743년에는 지참했던 물품들을 '토모(土毛)'라 칭해서 일본을 멸시하는 자세를 취했습니다. 이로 말미암아 일본에서 파견된 사신은 조서를 전해줄 수가 없었고, 신라에서 간 사신은 매번 쫓겨났습니다.

일본은 신라와 발해를 '번국'으로 간주하고 종주국으로 군림하려는 이념이 현실과 어긋나자 다른 대처 방안을 찾습니다. 먼저 이념에 맞춰 현실을 바꾸는 것입니다. 759년경부터 762년에 걸쳐 갑자기 떠오른 신라 정토 계획은 그러한 일련의 과정 속에서 이해해야 합니다. 신라와 숙적 관계에 있던 발해와 공동 작전이 계획되고 군선(軍船) 건조 등을 시작했다고 하는데, 왜 이 시기에 이러한 계획을 실행해야만 했는지 필연성을 찾을 수가 없습니다. 따라서 이 시기에 있었던 '천황' 창출이라는 일련의 움직임 속에서 이해해야 한다고 생각합니다.

역시 신라 원정 계획은 중단됐고, 현실 변혁이 불가능한 가운데 이념을 유지하는 방법은 하나밖에 남아 있지 않았습니다. 교섭을 단절하고 현실에서 눈을 감는 일입니다. 779년, 천황은 "표(表)를 지니지 않은 자는 경계 안으로 들여보내지 말라"는 조(詔)를 내리고, 들어온 신라 사신을 추방해버렸습니다. 그 뒤 9세기 초엽 견당사의 안전을 요구하는 태정관부(太政官符)를 지닌 사자의 파견 등은 있었지만, 신라와의 교섭은 사실상 단절됐습니다. 현실에 눈감고, 오로지 관념의 세계에 틀어박힌 채 《일본서기》가 정식화했던 '번국' 관을 보존·유지하면서 스스로 만족감을 느끼려고 했던 것입니다. 9세기에 들어서 견당사가 폐지되기에 이르는 과정에서도 이러한 요소를 찾아볼 수 있을지도 모릅니다. 발해는 실리를 좇아 일본의 요청에 응하는 체하면서 외교를 계속해나갔지만, 10세기 초에 멸망했습니다. 그 뒤 일본은 어느 나라와도 정식 외교를 맺지 않은 시대로 들어서고, 한국 번국관은 현실의 교류 속에서 되묻는 기회를 얻지 못한 채 천황의 존재와 결부되어 계속 이어져왔던 것입니다.

4부

헤이안·가마쿠라 시대 일본과 고려

| 자존과 동경 |

9장 | 동아시아 세계의 변모

1. 북방 민족의 대두와 고려 왕조

        번영을 과시하던 당 제국도 안사 (安史)의 난 이후 크게 동요된 끝에 결국 907년에 멸망하고 말았습니다. 뒤이어 926년 발해가 거란족(契丹族)에 의해 멸망했습니다. 한반도에서는 신라 왕조가 지방 호족들의 반란으로 인해 통제력을 잃으면서 수도 경주를 중심으로 한 지방 정권으로 전락했습니다. 호족의 하나인 견훤(甄萱)은 남서부 지역에 세력을 뻗쳐 후백제를 세웠고, 북부에 거점을 둔 궁예(弓裔)는 후고구려를 칭함으로써 신라·후백제·후고구려가 분립하는 후삼국시대가 개막됐습니다. 이러한 상황 속에서 918년, 궁예의 부하였던 왕건(王建)이 송악(松岳, 지금의 개성) 지방을 본거지로 삼아 고려 왕조를 창건했습니다. 935년 신라가 고려에 항복했고, 다음해인 936년 후백제가 망함으로써 한반도는 고려 시대로 접어들게 됐습니다. 멸망한 발해의 유민 수만 명도 고려에 합류했다고 합니다.

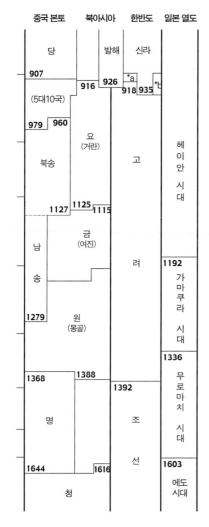

| 중국 본토 | 북아시아 | 한반도 | 일본 열도 |

당 / 발해 / 신라
―907
916 / 926 / *a
918 935 *b
(5대10국)
979 960
요 (거란)
북송
고
1127 1125 1115
금 (여진)
남 / 려
송
1279 / 원 (몽골)
1368 1388
1392
명
조
1644 1616
청 / 선

헤이안 시대
1192 가마쿠라 시대
1336 무로마치 시대
1603 에도 시대

*a 후고구려(901년 궁예가 '왕'을 자칭, 904년 국호
'마진(摩震)', 911년 태봉(泰封), 918년 왕건에 의해
쫓겨남).
*b 후백제(892년 견훤이 건국, 900년 '후백제왕'을 칭
함, 936년 고려에 의해 멸망).

〈9-1〉 연표 〈2〉.

당이 멸망한 뒤 중국 화북 지역에서는 단명한 다섯 왕조가 잇따라 교체됐고, 지방에서도 몇몇 국가가 분립하는 이른바 5대10국 시대가 도래했습니다. 그 가운데 960년에 조광윤(趙匡胤)이 송 왕조를 창건했고, 마침내 979년에는 전 국토를 평정해 중국의 통일을 이뤄냈습니다. 고려는 송에 입조해 책봉을 받고 종속 관계를 맺었습니다. 중국의 통일 왕조를 중심으로 주변 국가들이 이에 조공하는 관계는 당 멸망 후에도 계속됐던 것입니다.

그러나 동아시아 세계는 당의 시대와 달리 여러 가지 면에서 변모해갔습니다. 첫 번째 변화는 새롭게 대두한 북방 민족이 한족 왕조에 압력을 증대했던 것입니다. 이 북방 민족으로 먼저 10세기에 몽골고원을 중심으로 세력을 확대한 거란족을 들 수 있습

〈9-2〉 11세기 동아시아.

니다. 거란족은 907년 건국한 뒤, 앞에서 말했듯 발해를 멸망시키고 국호를 중국풍인 요(遼)로 삼았는데, 5대10국 시대인 936년 화북에 침입해서 현재 북경 부근의 연운(燕雲) 16주를 지배하게 됐습니다. 통일 후 송 왕조도 끝내 이 연운 16주를 회복하지 못했습니다. 그러기는커녕 오히려 1004년에는 요를 형으로 삼고 동생을 자처하는 '전연(澶淵)의 맹(盟)'을 맺지 않을 수 없었습니다.

12세기가 되면, 이번에는 중국 동북부를 중심으로 여진족(女眞族)이 대두해 1115년에 금(金)을 건국하고 1125년에 요를 멸망시켰으

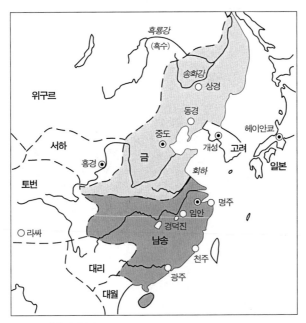

〈9-3〉 12세기 동아시아.

며, 1127년에는 송의 수도인 개봉(開封)을 함락시켰습니다. 송 왕조
가 멸망한 뒤, 장강 남쪽에 위치한 임안(臨安, 지금의 항주(杭州))을
근거로 다시 남송(南宋)이 세워졌습니다. 하지만 이후 남송은 중국
남부를 지배하는 왕조로 전락했습니다. 중국의 북반부는 이민족 왕
조인 금의 지배 아래 들어갔으며, 더욱이 1142년에 맺은 화약(和約)
으로 남송은 금에 신하의 예를 취하지 않으면 안 됐습니다. 1165년
제2차 화약에서 숙질(叔姪) 관계로 바뀌었지만 금의 우위에는 변함
이 없었습니다.

이와 같은 북방 민족의 세력 확대 물결은 고려에도 밀려들었습니
다. 993년부터 1019년 사이 세 차례에 걸쳐 요(거란)의 대군이 압록

강을 넘어 침입해 수도 개경(개성)까지 공격을 당했습니다. 서희(徐熙)와 강감찬(姜邯贊) 등의 활약으로 이를 철퇴하긴 했지만, 요의 책봉을 받아 종속 관계를 맺지 않을 수 없었습니다. 게다가 12세기에 들어서 금(여진)이 요를 멸망시킨 뒤에는 금의 책봉을 받게 됐습니다.

요의 제1차 침입 후에도 고려는 계속해서 은밀히 송에 사자를 보냈지만, 세 번째 공격 뒤에는 송과 국교를 단절하지 않을 수 없었습니다. 그러나 1071년 고려는 송에 조공을 재개했으며, 그 뒤에도 한편으로는 요와 금의 책봉을 받으면서, 다른 한편으로는 송과 사절을 왕래했습니다. 당나라 시대와 같은 한족의 통일 왕조를 중심으로 한 일원적인 체제가 무너지고, 복수의 책봉 관계가 전개되는 정세 속에서 고려는 자존(自存)을 위한 대응책을 강구해야 했습니다. 그만큼 냉철하고 정확하게 상황을 인식하고 만만치 않은 외교를 모색하는 계기가 됐습니다. 고려의 국가 제사 가운데 하나인 팔관회(八關會)의 외국인 조하 의식에는 송나라 상인 외에 여진인과 탐라(제주도)인, 때로 일본인이 참여했으며, 조공국의 사절을 본떠 국왕에게 배알하면서 방물을 헌상했습니다. 자국을 중심으로 한 국제 질서가 구상되고 연출됐던 것이며, 여기에서 고려 왕조가 펼쳤던 자립적인 외교 자세의 일단을 엿볼 수 있습니다.

2. 내향(內向)하는 의식

당 멸망 후 발해와 신라가 연쇄 반응을 일으키듯 무너진 것은 결코 우연이 아니라, 각국이 당을 중심으로 한 동아시아 세계와 밀접한 관련성을 맺고 있었다는 사실을 잘 보여주고 있는 증거입니다. 일본도 그러한 국제 정세와 무관하지 않았으며, 10세기 전반에는 율령 제도의 해체가 명확해졌습니다. 939년 다이라노 마사카도(平將門)의 난은 그것을 상징하는 사건입니다. 간토(關東)에서 자립해 '신황(新皇)'을 칭했던 마사카도는 거란이 발해를 정벌한 사실을 구실로 삼아 실력이 우선인 세상이라고 강조하면서, 자신의 행동을 정당화했다고 전해집니다. 자신이 말했는지, 아니면《장문기(將門記)》의 작가가 지어냈는지는 정확히 알수 없으나 마사카도의 발언은 동아시아의 동란과 일본 국내의 변란을 결부해 의식했다는 사실을 잘 보여줍니다.

변모하는 동아시아 세계에서 일본은 견당사를 폐지해버렸습니다. 신라에서도 779년을 마지막으로 사절이 오지 않았고, 일본도 836년 신라에 견당사의 안전을 요청하는 사자를 파견한 것이 실질적으로 마지막이었습니다. 유일하게 국교를 맺고 있던 발해에도 811년 이후 사절을 파견하지 않았고, 발해도 919년에 마지막으로 파견한 뒤 멸망하고 말았습니다. 발해를 무너뜨린 거란은 일시적으로 그 땅에 동단국(東丹國)을 세운 뒤, 929년 일본에 사자를 보냈습니다. 하지만 일본은 국교를 거부했고, 이후 어떠한 나라와도 정식 국교를 맺지 않은 '쇄국'의 시대로 접어들었습니다.

중국의 5대10국 시기에 남방의 오월국(吳越國)에서 가끔 사자가 방문했고, 송 왕조에서 조공을 요청하는 사자가 몇 번 파견돼왔지만, 일본은 끝내 국교를 맺으려고 하지 않았습니다. 한반도에서는 후삼국의 하나인 후백제가 922년과 929년 두 차례에 걸쳐 사자를 보내왔지만 두 번 모두 통교를 거부했습니다. 고려가 통일을 이룬 이후 937·939·940년에 연속해서 사자가 왔지만, 일본은 첩장(牒

狀)의 서식이 번국의 형식을 띠지 않아 무례하다는 등의 이유를 들어 국교 개시 요구를 거절했습니다.

1019년 도이(刀伊, 여진족) 선단(船團)이 규슈 북부에 기습적으로 쳐들어와 200명이 넘는 일본인을 연행해가자 고려 수군이 구출해 송환해준 사건이 발생했습니다. 하지만 이때에도 일본 정부는 통교를 하려고 하지 않았습니다. 또한 고려는 1079년 다자이후 앞으로 중병에 걸린 국왕 문종(文宗)을 치료해줄 명의를 파견해달라는 내용의 서장(書狀)을 보냈습니다. 보고를 받은 조정에서는 파견해야 한다는 주장도 있었으나, 반대가 대세를 이루면서 그 요구도 거절했습니다. 오에노 마사후사(大江匡房)가 작성했다고 알려진 반첩(返牒)에서는 고려가 보낸 첩장이 '선례'에 어긋나며, 거기에 사용한 '성지(聖旨)'라는 단어는 '번국'인 고려 국왕이 칭할 수 있는 말이 아니라는 점 등을 강조하고 있습니다.

이렇듯 일본은 어느 나라와도 정식 외교 관계를 맺지 않은 상태를 지속해나갔습니다. 이와 같은 외교적 고립은 동아시아 전체의 격동으로부터 거리를 두는 정책으로 기능했고, 율령 제도의 붕괴에도 왕조 교체라는 극적 변화에 이르지 못한 요인 가운데 하나라고 생각합니다. 그러한 상황 속에서 중앙 귀족들의 해외 정세에 대한 관심은 눈에 띄게 옅어졌고 그만큼 내향(內向)하는 폐쇄적인 의식이 더욱 강해졌습니다.

헤이안 귀족들은 부정(不淨)에 대한 공포 의식에 깊이 사로잡혀 있었다고 합니다. 죽음[死]과 피[血] 등 부정에 접촉하는 것을 극단적으로 두려워해서 회피하려고 했습니다. 부정은 감염된다고 생각했는데, 10세기 초의 기록인 《연희식(延喜式)》을 보면 전염 경로와 정화 방법, 소멸 기간까지 자세하게 설명돼 있습니다. 귀족들의 관심은 자신의 생활 터전인 수도를 부정으로부터 보호하고, 청정(淸淨)하게 보존하는 데 있었습니다. 청정한 수도에서 주변 지역으로 갈수록 부정이 더욱 심해지고, 국경 밖 이국(異國)은 부정이 가득한 곳이라는 관념에 사로잡혀 있었던 것입니다. 청정의 중심에 위치한 자가 천황이며, 따라서 천황은 부정으로부터 몸을 보호하기 위해 여러 가지 터부에 둘러싸여 있었습니다.

10세기 초 우다(宇多) 천황은 "천자란 외국인에게 배알을 허락해서는 안 되며, 어쩔 수 없는 경우에는 발을 쳐 막고 행해야만 한다"는 유언을 남겼다고 전해집니다. 또한 다이고(醍醐) 천황은 이국의 점쟁이가 수도에 들어와 있는 것을 '본조(本朝)의 수치'라며 후회했다고 합니다. 이로 말미암아 《원씨물어(源氏物語)》에는 일본에 온 고려인 점쟁이를 궁중으로 부를 수 없어서 히카루 겐지(光源氏)는 일부러 숙소를 나가서 인상(人相)을 점쳤다는 이야기가 나옵니다. 《평가물어(平家物語)》에도 다이라노 기요모리(平淸盛)의 병이 깊어 송나라 의사를 부르려고 했지만, 우다 천황 이후의 계율 때문에 취소됐다는 이야기가 나옵니다. 귀족들의 이러한 의식이 외국과 교통을 가로막는 정책 기반이 됐고, 외교 단절은 내향적인 풍조를 더욱 강화하는 요인이 됐습니다.

3. 동아시아 교역권

정식 외교 관계가 끊어졌다고 해서 일본이 주변 지역들과 교류를 전혀 하지 않았던 것은 아닙니다. 북방 민족의 대두와 더불어 당 멸망 후 동아시아 세계의 가장 두드러진 변화는 교역 관계의 눈부신 발전, 동아시아 교역권의 형성이라고 할 수 있습니다.

견당사의 폐지는 894년에 결정된 일이지만, 실제로 최후의 견당사인 후지와라노 쓰네쓰구(藤原常嗣) 일행이 출발한 때는 838년이었으며, 이들은 다음해에 귀국했습니다. 이때 견당선을 따라 당에 들어간 사람이 천태종의 고승 엔닌(圓仁)이었습니다. 엔닌은 당에서 공부를 마치고, 847년에 귀국해 《입당구법순례행기(入唐求法巡禮行記)》를 저술했습니다. 그렇다면 견당선을 파견하고 있지 않았는데, 10년 가까이 당에 머물던 엔닌이 어떻게 귀국할 수 있었을까요? 엔닌이 귀국할 때 이용한 배는 일본으로 향하는 신라 상선이었습니다. 당시 상선이 당과 신라, 일본 사이를 왕래하고 있었습니다. 처음 엔닌과 함께 당에 갔던 견당사 일행도 호된 고생 끝에 당나라에 도착한 뒤 자신들의 배로 항해를 할 수 없게 되자, 신라 상선 9척과 신라 선원 60여 명을 고용해 귀국했습니다.

엔닌의 기록에 의하면, 초주(楚州)와 사주(泗州) 연수현(漣水縣) 등 중국 연해 지방 각지에는 신라인 거주지인 신라방(新羅坊)이 형성돼 있었고, 산동반도의 등주(登州) 문등현(文登縣) 적산(赤山)에도 그러한 신라인 거주 지역이 있었으며, 법화원(法華院)이라는 사원에서는 신라 승려의 도움을 받았다고 합니다. 적산 법화원을 세운 사람은 신라에서 당으로 건너간 뒤 군인으로 출세해, 당·신라·일본을 무대로 한 상업 활동으로 재산을 모은 장보고(張保皐)라는 인물이었습니다. 일본 사료에는 '장보고(張寶高)'라는 이름으로 기록돼 있는데, 그는 824년 직접 다자이후에 내항해서 무역 활동을 벌였습니다. 828년에는 당에서 신라로 귀국해 조정으로부터 청해진대사(淸海鎭大使)라는 직책을 수여받고 해적을 단속할 권한을 부여받았

기간	사람 수
1012~1020년	269명
1021~1030년	122명
1031~1040년	409명
1041~1050년	135명
1051~1060년	664명
1061~1070년	21명
1071~1080년	342명
1081~1090년	516명
1091~1100년	345명
1101~1110년	219명
1111~1120년	3명
1121~1130년	50명
1131~1140년	64명
1141~1150년	755명
1151~1160년	556명
1161~1170년	367명
1171~1180년	6명
1181~1190년	0명
1191~1200년	1명

〈9-4〉 송나라 선박의 고려 도항.
이영, 《왜구와 일려관계사》 인용.

으며, 이를 통해 세력을 공고히 했습니다. 840년에는 장보고의 사자가 다자이후에 내항했던 사실도 기록돼 있습니다. 다음해에 왕위 계승 문제에 관여해 반란을 일으켰다가 암살되고 말았지만, 이러한 인물이 활약할 수 있는 환경이 이미 조성돼 있었던 것입니다.

9세기 후반 이후에는 당나라 상선의 내항에 대한 기록이 늘어납니다. 894년 스가와라노 미치자네(菅原道眞)는 당의 쇠퇴를 알려준 승려 쥬칸(中瓘)의 서간을 근거로 견당사 폐지를 제의했는데, 이 편지가 바로 당나라 상선으로 운반돼왔습니다. 쥬칸 자신도 당나라 상선을 타고 당에 갔습니다. 이러한 상선의 왕래가 있었기 때문에 견당사를 따로 파견할 필요가 없어졌다고 말할 수도 있습니다.

당과 신라가 멸망한 뒤, 5대10국 시기에는 남방 오월국의 내항이 눈에 띕니다. 게다가 동아시아 해역에서 이뤄진 교역 활동은 송대에 들어 산업 발전을 배경으로 더욱 왕성해졌습니다. 송은 적극적인 무역 진흥책을 펴 무역을 관리하는 시박사(市舶司)를 광주(廣州) · 항주(抗州) · 명주(明州) · 천주(泉州)에 설치했는데, 이 가운데 일본과 고려로 향하는 선박은 명주의 시박사가 관할했습니다. 972년 고려에서 남원(南原) · 금주(金州) 부사(府使)의 사자가 일본에 왔는데 목적은 교역에 있었다고 보이며, 975년에도 '고려국 교역사(交易

使)'가 귀경했다는 기록이 남아 있는 등 교역 활동이 지속되고 있었음을 엿볼 수 있습니다.

대외 무역의 관리는 다자이후가 담당했고, 상선이 내항하면 조정에 보고했는데, 그러면 수도에서 교역당물사(交易唐物使)가 파견됐습니다. 다자이후의 외항 하카타(博多)에 설치됐던 고로칸(鴻盧館)에서 교역당물사가 필요한 물자를 먼저 구입한 다음 일반 교역이 이뤄지는 방식이었는데, 점차 중앙에서 파견되는 일은 줄어들고 다자이후에게 위임하는 체제로 바뀌어갔습니다. 고로칸 유적 발굴 조사에서 대량의 중국 도자편(陶瓷片)이 출토됨으로써 교역 규모가 컸다는 사실이 분명하게 밝혀졌습니다. 11세기 후반 이후가 되면, 거래 중심이 동쪽으로 이동해 지금의 하카타역 북쪽 일대 지역이 발달하고, 뒤에 '대당가(大唐街)'로 불리는 송나라 상인의 거주 지역이 만들어졌습니다. 하카타 유적군에서는 많은 무역 도자가 발굴됐는데, 여기에서 거래된 상품이 국내 각지로 운반돼갔던 것으로 생각할 수 있습니다. 사쓰마(薩摩)의 보노쓰(坊津)와 치쿠젠(築前)의 이마즈(今津), 에치젠(越前)의 쓰루가(敦賀) 등에도 송나라 상선이 내항했다고 전해집니다.

4. 해외에 대한 동경

11세기 후반 송과 고려로부터 내항이 있었을 뿐만 아니라, 일본에 거주한 송나라 사람들을 포함해 일본에서 해외로 도항하는 상선의 수도 늘었습니다. 도항하는 사람들의 목적지는 대부분 고려였습니다. 고려가 요의 책봉을 받아 국교

1073년	문종 27년	(7월) 일본국 사람 王則貞·松永年 등 42명이 내항해서 나전안교(螺鈿鞍橋)·칼[刀] 등을 청진(請進). 이키도마(壹岐島) 구당관(勾當官)이 藤井安國 등 33명을 파견해서 방물 공진을 주청. (11월) 팔관회를 열다. 대송(大宋)·흑수(黑水)·탐라·일본 등 여러 나라 사람이 예물 명마(名馬)를 바치다.
1074년	문종 28년	(2월) 일본국 선장 重利 등 39명이 와서 토산물을 바치다.
1075년	문종 29년	(윤월) 일본 상인 大江 등 18명이 와서 조공을 바치다. (6월) 일본인 朝元·時經 등 12명이 내공(來貢). (7월) 일본 상인 59명이 오다.
1076년	문종 30년	(10월) 일본국 승려와 백성 25명이 영광군(靈光郡)에 도착해서 불상을 바치면서 국왕의 장수를 축하하다.
1078년	문종 32년	(9월) 일본국, 탐라 표류민 고려(高礪) 등 18명 송환.
1079년	문종 33년	(9월) 일본국, 고려 표풍(漂風) 상인 안광(安光) 등 44명 송환. (11월) 일본 상객(商客) 藤原 등 내공.
1080년	문종 34년	(윤월) 일본국 사쓰마주(薩摩州), 사절을 파견해 방물을 바치다.
1082년	문종 36년	(11월) 일본국 쓰시마도, 사절을 파견해서 방물을 바치다.
1084년	선종 원년	(6월) 일본국 치쿠젠주(築前州) 상객 信通 등이 수은을 바치다.
1087년	선종 4년	(3월) 일본 상인 重元·親宗 등 32명 내공. (6월) 일본국 元平 등 40명이 진주 등을 바치다.
1089년	선종 6년	(8월) 일본국 다자이후 상객이 내항해서 진주 등을 바치다.
1093년	선종 10년	(7월) 연평도(延平島) 순검군(巡檢軍), 송인 12명·왜인 19명의 승선을 해적으로 간주해 나포.

〈9-5〉 **일본 선박의 고려 도항.** 모리 가쓰미(森克己),《일송무역 연구》에서 작성.

가 단절된 뒤에도 송나라 상선은 계속해서 고려에 내항했습니다. 앞에서 언급했듯이, 11세기 후반에 고려는 송과 통교를 재개하는 등

적극적인 정책을 펼쳤습니다. 이로 인해 수도 개경의 외항인 예성항 (禮成港)에는 송나라 선박이 더욱 빈번하게 드나들었으며, 거기에 이끌리듯 일본 상선의 도항도 왕성해졌습니다. 예를 들어, 1073년 에는 왕칙정(王則貞)·송영년(松永年) 등 42명이 내항했다는 기록 이 있는데, 당시 송 상인과 중계 무역도 이뤄졌을 것으로 보입니다. 이러한 기회를 통해 앞에서 언급했던 고려 조정의 팔관회에 참석한 일본 상인도 나타났던 것이겠죠. 의사를 파견해달라는 서장도 왕칙 정에게 부탁했던 것입니다.

1093년에는 일본 상선이 해적으로 의심받아 고려 수군에 나포된 사건이 일어났고, 그 뒤 고려 사료에는 일본 상선 내항에 관한 기록 이 줄어들었습니다. 12세기가 되어 화북이 금의 지배 아래에 들어가 면서 남송으로 직접 도항하는 일본 상선이 늘어났습니다. 그러나 남 송에서는 고려로 계속 내항했으며, 일본에서 가는 상선도 아주 없어 졌던 것은 아닙니다. 고려가 본래 일본과 교섭 창구로 삼았던 금주 (김해)의 동남해도부서(東南海都部署)로 도항하는 일이 빈번하게 이 뤄지고 있었던 것으로 여겨집니다.

교역을 통해 일본에 가져왔던 물품은 도자기와 동전 외에 금능 (錦綾, 무늬 있는 얇은 비단과 두꺼운 비단) 등의 견직물, 향료와 안료 (顔料, 화장품·염료), 서적과 그림 등 귀족들이 갖고 싶어하는 사치 품이 중심을 이루었습니다. 그런데 상선이 도착하면 수도의 귀족들 이 앞다투어 사자를 파견해 물품을 구입했기 때문에 값이 급등했다 고 합니다. 《침초자(枕草子)》에는 훌륭한 물건으로 가장 먼저 당금 (唐錦, 당나라 비단)을 꼽고, 《평가물어》에서는 헤이씨(平氏)의 번영 한 모습을 "양주(楊州)의 금(金)과 형주(荊州)의 구슬[珠], 오군 (吳郡)의 능(綾), 촉강(蜀江)의 금(錦)·칠진만보(七珍萬寶) 가운데 어느 하나도 모자라는 경우가 없다"고 묘사하고 있습니다. 외부에 대한 관심이 적고 내향하는 경향이 강했다고 전해지는 헤이안 시대 귀족들도 선박으로 싣고 온 외래품에 대한 동경은 대단했음을 알 수 있습니다.

세이쇼 나곤(淸少納言, 《침초자》의 저자 — 옮긴이)이든 무라사키 시키부(紫式部, 《원씨물어》의 저자 — 옮긴이)든 그들의 지적 바탕은 중국 문화에 뿌리를 깊이 두고 있으며, 따라서 '국풍문화(國風文化)' 라는 말은 신중하게 검토되지 않으면 안 될 문제를 안고 있습니다. 해외 문화에 대한 동경은 바다를 건너갔던 승려의 수에서도 엿볼 수 있습니다. 엔닌 뒤에도 천태산(天台山)·오태산(五台山) 등을 순례하기 위해 상선을 따라 도항하는 승려가 끊임없이 이어졌습니다. 송대에 이르러서도, 983년 송에서 석가여래상을 갖고 돌아왔던 쵸넨(奝然, 헤이안 중기 도다이사의 학승 — 옮긴이)을 비롯해서 많은 승려가 바다를 건넜습니다. 1083년 송에 갔던 가이카쿠(戒覺)는 송의 수도 개봉(開封)을 보았을 때의 감격을 "마음이 기쁘기 짝이 없다. 살아 있기에 당의 도읍을 오늘 볼 수 있구나"라고 읊었습니다. 가이카쿠는 송나라 땅에서 객사해, 다시 일본 땅을 밟지 못했습니다.

이와 같이 교역 발달로 적극적인 대응을 시도했던 것이 헤이씨 정권이었습니다. 다이라노 기요모리는 온도노세토(音戶の瀬戶)를 뚫고 오와다노토마리(大輪田泊, 지금의 고베 — 옮긴이)를 개수해서 송나라 선박이 직접 세토나이카이(瀬戶內海)로 들어오게 했으며, 1170년에는 고시라카와(後白河) 상황(上皇)과 함께 송나라 사람을 만나기도 했습니다. 이에 대해 보수적인 귀족 구죠 가네자네(九條兼實)는 "천마(天魔, 악마)의 소위(所爲, 소행)인가"라고 개탄했습니다. 1172년에는 송 황제 효종(孝宗)이 지방관을 중간에 내세워 '일본 국왕' 고시라카와 상황과 '태정대신(太政大臣)' 기요모리에게 국서와 선물을 보내왔는데, 이에 대해 '태상천황(太上天皇)', '일본국사문(日本國沙門)'의 명의로 답서를 보냈습니다. 헤이씨 정권은 단명으로 끝났지만, 가마쿠라(鎌倉) 막부에서도 교역에 대한 관심은 계속 이어졌습니다. 3대 쇼군(將軍) 미나모토노 사네토모(源實朝)가 도송선(渡宋船)을 만들었으나 유이가하마(由比ヶ浜)에서 진수하는 데 실패했다는 이야기는 잘 알려져 있습니다. 유이가하마와 자이모쿠자(材木座) 해안에서 수입 도자기의 파편이 대량으로 발견되고 있습니다. 하카타 등에서 국내 해상 교역 경로로 운반됐던 것으로 여겨지는데, 이를 통해 동아시아 교역권의 광범위함을 엿볼 수 있습니다. 고려와의 교역도 쓰시마와 금주 사이를 중심으로 계속해서 전개됐습니다. 고려 국왕에 대한 진봉(進封)과 그것에 대한 회사(回賜)라는 형식으로 행해졌던 것으로 보입니다. 13세기 초기의 기록에 따르면, 진봉선의 파견은 연 1회 2척으로 정해져 있었습니다.

10장 │ 몽골의 내습

1. 고려의 저항

　　북방 세력이 확대돼가는 물결은 13세기 몽골족에 이르러 정점에 달했습니다. 일본에도 직접 영향을 미쳐 두 차례에 걸쳐 몽골이 내습(來襲)해왔습니다. '원구(元寇)'라는 말은 대외 위기가 깊어진 막부 말기 유신 시기에 널리 퍼졌는데, 이러한 외적의 내습 사건은 메이지 시대 이후 역사 교육을 통해 국가 의식을 고양하는 데 알맞은 교재가 됐습니다. 특히 '신풍(神風, 가미카제)'에 의한 '신국(神國) 일본'의 특수성과 외압을 물리친 일본 무사의 용감함이 강조됐습니다. 다른 국가들이 몽골에 굴복하던 와중에도 일본만이 용감하게 싸워서 침략을 피할 수 있었다고 떠들어댔던 것입니다. 가미카제 이야기가 전쟁을 위한 사상 동원에 이용됐던 점은 지적할 필요도 없습니다.

　　때맞춰 분 태풍이 몽골군에 타격을 주었던 것은 사실이며, 무사들의 저항이 없었다면 그러한 행운도 없었을 것이라고 생각합니다. 그

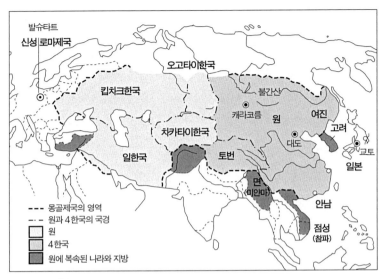

발슈타트
신성 로마제국
오고타이한국
킵차크한국
불간산
캐라코름   원
원   여진
차카타이한국   대도   고려
일한국   토번   교토
면   일본
(미얀마)
안남
점성
(참파)

- - - 몽골제국의 영역
- · - 원과 4한국의 국경
　　　원
　　　4한국
　　　원에 복속된 나라와 지방

〈10-1〉 **몽골제국.**

렇다면 무사들의 저항을 가능하게 한 조건은 무엇일까요? 또 두 번
의 내습만으로 끝나고, 왜 세 번째 침공은 없었을까요? 일본의 저항
이 그토록 강했을까요? 이런 의문에 대한 답은 아시아 각지의 역동
적인 정세 속에서 찾을 수 있겠습니다.

　몽골족의 급속한 세력 확대는 1206년 칭기즈칸(成吉思汗)이 즉위
하면서부터 시작되었습니다. 1234년에는 여진족이 세운 금을 무너
뜨리고 중국 북반부를 자신들의 지배 아래 두었습니다. 이 사이 중
앙아시아를 석권하고 나아가 러시아를 정복한 뒤, 1241년에는 발슈
타트(Wahlstatt) 전투로 유럽 세계를 뒤흔들어놓습니다. 유라시아
대륙에 걸친 대제국의 건설이 추진되었으며, 온 세계가 몽골의 정복
활동에 농락됐습니다.

　그런데 제5대 칸 쿠빌라이가 일본 원정 계획에 착수했던 때는

1266년으로, 이해에 처음으로 통교 요구 조서를 지닌 사자가 파견됐습니다. 금 멸망으로부터 따져봐도 30여 년 동안 몽골은 일본에 아무런 움직임도 취하지 않았던 것입니다. 그 기간에 왜 일본 원정이 일정에서 빠져 있었을까요? 그것이 첫 번째 의문입니다. 그 30여 년은 몽골 내습에 맞서 싸운 주체인 무가(武家) 정권 가마쿠라 막부가 조큐(承久)의 난을 진압하고, 호죠씨(北條氏)를 중심으로 세력 기반을 다져가는 중요한 시기였습니다. 그렇다면 30여 년간의 유예 기간은 어떻게 주어졌을까요?

몽골은 금에 대한 공격과 병행해 이미 1231년부터 고려를 침략하고 있었습니다. 그런데 고려는 몽골의 공격에 쉽게 굴복하지 않았고, 1259년까지 실로 30년 가까이 지속적으로 저항했습니다. 이 사이, 몽골은 여섯 차례에 걸쳐 한반도를 잇따라 공격했고, 고려는 전 국토에 커다란 피해를 입었습니다. 1254년 다섯 번째 몽골이 침입했을 때는 죽은 자가 셀 수 없을 정도로 많았고, 포로는 20만여 명에 이르렀으며, 도처가 잿더미로 변했다고 기록돼 있습니다.

당시 고려는 1170년 이후 무신정권 시대였으며, 1196년 무신 가운데 한 사람인 최충헌(崔忠獻)이 실권을 장악하면서부터 4대에 걸쳐 최씨정권이 이어지고 있었습니다. 최씨정권은 항전의 방침을 세우고 수도를 개경에서 강화도로 옮겼습니다. 한강 하구에 있는 강화도는 물살이 빠른 해협이 요새를 이루고 있어 해전에 서투른 몽골에 쉽게 공략되지 않을 수 있었습니다. 이곳에서 고려는 16년이나 걸려서 대장경을 간행했으며, 그때 간행된 판목 8만 매가 지금 경상남도 합천 해인사(海印寺)에 보존돼 있습니다. 이렇듯 최씨 무신정권은 강화도를 거점으로 삼아 30년간 항전을 지휘했습니다.

그러나 고려는 국토가 갈수록 황폐해지고, 1258년 쿠데타로 최씨

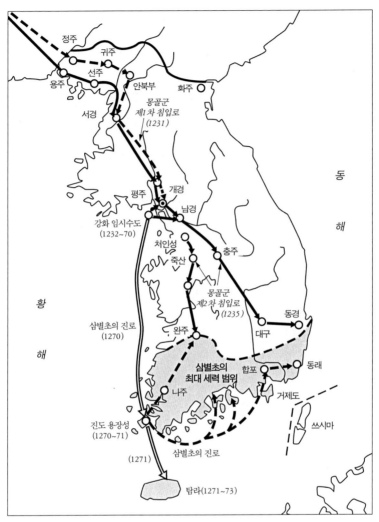

정주

귀주

선주

용주

안북부

화주

서경

몽골군
제1차 침입로
(1231)

동

해

평주

개경

남경

강화 임시수도
(1232~70)

처인성

죽산

충주

몽골군
제2차 침입로
(1235)

동경

황

해

삼별초의 진로
(1270)

완주

대구

삼별초의
최대 세력 범위

합포

동래

나주

거제도

진도 용장성
(1270~71)

쓰시마

(1271)

삼별초의 진로

탐라(1271~73)

〈10-2〉 **몽골의 고려 침공**. 조선사연구회 편, 《입문 조선의 역사》 인용.

〈10-3〉 쿠빌라이.

정권이 무너지자 결국 태자 전(倎)을 원나라에 파견해 항복 의사를 밝혔습니다. 그때 몽골에서는 쿠빌라이가 즉위해 있었습니다. 제위에 오른 쿠빌라이는 태자 전을 고려 국왕에 책봉하고, 호위까지 해주면서 귀국을 도왔습니다. 이렇게 해서 장기간에 걸친 항전이 종식되기에 이르렀습니다. 고려가 항복하자 비로소 몽골은 일본 침략을 실행에 옮기기 시작했습니다. 즉 일본의 30여 년간의 여유는 고려의 저항으로 말미암아 주어졌던 것입니다.

2. 삼별초의 항쟁

1266년 원나라 최초의 사자는 대한해협의 거친 파도를 만나 되돌아가고 말았지만, 쿠빌라이는 다시 고려 국왕에게 일본에 사자를 파견하라고 명령했습니다. 마침내 사자가 1268년 일본에 건너오자 정국은 소란스러워졌습니다. 다자이후에서 보고를 받은 막부는 이것을 조정에 회부해놓고 결정을 기다렸습니다. "대몽골국 황제가 서(書)를 일본 국왕에게 보낸다"로 시작해 "군사를 일으키면 그것을 어찌 좋아하겠는가"로 끝맺은 쿠빌라이의 조서에 대해 조정이나 막부가 전혀 답변해주지 않자 고려의 사자는 아무런 성과를 거두지 못한 채 귀국해버렸습니다. 이후 거의 해마다 파견된 사자에게 일본이 답변을 해주지 않자 사태는 더욱더 긴박하게 돌아갔습니다.

쿠빌라이는 이미 1268년 "남송이든 일본이든, 명령을 거스르면 정토(征討)한다"고 하면서 고려에 징병과 군선 건조를 명했으며, 1270년에는 일본 원정 계획을 세우고 고려에 군대를 주둔시켰습니다. 하지만 일본 원정은 1274년에 이르러서야 비로소 실행에 옮겼습니다. 최초의 사자가 일본에 건너갔던 때부터 따져보면 6년. 왜 이 정도의 기간이 공백으로 남았을까요? 그것이 두 번째 문제입니다. 일본의 처지에서 이 6년은 그야말로 이국경고번역(異國警固番役) 제도를 정비하는 등 방비 체제를 구축하는 데 결정적인 의미를 지닌 기간이었습니다.

공백이 생겼던 것은 몽골에 그럴 만한 이유가 있었기 때문입니다. 고려는 몽골에 항복한 뒤에도 김씨·임씨 등 무신정권이 계속해서 이어졌고, 왕실은 강화도에서 좀처럼 나오려 하지 않았습니다. 1270년 임유무(林惟茂)가 쓰러져 무신정권이 완전히 종말을 고한 뒤에야 개경으로 수도를 옮겼습니다. 이러한 결정에 반대해 끝까지 몽골에 저항한 조직이 있었는데, 바로 삼별초(三別抄) 부대입니다. 삼별초는 무신정권 시대에 창설된 고려의 정규군으로, 30년간 몽골과 전쟁을 치렀던 핵심 부대입니다. 개경 천도는 원에 완전히 굴복하는 뜻이라며, 배중손(裵仲孫)은 1천 척의 병선을 이끌고 강화도를 탈출했습니다. '반몽구국(反蒙救國)'을 외치면서 왕족 가운데 한 사람을 추대해 정통 정부를 자칭한 뒤, 진도에 본거지를 두고 전라도 일대를 제압했습니다. 나아가 경상도에까지 진출했고, 각지의 농민이 봉기해 이에 합류했습니다.

몽골은 일본 원정을 위해서는 고려의 남부 지방을 출격 거점으로 삼지 않으면 안 됐습니다. 군사와 군량 징발, 군선 건조 등을 위해 곡창 지대인 이 지역이 꼭 필요했던 것입니다. 그래서 먼저 삼별초를 진압하는 데 전력을 기울여야 했습니다. 일본 원정은 그 뒤로 돌릴 수밖에 없었습니다. 1271년 원군의 공격으로 진도가 함락되자 삼별초는 제주도로 이동해 저항을 계속했습니다.

반란이 완전히 진압된 때는 1273년 4월이며, 6월에는 삼별초를 무너뜨린 장군들이 잇따라 개경으로 개선했습니다. 쉴 틈도 없이 대도(大都, 북경(北京))로 가 쿠빌라이 앞에서 회의를 열었고, 그곳에서 정식으로 일본 출병이 결정됐습니다. 3년여에 걸쳐 삼별초의 항쟁을 진압한 뒤에야 비로소 일본 공격이 가능해졌으며, 이 기간에 일본은 공격에 대비할 수 있었습니다. 제1차 기습 때 일본이 공격을 막아낼 수 있었던 데는 이와 같은 사정이 있었습니다.

공경(公卿) 요시다 쓰네나가(吉田經長)의 일기《길속기(吉續記)》에는 붕에이(文永) 8년, 즉 1271년 9월에 고려에서 온 사자가 서장을 갖고 왔지만 내용에 의심스러운 점이 있다는 이유로 조정에서 날마다 협의가 이뤄지고 있는 모습이 기록돼 있습니다. 결국, 사정을 제대로 파악하지 못한 채 답서도 내지 못하고 묵살하는 꼴이 되어버렸습니다. 고려에서 보낸 서장이 무슨 의미인지 전혀 몰랐던 것입니다.

그런데 20여 년 전, 즉 당시로부터 700년이 넘게 지나서 하나의 고문서가 발견됐습니다. 〈고려첩장불심조조(高麗牒狀不審條條)〉라는 문서인데, 1268년에 사자가 갖고 온 고려 국왕의 서간과 새로 받은 서장 내용을 대비해 서로 어긋나는 점을 기록한 문서입니다. 조정에서 협의하기 위해 정리한 문서인 듯합니다. 이전의 국서는 몽골의 덕을 찬양하고 있는 데 비해, 이번 문서는 "위취(韋毳, 가죽과 모피를 입는 몽골족을 가리킴 — 옮긴이)는 조악하기가 그지없다"고 돼 있으며, 더군다나 "피발좌임(被髮左衽, 머리를 풀고 오른쪽 섶을 왼쪽

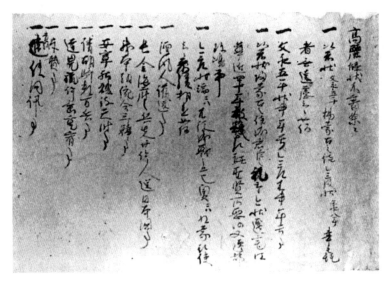

〈10-4〉 **고려첩장불심조조**. 도쿄대 사료편찬소 소장.

섶 위에 여미는 옷을 입음 — 옮긴이)은 성현이 싫어하는 것"이라고 씀
으로써 몽골의 풍속을 야만시하고 있습니다. 또한 "강화도로 도읍을
옮긴 지 40년에 가깝고, ……이어서 또 진도로 천도한다"고 적혀 있
었다고 합니다.

즉,《길속기》에 기록된 고려에서 새로 보낸 서장은 진도에 본거지
를 둔 삼별초군이 보낸 것이었습니다. 삼별초가 서로 제휴하여 몽골
에 대항하자고 요청한 문서인 셈입니다. 그러나 조정이나 막부 모두
당시 고려 정황을 정확하게 파악하지 못했기 때문에 이 요청에 답변
할 수가 없었습니다.

그런 상황에서 삼별초가 진압된 다음해인 1274년, 제1차 일본 원
정〔붕에이(文永)의 역(役)〕이 마침내 실행에 옮겨졌습니다. 고려에 명
해서 건조된 900척의 군선에 고려에서 징병한 병사를 합친 3만 수

천 명이 나눠 타고, 쓰시마·이키를 습격한 다음 하카타만에 이르렀으며, 10월 20일 새벽 상륙을 시작했습니다. 집단전법과 화약 등으로 일본군은 고전을 면치 못했고, 어쩔 수 없이 다자이후로 퇴각했습니다. 그런데 어찌된 일인지 밤이 되자 몽골군은 배로 철수해버렸습니다. 때마침 그날 밤 폭풍우가 몰아쳐서 수많은 배가 침몰했고, 몽골군은 그대로 퇴각해 버렸습니다.

일본은 폭풍에 의해 구원받은 형국이 되긴 했지만, 어쨌든 하루 동안 일본군이 벌인 항전이 그날 밤 몽골군을 배로 철수하게 한 요인이 됐으므로, 6년간의 준비 기간이 중요한 작용을 했다고 말할 수 있습니다.

3. 아시아 각지의 반원 투쟁

몽골은 제1차 일본 원정에는 실패했지만 가장 주요한 당면 목표인 남송 공략을 추진했습니다. 결국 1279년 송 왕조를 무너뜨리고 중국 전체를 지배하게 되자 곧바로 두 번째 일본 원정 준비에 착수했으며, 마침내 1281년 제2차 원정〔고안(弘安)의 역〕에 나섰습니다. 고려를 출격 거점으로 한 동로군(東路軍) 4만 명과 새로 지배 아래에 들어온 남송에서 징발한 강남군(江南軍) 10만 명을 두 갈래로 나눈 대군세가 일본을 향해 떠났습니다. 6월 초순 하카타만에 도착한 동로군은 일주일간 전투를 벌였지만 상륙하지 못했고, 강남군이 도착하기를 기다려 7월 말에 이마리(伊万里)만 입구인 다카시마(鷹島)를 점령해 상륙하려고 했지만 또다시 태풍을 만나 괴멸되고 말았습니다. 살아서 돌아간 사람이 겨우

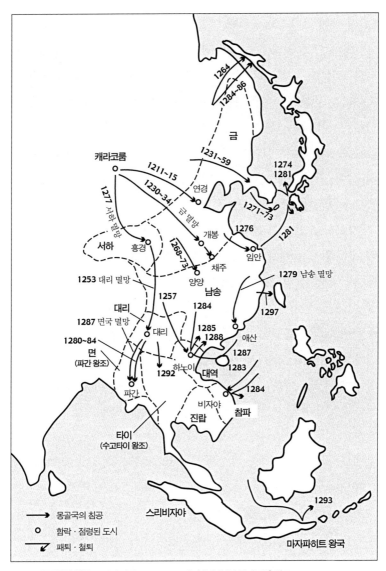

캐라코룸

금

1264

1284~86

1211~15

1230~34

1231~59

1274
1281

1277 서하 멸망

연경

금 멸망

1271~73

서하

흥경

개봉

1276

1281

1253 대리 멸망

1268~73

채주

임안

1279 남송 멸망

대리

1287 면국 멸망

양양

남송

1297

1280~84
면
(파간 왕조)

대리

1257

1284

1285
1288

애산

하노이

1287

1292

대역

1283

파간

비자야

1284

진랍

참파

타이
(수고타이 왕조)

1293

몽골국의 침공

스리비자야

함락 · 점령된 도시

패퇴 · 철퇴

마자파히트 왕국

〈10-5〉 **몽골군의 침공.** 다나카 다케오(田中健夫) 편, 《세계역사와 국제교류》 참고.

3만여 명에 그친다고 전해질 만큼 비참한 상황이었습니다.

그러나 일본 원정에 대한 몽골의 의욕은 1, 2차로 끝나지 않았습니다. 일본은 몽골군의 잇따른 침략으로 인해 여전히 긴장과 공포 속에서 지냈는데, 사실 쿠빌라이는 제3차 원정도 고려하고 있었습니다. 그런데 왜 실현되지 않았을까요?

남송 정복 후 쿠빌라이는 "일본 및 교지(交趾, 북베트남)를 정벌할 전선(戰船)"을 건조하라고 명령했으며, 실제로 일본 원정과 병행해 1280년 미얀마의 파간 왕조를 공격했고, 베트남에 대한 압력을 더욱 강화하고 있었습니다. 일본 원정에 실패한 뒤, 1282년에는 참파에 대한 원정을 개시했으나 저항에 부딪힌 데다 태풍 피해까지 겹쳐 커다란 타격을 입었습니다. 1284년 또다시 참파 원정을 떠났고, 이에 대해 참파 왕은 주변 각국에 구원을 요청했습니다. 베트남은 원군을 보내라는 몽골의 명령을 거부하고 참파를 지원했으며, 캄보디아 역시 몽골의 요청을 거절했습니다. 몽골군은 1285년 초 베트남을 공격해 하노이를 점령했으나 3개월 뒤 철퇴합니다.

이처럼 몽골의 동남아시아 공략은 각지의 저항에 부딪혀 매우 곤란한 지경에 빠졌습니다. 부담을 강제로 떠맡았던 중국 남부 각지의 농민들이 잇따라 반란을 일으키고 몽골 지배층 내부에 동방 3왕가(王家)의 난이 일어나자, 쿠빌라이는 1286년 결국 일본 원정 계획을 중지하기로 결정하지 않을 수 없었습니다. 《원사(元史)》에는 이 소식이 전해지자 "강절(江浙) 군민의 환성이 우레와 같았다"고 쓰여 있습니다. 일본이 제3차 원정을 모면할 수 있었던 배경에는 이러한 아시아 각지의 반몽골 투쟁이 있었던 것입니다. 1287년 몽골군은 베트남에 패배해 타격을 입었고, 다음해에는 베트남에서 철퇴했습니다. 쿠빌라이는 1292년 일본 원정 계획을 다시 수립했지만, 같은 해에 시작한 자바 원정이 폭풍을 만나 실패로 끝나는 바람에 일본 공격을 단행할 여유가 없었습니다. 이후 1294년 쿠빌라이가 사망하자 제3차 일본 원정 계획은 흐지부지돼버렸던 것입니다.

4. '가미카제'

몽골 침공에 대항해 오직 일본만 용감하게 싸웠던 것은 아니며, '가미카제'가 일본에만 불었던 것도 아닙니다. 전투의 피해라는 측면에서 본다면, 결과적으로 일본의 피해는 경미한 수준이었다고 말할 수 있습니다. 몽골의 공격을 격퇴할 수 있었던 이유도 일본이 특별했기 때문이라기보다 고려 등 아시아 각지에서 일어난 전투의 덕을 본 측면을 고려하지 않으면 안 됩니다.

그렇다 하더라도 일련의 과정에서 드러난 일본의 대응은 상대편과 교섭 같은 것이 거의 이뤄지지 않았다는 특징을 가집니다. 쿠빌라이가 맨 처음 보낸 조서를 위압적으로 보느냐, 정중하다고 보느냐에 대해서는 견해가 나뉘어져 있지만, 막부든지 조정이든지 답서를 보내는 일조차 불가능한 실정이었으며 판단할 수 있는 정보 자체가 없었다고 봐야 할 것으로 생각합니다. 교역이 발달했다고는 하지만, 이는 어떤 나라와도 외교 관계를 맺고 있지 않았던 현실의 반영이겠죠. 제휴를 요구하는 삼별초 서장의 의미를 이해하는 일 등이 도저히 불가능했습니다. 국내적으로는 이 사건의 대응을 통해서 막부가 조정에 대한 우위와 서일본 지역 무사들에 대한 지배력을 확대하는 방책을 취했지만, 조정에서는 그저 사찰에 "이국을 항복시켜주십시오(異國調伏)"라고 기원하도록 명을 내렸을 뿐입니다.

따라서 교섭을 하면서 상대에 대한 인식이 깊어진다는 식의 계기는 거의 찾아볼 수가 없었고, 정체를 알 수 없는 두려운 존재로서 '무쿠리(몽골)', 그들과 함께 공격해왔던 '고쿠리(고려)'에 대한 적개심만 남게 됐습니다. 그야말로 신들에 대한 기원이 효력을 발휘해 '가미카제'가 불었다고 여겼으며, 이 경험은 오로지 신국 사상을 심화시키는 쪽으로 귀결됐다고 볼 수 있습니다. 이때 특히 징구 황후의 전설이 강조됐습니다. 그리하여 《일본서기》에서는 금은 재화를 획득하는 동기로 설명되던 신라 정벌이 몽골 내습을 거친 가마쿠라 말기의 《팔번우동훈(八幡愚童訓)》에서는 먼저 공격을 받은 데 대한 앙갚음으로 변화했습니다. 굴복한 신라를 마사(馬飼, 말의 사육을 담당토록 한 예속민)로 삼았다는 부분은 징구 황후가 "신라국의 대왕은 일본의 개[犬]이다"라고 돌에 새겨넣었다는 이야기로 과장돼 있습니다.

몽골을 오로지 살육을 일삼는 야만이자 두려운 존재로 바라보는 시각은 근대에 이르러서도 남아 있었습니다. 몽골제국의 전략과 구상, 쿠빌라이의 일본 원정 목적 등이 새로 조명된 것은 최근의 일입니다. 유라시아대륙을 뒤덮은 대제국의 건설은 동서 교역에 미증유의 발전을 가져다주었습니다. 그러한 바탕에서 이뤄진 쿠빌라이 시대의 해군 원정은 동중국해에서 인도양에 이르는 해상 교역의 장악과 확대를 목표로 삼은 것이라고 말할 수 있습니다. 대도는 운하로 바다에까지 연결돼, 육상과 해상 교역의 접합점이 됐습니다. 몽골은 자유로운 민간 무역 진흥책을 취해 실제로 일본 원정이 실행되고 있던 시기에도 중국 연안의 항구들에서는 일본 상선의 거래가 이뤄지고 있었습니다.

〈10-6〉 **신안 앞바다 침몰선에서 발견된 물품.**

1970년대 한국 서남해안의 신안 앞바다 해저에서 발견된 침몰선은 1320년대 상선으로 추정되며, 몽골 내습 뒤에도 여전히 교역 관계가 활성화되어 있었다는 사실을 잘 보여줍니다. 갯벌 진흙 속에 가라앉아 기적적으로 파손되지 않은 채 남아 있던 배에서는 많은 동전과 함께 2만 점에 이르는 중국산 도자기가 10개나 20개 단위로 묶여 삼으로 만든 상자에 담겨 정연하게 하적돼 있었습니다. 여러 차례 사용한 것으로 보이는 하물 상자에 번호와 하주(荷主) 이름, '동복사(東福寺)' 등이라는 수신자까지 쓰여 있는 것으로 봐서 주문에 따른 조직적인 상업 활동이 이루어지지 않았나 생각합니다. 중국 남부의 경원〔慶元, 명주(明州)〕을 출발해 한반도를 거쳐 하카타로 가는 도중에 침몰한 것으로 보입니다.

이처럼 상선의 활발한 왕래에 힘입어 송대와 마찬가지로 중국으로 건너간 승려가 상당수에 달했습니다. 원말 70년간의 기록으로 남아 있는 선승(禪僧)의 수만 해도 200여 명에 이르며, 유학 붐이라고 말해도 좋을 만한 정황이 나타났습니다. 공식적인 외교는 끊어졌지만 학술·문화 교류는 성황을 이루었던 것입니다. 일본은 신국이라는 자존 의식이 커가는 한편, 대륙 문화에 대한 동경도 계속해서 가지고 있었다고 할 수 있겠습니다.

5부

무로마치 시대 · 쇼쿠호 정권기 일본과 조선

| 적대와 융화 |

11장 | 조선 국왕과 일본 국왕

1. 명 건국과 중화 세계의 재건

　　　　　　　　　원조 말기가 되자 몽골 지배에 저항하는 농민 반란이 각지에서 일어났는데, 그 중에서도 백련교(白蓮敎)를 신봉하는 홍건군(紅巾軍)의 저항이 제일 강했습니다. 홍건적의 난을 통해 두각을 나타낸 인물이 주원장(朱元璋)입니다. 주원장은 1368년, 금릉(金陵, 지금의 남경)에 도읍을 정하고 명 왕조를 창건한 뒤 곧바로 군을 일으켜 대도를 점령함으로써 몽골 세력을 쫓아냈습니다. 오랜만에 출현한 한족의 통일 왕조는 유교적인 정치 이념에 기초해 중화 제국의 재건을 목표로 삼았고 주변 국가에 사자를 파견해 조공을 요구했습니다.

　주원장이 즉위한 해부터 다음해에 걸쳐 사자가 파견됐던 곳은 고려·일본·안남·참파·과와(瓜哇, 자바) 등의 국가들이었으며, 제3대 영락제(永樂帝) 때에는 조공국이 30여 곳에 이르렀다고 합니다. 대명 황제를 중심으로 한 일원적인 국제 질서의 형성을 지향했던 것

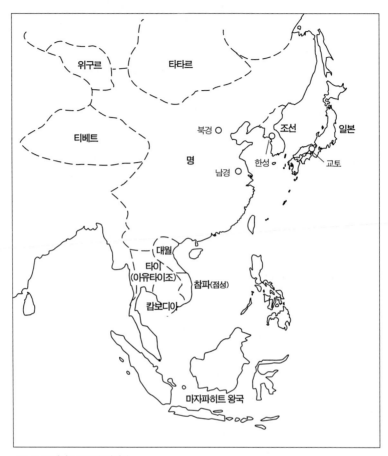

〈11-1〉 **15세기(명나라) 동아시아.**

입니다. 명은 새로운 왕조 창설을 정당화하기 위해서 수많은 조공국을 확보하는 것이 필요했습니다. 더욱이 동아시아 교역권의 안정과 질서 도모가 중요한 과제였던 만큼 모든 국가의 참여가 이뤄지지 않으면 안 됐습니다.

고려에서는 공민왕(恭愍王)이 원의 연호 사용을 폐지하는 등 반원

〈11-2〉 **이성계.**

운동을 개시하는 동시에 명의 요청에 응해 곧바로 입조했습니다. 한편 국내에서는 신흥 유신(儒臣)들을 중심으로 개혁이 추진됐습니다. 그러나 원 왕실은 원래의 본거지인 몽골고원으로 돌아가서 존속〔북원(北元)〕하고 있었으며, 개혁 반대파는 북원과 손을 잡고 여전히 세력을 유지하고 있었습니다. 또한 명이 동북 지방을 제패한 뒤 1388년 북원의 명맥을 끊기 위해 압력을 강화하자, 이에 반대한 고려의 친원파는 요동을 점령하고 있던 명군을 공격하기 위해 5만 명의 대군을 출격시켰습니다. 그런데 당시 군을 지휘하고 있던 이성계(李成桂)는 압록강 위화도에 이르러 갑자기 방향을 바꿔버렸습니다. 그리고 대군을 이끌고 수도 개경으로 돌아와 친원파를 추방하고 일련의 개혁을 단행했습니다. 이성계는 1392년 개혁과 관료에 의해 추대받는 형식으로 즉위함으로써 고려를 무너뜨리고 새 왕조를 개창했습니다.

이성계는 명에 사자를 보내 국교를 맺고, 명 황제의 재가를 받아서 국호를 조선이라고 했습니다. 또한 고려 시대에 남경으로 불렸던 한양(漢陽, 지금의 서울)을 수도로 삼아 한성(漢城)으로 이름을 바꿨습니다. 조선은 신왕조를 개창한 데 대한 국제적 정통성을 확보하기 위해서라도 명과 관계를 구축하는 일이 매우 중요했습니다. 하지만 고려가 책봉을 받으면서 북원에 가담한 적도 있어 처음에는 순조롭게 진행되지 않았습니다. 제3대 태종(太宗) 대인 1401년에 이르러 명 황제에게서 조선 국왕으로 책봉을 받습니다. 조선에서는 해마다 정월 초하루와 동지, 황제 탄생일 등의 정기적인 조공 사절 외에도 임시 사절을 여러 차례 보냈습니다. 이후 명·청과의 사대 관계가 조선 왕조 외교의 중심이 됐습니다.

2. '일본 국왕'

명이 건국된 다음해인 1369년, 조공을 요구하기 위해 사자가 일본에 파견됐습니다. 당시 일본은 무로마치(室町) 막부가 개창돼 있었지만, 남·북조의 내란이 한창인 상황이었습니다. 이 시기에 규슈는 남조가 우세했는데, 다자이후로 찾아간 명나라 사절은 남조의 가네나가(懷良) 친왕에게 조서를 건넸습니다. 일본의 국내 상황을 제대로 파악하지 못했기 때문인지, 아니면 다자이후를 장악하고 있던 가네나가 친왕을 정식 외교권자로 보고 이 지역의 해상 세력을 통제할 실력자로 판단했기 때문인지는 흥미진진한 문제인데, 가네나가 친왕은 사자 일행 7명 가운데 5명을 참수하면서 통교를 거부해버렸습니다. 그러나 1370년 일본에 파견됐던 사자에게는 승려 소라이(祖來) 등을 보내 "표전(表箋)을 바치고, 신하를 칭했다"고 《명사(明史)》에 기록돼 있습니다. 1372년에는 대통력(大統曆, 명나라 때의 역법(曆法) ― 옮긴이)을 지참한 사자가 하카타에 도착했는데, 이미 하카타는 북조의 손에 넘어가 있었습니다. 규슈 단다이(九州探題)의 이마가와 료순(今川了俊)은 남조의 가

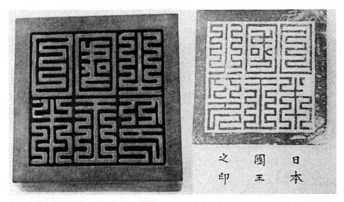

〈11-3〉 **일본국왕지인**(日本國王之印) **목인**(木印). 요시미쓰가 받은 금인의 모조품, 모리박물관 소장.

네나가 친왕이 '일본 국왕'으로 인정받고 있다는 사실을 알고 놀라
서 명나라 사자를 교토로 보냈습니다. 이해에 북조가 다자이후를 지
배 아래 넣었으며, 무로마치 막부는 명과의 교섭에 나서서 1374년
과 1380년에 사자를 파견했습니다. 그러나 이때는 상표문이 빠졌다
는 이유로 말미암아 정식 국교를 열 수 없었습니다.

1391년 남북조 통일에 성공해 무로마치 막부의 기초를 공고히 다
졌던 아시카가 요시미쓰(足利義滿)는 1401년 승려 소아(祖阿)와 상
인 고이토미(肥富)를 사자로 삼아 '일본국 준삼후 도기(日本國准三
后道義)'의 명의로 명 황제에게 국서를 보냈습니다. '도기'는 요시
미쓰가 제3대 쇼군의 직위를 사임한 뒤 출가해 얻은 법명이고, '준
삼후'는 태황태후·황태후·황후에 준한다는 의미입니다. 다음해인
1402년 일본에 갔던 명 사절은 '일본 국왕 겐(미나모토) 도기(日本國
王源道義)' 앞으로 건문제(建文帝)의 조서와 대통력을 전달했습니
다. 이는 무가 정권의 우두머리인 아시카가 요시미쓰가 정식으로 명
황제에게서 '일본 국왕'으로 책봉됐다는 것을 의미합니다.

〈11-4〉 아시카가 요시미쓰 법체상(法體像). 쇼코쿠
사(相國寺) 로쿠온원(鹿苑院) 소장.

요시미쓰는 1403년에도 "일본 국왕 신(臣) 미나모토(源)가 표(表)합니다"로 시작되는 상표문을 지참한 사자를 파견했습니다. 이에 대해 주원장 사후 내란을 제압하고 즉위한 영락제는 다음해 조서와 함께 '일본국왕지인(日本國王之印)'이라고 새긴 금인을 보내주었습니다. 문헌에 의하면, 두 손으로도 들어올리기 힘들 정도로 훌륭한 금인이었다고 합니다.

이때 100매의 감합부(勘合符. 명나라가 해적과의 밀무역을 금하기 위해 해적선과 무역선을 구별하는 표지로 사용한 표찰 — 옮긴이)가 함께 전달됨으로써 이른바 감합무역이 시작되기에 이르렀습니다. 역대 쇼군은 명 황제의 책봉을 받았던 일본 국왕이며, 일본 국왕인 아시카가 쇼군이 명 황제와 군신 관계를 맺은 형식이 됐던 것입니다.

명 황제와 책봉 관계를 맺은 뒤 요시미쓰는 '일본 국왕'을 자처하면서 이미 책봉받은 조선 국왕 앞으로 국서를 보냈습니다. 1404년의 일입니다. 이에 응해 조선 국왕이 일본 국왕 앞으로 국서를 보냄으로써 두 나라 사이에 국교가 성립됐습니다. 8세기 후반 사실상 국교가 단절된 지 600년 만에 한반도 국가와 일본의 교류가 다시 시작된 것입니다.

3. "문서 양식이 당치도 않다"

이렇게 해서 일본 국왕인 아시카 가 쇼군과 조선 국왕 사이에 대등한 외교 관계가 성립됐습니다. 그 러나 쇼군이 명 황제의 책봉을 받아 일본 국왕을 자칭한 일에 대해 서는 처음부터 강력한 비판이 있었고, 요시미쓰가 죽은 뒤 제4대 쇼 군 요시모치(義持)는 명과 외교를 단절해버렸습니다. 다음 요시노 리(義敎) 때 국교가 부활됐지만 명과의 외교에서는 어찌됐건, 조선 과의 외교에서는 대체로 국왕 호칭을 사용하지 않으려고 했습니다. 즈이케이 슈호(瑞溪周鳳)의 《선린국보기(善隣國寶記)》에 실려 있는 조선 국왕 앞으로 보낸 국서의 명의는 거의 대부분 '日本國源○ ○'으로 돼 있고, '일본 국왕'이라고 칭한 예는 찾아볼 수 없습니다. 이에 대해 조선 문헌에는 '日本國王源義成(일본 국왕 미나모토 요시 나리)'·'日本國王源義政(일본 국왕 미나모토 요시마사)'이라고 쓴 예가 보입니다. 요시나리는 요시마사로 개명하기 이전의 이름이므 로 제8대 쇼군 요시마사만이 요시미쓰와 마찬가지로 '국왕'이라는 단어를 사용했는지, 아니면 실제는 다른 사람도 사용했는데 기록이 남아 있지 않은 것인지에 대해서는 여러 가지 가능성을 생각해볼 수 있습니다. 그러나 어느 쪽이든 간에 국왕 칭호에 대해 비판이 있었 던 사실을 잘 보여주는 근거라고 생각합니다.

그렇다면 국왕 칭호는 왜 비판을 받았을까요? 제2차 세계대전 이 전의 연구에서는 쇼군이 왕을 칭하는 일은 천황에 대한 불경(不敬) 에 해당하기 때문이라는 견해가 강했습니다. 그러나 전후 연구에서 는 국왕 칭호 자체가 책봉 관계에서 중국 황제의 신하에 해당하는 것인 만큼 그 칭호를 사용하면 굴욕이라 의식됐기 때문이라고 이해하기도 합니다. 건문제가 요시미쓰에게 보낸 조서에 관해서, 니죠미쓰모토(二條滿基)의《복조원관백기(福照院關白記)》는 "이번의 반첩(返牒)은 문서 양식이 당치도 않다. 이는 천하의 중대한 일이다"고 기록했습니다. 자주 인용되는 말이지만, 무엇이 어떻게 해서 '당치도 않은' 것인지가 명확하지 않습니다.

슈호는 "그 나라는 우리나라의 장상(將相)을 국왕으로 삼았다. 생각컨대, 추존(推尊)의 뜻이 있으니 반드시 싫어하는 것은 아니다"고 말하면서, 상대방이 존경해서 사용하는 호칭이므로 그렇게 불리는 쪽에서는 좋은 일이 아닌가라고 서술했습니다. 즉, '왕'은 존칭인 것입니다. 산보원(三寶院) 주지 만사이(滿濟)의《만제준후일기(滿濟准后日記)》에도 "왕(王)이라는 글자에는 꺼려야 할 게 없지 않은가. 이미 집정을 하시니, 패왕(覇王)이나 다름없지 않은가"라고 말하면서 적어도 패왕임에는 틀림없으므로 국왕 칭호도 상관없지 않느냐라고 되어 있습니다. 패왕이 아닌 왕은 왕자(王者)임이 전제돼 있고, 국왕 칭호를 신하 칭호로 보고 있는 것이 아닙니다. 슈호가 "이번 표에 스스로 왕이라고 칭한다면, 이는 곧 그 나라의 책봉을 사용하는 것이다"라고 한 것은 명 황제에게서 부여받은 칭호를 자칭하는 것이 문제라는 뜻이지, 국왕 칭호 자체가 신하의 의미를 나타내고 있기 때문은 아니었다고 생각합니다. 국왕 칭호가 왕자(王者)의 칭호였던 만큼 쇼군 스스로가 국왕을 칭하는 데 저항이 있었던 것입니다.

물론 쇼군이 명 황제에게 신종(臣從)하는 형태가 된다는 점은 엄하게 비판받았습니다. 그러나 이것은 천황의 신하여야 할 쇼군이 외국 황제에게 신종한다는 점에 대한 비판으로 여겨집니다. 그래서 슈호는 "신(臣)이란 문자는 우리 황(皇)에 속할 뿐이므로 외국의 신하가 되는 혐의를 피해야 한다"고 하면서 "일본국 아래에 여느 때와 같이 마땅히 관위를 써야 하며, 아래의 씨(氏)와 휘(諱) 사이에 조신(朝臣) 두 글자를 쓰는 것이 당연하지 않은가"라고 말했던 것입니다. 천황과의 군신 관계를 명기하면 상관없다는 뜻입니다. 이와 마찬가지로 만사이 역시 쇼군이 명나라 사신에게 비굴한 태도를 취한 것에 대해 '일본 대신(日本大臣)', 즉 천황의 신하라는 점을 분명히 밝힌 뒤라면 어쩔 수 없는 일이라고 했습니다. 쇼군이 명 황제보다 하위에 있다는 것 자체가 일본 국가가 하위에 있다는 사실을 의미하지는 않으며, 국왕 즉 일본의 왕자를 칭하면서 비굴하게 대응한 경우에는 일본 국가의 체면이 손상된다는 말입니다.

이처럼 국왕 칭호에 대한 비판이 일었던 이유는 그것이 황제의 신하를 의미하거나 일본 국가가 명에 종속됐음을 의미하기 때문은 아니었다고 말할 수 있겠습니다. 결론적으로 국왕은 왕자의 칭호인데, 그것을 쇼군이 칭하는 데 문제가 있다고 여겼던 것입니다. 즉, 천황에 대해 참칭(僭稱)이 된다는 비판입니다. 원래 '장상'에 지나지 아니하는 쇼군이 왕을 자칭한 점이 문제가 됐던 것입니다. 훗날, 도쿠가와 쇼군이 국왕이라는 호칭을 쓸 것인지의 여부가 문제 됐을 때, 곤치인 스덴(金地院崇傳)은 "왕이란 글자는 옛날부터 고려에 보내는 서(書)에는 쓰지 않았습니다. 고려는 일본보다 낮은 개 같은 나라(戎國)이기 때문에 일본의 왕과 고려 왕이 서신을 왕래하는 일은 있을 수 없습니다"라고 말했습니다. 일본의 왕은 조선의 왕과 대등하지 않기 때문에 원래 서를 주고받지 않은 것이며, 따라서 조선에 보내는 국서에 국왕 칭호는 사용하지 않는 것이라는 내용입니다. 이런 경우, 왕이라는 말은 천황을 가리키며, 무로마치 시대에 조선 국왕과 서를 왕래했던 쇼군은 국왕일 수가 없습니다. 또한 여기에는

	연도	자칭	사용 연호	출전
①	1411년	日本國源義持		《朝鮮王朝實錄》
②	1419년	日本國源義持	日本年號	《朝鮮王朝實錄》
③	1422년	日本國源義持	應永	《善隣國寶記》
④	1423년	日本國道詮	應永	《善隣國寶記》
⑤	1424년	日本國道詮	應永	《善隣國寶記》/《朝鮮王朝實錄》
⑥	1425년	日本國道詮		《朝鮮王朝實錄》
⑦	1428년	日本國道詮	應永戊申	《善隣國寶記》
⑧	1440년	日本國源義教	龍集庚申	《善隣國寶記》
⑨	1447년	日本國王源義成	正統	《朝鮮王朝實錄》
⑩	1450년	日本國源義成		《朝鮮王朝實錄》
⑪	1456년	日本國源義政		《朝鮮王朝實錄》
⑫	1456년	日本國源義政		《善隣國寶記》
⑬	1456년	日本國源義政		《善隣國寶記》
⑭	1466년	日本國源義政	龍集丙戌	《善隣國寶記》
⑮	1470년	日本國源義政	龍集庚寅	《善隣國寶記》
⑯	1472년	日本國源義政	龍集壬辰	《善隣國寶記》
⑰	1474년	日本國源義政	龍集甲午	《善隣國寶記》
⑱	1482년	日本國王源義政		《朝鮮王朝實錄》
⑲	1486년	日本國准三宮道慶	龍集丙午	《善隣國寶記》

〈11-5〉 **조선 국왕에게 보낸 외교 문서의 양식.** 다카하시 기미아키(高橋公明), 《무로마치 막부의 외교 자세》 참조.

쇼군이 천황과 달리 조선 국왕과 상하 관계가 아니라 대등한 관계라는 전제가 깔려 있다고 봐야 합니다.

4. 막부 외교와 조정 외교

국왕 칭호를 둘러싼 일본 내 대립은 쇼군과 천황의 외교권과 관련된 문제입니다. 앞에서 살펴본 바대로, 명나라 사자가 남조에 오자 막부에서도 1374년과 1380년에 명으로 사신을 보냈습니다. 그러나 요시미쓰는 자신의 직위를 어디까지나 '국신(國臣)'이나 '정이장군(征夷將軍)'이라고 했는데, 이로 말미암아 명으로부터 정식 교섭 주체로 인정받지 못했습니다. 또한 조선에서 왜구 금압(禁壓)을 요청한 사자가 왔을 때도 요시미쓰는 "우리나라 장신(將臣)은 예로부터 강외통문(疆外通門)을 한 적이 없다"고 하면서 외교에는 직접 관여하지 않은 채 선승(禪僧) 젯카이 쥬신(絶海中津)의 이름을 사용하기도 하고, 오우치 요시히로(大內義弘)에게 회답을 명하기도 했습니다. 조선의 기록에는 요시미쓰가 '일본국 장군'·'대상국(大相國)' 등으로 나와 있습니다. 하지만 그는 '일본 국왕'으로 책봉된 것을 계기로 외교의 주체로 전면에 나섰던 것입니다. 요시미쓰는 천황을 대신하려는 왕권 찬탈의 의향이 있었는데, 일본 국왕으로서 외교권을 획득한 이유도 그러한 계획의 일환이었다는 데 의의가 있었다고 말할 수 있습니다.

그러면 막부 외교와 조정 외교에는 어떠한 차이가 있을까요? 1367년 고려 사절이 일본에 왔을 때, 조정은 "고려국은 징구 황후가 삼한을 퇴치하면서 당연히 우리 조정에 귀속되고 서번(西藩)으로 군신의 예를 행해"왔던 나라인데, 서장의 형식이 무례하여 받아들이지 않겠다고 했습니다. 이에 대해 막부는 사절을 받아들인 뒤 답례사를 파견해 선승 슌오쿠 묘하(春屋妙葩) 명의로 답서를 보내는 등 다르게 대응했습니다.

1443년에는 가키쓰(嘉吉)의 난(1441년)으로 죽음을 맞게 된 제6대 쇼군 요시노리를 조문하기 위해 사자 변효문(卞孝文)이 일본에 왔습니다. 새 쇼군 요시가쓰(義勝)가 너무 어려 관령(管領) 하타케야마 모치쿠니(畠山持國)가 대신 만났는데, 이때 관령이 북측에 위치를 잡고 남면한 것에 대해 조선이 이의를 제기하면서 관령 서측·사자 동측을 주장했습니다. 조선 측의 주장은 "나와 너는 균적(均敵, 대등)"하다는 것이며, 이에 대해 일본 측에서는 "너희 나라는 예로부터 내조(來朝)한다"고 말하면서 한 권의 책을 보여줬다고 합니다. 《일본서기》라도 보여줬겠죠. 결국, 대화수(大和守) 이노오 사다쓰라(飯尾貞連)가 타협안을 제시함에 따라 관령 동측·사자 서측으로 하여 만남이 이뤄졌습니다.

이 사건을 두고 막부 내부에 조선을 낮춰 보는 관점이 있었는지 없었는지의 두 가지 견해로 나뉩니다. 무로마치 시대에 쇼군과 사자의 대면 위치가 어떠했는지 명확하진 않지만, 조선에서 사절을 파견할 때 이뤄진 논의를 보면 사자는 일본에 가서 국왕, 즉 쇼군에게 정하배(庭下拜)를 행하도록 명받았습니다. 일본 국왕과 조선 국왕이 대등하다면 조선 국왕의 신하인 사자는 일본 국왕 앞에서 신하의 예를 갖추지 않으면 안 된다는 이치며, 그것을 실행함으로써 쌍방의 대등성이 확인된다는 것입니다. 그렇게 본다면 쇼군이 북측에 위치해 조선 사자를 남면하는 것이 잘못된 일은 아니었습니다. 하지만 조선의 이의 제기는 상대가 대리인 관령이었던 만큼 '나와 너'는 각기 다른 나라 왕의 같은 신하로서 '균적'해야 한다는 주장이었던 셈입니다. 항의를 받고 곤경에 처한 막부가 고심 끝에 전통적인 조선 번국론을 들고 나왔다는 인상을 줍니다. 막부라 할지라도 전통적인 조선관에서 벗어나지 않았다는 점은 사실이지만, 그것에 구애받아 교섭을 결렬시키지 않고 시원스럽게 타협안으로 해결했다는 데 이 사건의 의미가 있지 않을까 싶습니다.

12장 | 왜구 대책과 다원적인 통교 체제

1. 왜구의 실상

조선과 명이 일본 국왕에게 기대했던 점은 무엇보다도 왜구를 단속하는 일이었습니다. 조선과 중국에서 '왜의 구적(寇賊)'·'왜인에 의한 적구(賊寇)'로 받아들인 해적 행위는 14~15세기(전기 왜구) 및 16세기(후기 왜구)를 정점으로 격발했습니다. 전기에는 한반도에서부터 중국의 화북 연해 지역, 후기에는 중국 동남 연안 지역이 주요 무대였습니다. 고려 시대에 본격적으로 왜구가 활동하기 시작한 때는 1350년경이며, 이후는 1370년대부터 1380년대를 정점으로 15세기 초에 이르기까지 피해가 속출했던 것으로 기록돼 있습니다. 왜구의 공격은 연안 지역뿐만 아니라 내륙에까지 미쳤고, 주로 조세 운반선이나 창고를 습격해 미곡을 빼앗거나 사람을 잡아갔습니다. 잡혀간 사람들은 일본에서 노예 취급을 받았으며, 나아가서는 유구(琉球)를 거쳐 동남아시아 방면으로 팔려가는 경우도 있었다고 합니다.

《고려사(高麗史)》와 《고려사절요(高麗史節要)》 등 조선의 사료에는 '3도(島)의 왜구'로 기록돼 있으며, 쓰시마 · 이키 · 히젠(肥前)의 마쓰라(松浦)가 왜구의 근거지로 파악되고 있습니다. 실상을 명확하게 알 수 없지만 규모가 큰 왜구는 500척의 선단에 수천 명에 이르기도 했고, 1천 수백 명의 기마대를 거느린 경우도 있었답니다. 이처럼 말을 거느린 대규모 집단이 어떻게 바다를 손쉽게 건널 수 있었을까요? "전 왕조(고려) 말, 왜구가 흥행해 백성이 편안하지 못했다. 그렇지만 이때 왜인은 열 명 중 한둘에 그쳤고, 본국의 백성이 왜복으로 바꿔입고 일당을 이루어 난을 일으켰다", 그리고 "수척(水尺, 백정) · 재인(才人, 광대)이 거짓으로 왜적이 됐다"는 기록이 있습니다. 이러한 기록들을 토대로 해서 다나카 다케오(田中健夫, 〈왜구와 동아시아 통교권〉, 1978)는 왜구의 구성원에는 일본인뿐만 아니라 수척 · 재인 등의 천민과 몰락한 하층농민 등 고려 민중도 포함돼 있었던 것은 아닐까라는 문제를 제기했습니다. 즉, 일본인 왜구 외에 조선인 왜구, 일본인과 조선인이 합쳐진 왜구 등을 상정했던 것입니다. 후기 왜구는 대부분 중국인들로 이뤄졌으며 일본인의 비율은 낮았다고 알려져 있지만, 전기 왜구는 일본인뿐만 아니라 조선인도 다수 가담되어 있었다고 보는 것입니다. 다카하시 기미아키(高橋公明, 〈중세 동아시아 해역에서 해민(海民)과 교류〉, 1987) 역시 제주도 어민 등 해상 세력과 왜인이 연합한 왜구가 있었을 것으로 봤습니다.

조선과 중국인들에게는 왜인의 해적 행위가 매우 꺼려지는 일로 각인되기에 이르렀는데, 메이지 시대 이후 일본에서는 해적 행위가 오히려 일본의 대외 발전에 빛나는 족적으로 칭송됐습니다. 그러나 제2차 세계대전 후에는 다른 민족에 대한 침략 행위라는 부정적인 평가로 바뀌었습니다. 그렇지만 현재의 국가나 민족이라는 테두리

연도	횟수
1350~59년	34
1360~69년	28
1370~79년	112
1380~89년	122
1390~99년	69
1400~09년	50
1410~19년	10
1420~29년	18
1430~39년	7

〈12-1〉 **한반도에 침입한 왜구의 횟수.** 다나카 다케오, 《왜구》 참조.

안에서 왜구의 실태를 이해할 수 있을까요? 근래의 연구는 왜구 발생의 근거지가 됐던 '환(環)중국해 지역'의 존재, 지역 주민들의 국경을 초월한 생활·교역 활동 등에서 착안되었다는 경향을 보입니다. 무라이 쇼스케(村井章介, 《중세왜인전》, 1993)는 왜구가 국가의 범주를 넘어선 환중국해 지역의 다양한 사람들이 벌인 활동이고, "국적이나 민족을 초월한 인간 집단"이며, "일본인인지 한국인인지 하는 물음 자체는 그다지 의미가 없다"고 말합니다. 왜구를 일본인과 한국인의 연합 집단으로 간주한 다나카의 주장을 계기로 이 같은 새로운 연구가 계속 나왔습니다.

왜구 활동을 포함한 '환중국해 지역'의 설정은 국가나 민족의 상대화를 꾀한 방법적인 인식틀을 제공해준 데 의의가 있습니다. 그만큼 왜구의 구체적인 모습을 지속적으로 연구하는 것은 중요한 과제라고 할 수 있습니다. 다만, 왜구들이 활동한 해역이 국가 지배로부터 벗어나 자립적이고 독자적인 지역으로 설정될 수 있는지 여부, 또 공통의 '왜어(倭語)'나 '왜복(倭服)'에 의한 일체성을 지녔던 지역 주민을 상정할 수 있는지의 여부는 아직 신중히 검토해야 할 문제로 여겨집니다. 왜구를 한국인과 일본인의 연합으로 보는 견해와 고려 민중이 대부분이었다는 견해도 하마나카 노보루(浜中昇, 〈고려말기 왜국 집단의 민족 구성〉, 1996)와 이영(李領, 《왜구와 려일(麗日)관계사》, 1999)이 정확하게 지적한 바처럼, 한국사의 전개에 입각해서

〈12-2〉 **왜구도권(倭寇圖卷)**. 도쿄대 사료편찬소 소장.

말한다면 당돌하다는 느낌을 감출 수 없습니다. 당시 고려 민중의
다수가 왜구에 합류해야 할 상황이었다고 판단하기 어렵고, 수많은
선박과 말은 바다를 건넌 후 약탈했던 것으로도 설명이 가능합니다.
또 왜구를 흉내낸 고려인이 존재했다는 것은 사실이라 해도, 어디까
지나 이질적인 왜구를 가장함으로써 민중을 쉽게 위협할 수 있었기
때문이라고 생각합니다.

2. 오에이(應永)의 외구(外寇)

수천 명의 규모에 달했던 왜구는
고려의 정규군과 맞서 싸우면서 고도로 조직적이고 계획적인 작전
을 펼쳤습니다. 강력한 지휘 명령 체계와 규율을 갖췄던 본격적인

전투 집단이라고 볼 수 있습니다. 우리는 먼저, 그러한 군단이 형성될 수 있었던 육상 거점과 그것을 둘러싼 사회 상황을 짚고 넘어가지 않을 수 없습니다. 이영은 자신의 책에서, 일본 열도 내의 상황에 기초하여 왜구의 실태를 좀더 새롭게 연구할 필요가 있다고 설명하면서 남북조의 내란 속에서 악당(惡黨)의 동향에 주목할 것을 강조했습니다. 조선 측에서 보면 왜구는 어디까지나 일본 열도 내의 세력이며, 이 점에 대해서는 당시 일본의 인식도 크게 다르지 않습니다. 《태평기(太平記)》에는 "40여 년간 우리나라는 매우 혼란스러웠고, 외국 역시 잠시도 조용하지 않았다. 이 동란에 설상가상으로 산길에는 산적이 있고, ……해상에는 해적이 많아지고, ……이 무리는 수천 척의 배를 갖추고 원과 고려 각지에 밀어닥쳐서…… 원과 고려의 이민(吏民)들이 이를 막아내기 어려워 포구 가까이에 있는 수십 곳의 마을이 모두 사는 사람도 없이 황폐해져버렸다"고 기록돼 있습니다.

이로 인해 고려 및 조선 정부는 일본에 단속을 요청하기에 이르렀습니다. 고려 정부는 1366년 왜구 진압을 요구하는 사자를 파견했는데, 앞 글에서 다루었듯 왜구 활동이 활발했던 1370년대에는 거의 해마다 사자가 파견됐습니다. 조선 왕조도 창건 해인 1392년에 사자를 보냈고, 1398년과 1402년에도 왜구 진압을 거듭 요구하고 나섰습니다. 그리하여 1404년에는 일본 국왕과 통교가 시작됐습니다.

일본에 왜구 단속을 요구했을 뿐 아니라 군사적 대응도 추진했습니다. 조선 왕조를 창시한 이성계 자신이 왜구 토벌에 앞장서 전공을 세운 인물입니다. 이성계는 1380년 남원전투에서 왜구의 대군을 무찔러서 명성을 얻었습니다. 이때 나이 15, 16세로 잘생긴 왜구 수령 아키바쓰(阿只拔都)는 백마에 올라타 전장을 휘젓고 다니며 사람들에게 공포를 불러일으켰지만 이성계는 활로 그를 쏴 죽이고 1,600마리의 말을 포획했다고 전해집니다. 또한 1389년에는 고려 수군이 100척의 병선으로 쓰시마를 공격해 배 300척을 불사르고, 포로로 잡혀 있던 100여 명을 데리고 돌아갔다는 기록도 있습니다.

조선 왕조는 더 많은 병선을 건조하고, 수군을 증강하는 등 대책을 강구했습니다. 그리고 1419년 227척의 병선에 17,000명의 대군으로 왜구의 근거지인 쓰시마를 공격했습니다. 이른바 오에이의 외구, 한국에서는 기해동정(己亥東征)이라고 부른 작전입니다. 거제도를 출발해서 쓰시마의 아소만(淺茅灣)으로 들어간 조선군은 섬에 있는 129척의 배를 빼앗아 불태우고, 민가 1,939호를 불사른 뒤 중국인 포로 131명을 데리고 돌아왔습니다.

사건이 일어난 다음해 송희경(宋希璟)이 통신사를 이끌고 일본을 방문했는데, 통사 윤인보(尹仁甫)는 귀국 후 올린 보고에서 일본 국왕, 즉 쇼군의 명령은 교토 주변에만 미칠 뿐 국토가 모두 다이묘(大名)들에 의해 나뉘어져 있다고 지적했습니다. 일본 국왕에게 왜구 진압을 기대하는 것은 곤란하다는 말입니다. 그렇다면 조선 스스로가 무력 대응과 병행해 왜구 발생을 억누르는 외교 수단을 강구할 수밖에 없었다는 말이 됩니다.

3. 통교자에 대한 통제

무력에 의한 대책과 함께 취해진 왜구 조치는 바로 회유였습니다. 첫 번째 회유책은 투항을 권고하고, 이에 따르는 사람[투하왜인(投下倭人)]에게는 토지와 가재 도구를

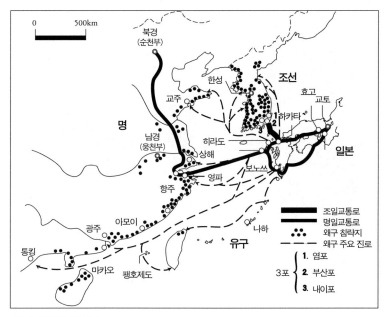

〈12-3〉 **왜구의 피해 지역.**

주어 살게 하는 것이었습니다. 이 조치에 따라 조선에 정착했던 일
본인이 경상도에만 2천여 명에 이르렀다고 하며, 그 중에는 조선에
서 관직을 받아 활약한 사람[수직왜인(受職倭人)]도 있었습니다. 관직
은 일본 열도에 거주하는 사람에게까지 수여됐는데, 그러한 수직왜
인은 고신(告身, 조선시대 관리로 임명된 사람에게 수여한 증서로 직첩이
라고도 한다 ― 옮긴이)을 지참하고 정기적으로 조공했습니다.

두 번째 회유책은 교역 허가였습니다. 물론 수직왜인의 경우에는
조공을 하면서 교역할 수 있었습니다. 그 외에 일본 서부 지역의 다
이묘와 영주들에게 사절 파견의 권리를 주고 해적 행위에 대한 단속
을 기대하면서 교역을 인정해줬습니다. 그러한 다이묘와 호족의 사

〈12-4〉 **도서와 통신부.** 쓰시마 소씨가 받았던 도서(왼쪽), 오우치씨가 받았던 통신부.

자로 도항한 사람〔사송왜인(使送倭人)〕들 가운데에는 다이묘나 영주의 사자를 겸한 사람도 있었습니다. 또한 교역을 목적으로 내항한 사람〔흥리왜인(興利倭人)〕에게도 거래를 인정해줬습니다. 사송왜인과 흥리왜인 중에는 예전에 왜구였던 사람도 많아 조건이 달라지면 언제든지 해적으로 바뀔 가능성이 있는 존재였습니다.

이러한 통교자를 통제하기 위해 조선 정부는 교역 항구를 부산포(부산) · 제포(웅천) · 염포(울산) 등 3포로 한정하는 조치를 취했습니다. 이들 항구에는 정착해 거주하는 왜인〔항거왜(恒居倭)〕도 다수에 달했습니다. 통교자에게는 본인의 이름을 새긴 동판의 인장〔도서(圖書)〕을 지급하고, 사송왜인이 내항할 경우에는 도서가 찍힌 문서〔서계(書契)〕를 지참하도록 의무화했습니다. 그래서 도서를 종이에 찍은 견본을 조선 관청과 포소(浦所)에 보관해두었다가 서로를 대조해 확인했습니다. 게다가 사송왜인 · 흥리왜인을 가리지 않고 조선

〈12-5〉 3포 지도. 신숙주, 《해동제국기》.

으로 내항하는 배에는 쓰시마의 소씨〔宗氏〕가 발행한 증명서〔문인(文引)〕를 지참하도록 의무화하는 등 통제 조치가 취해졌습니다.

내항하는 왜인의 수가 늘어나면서 조선 정부의 부담이 커지자, 통교자를 한정하고 1년간 파견 선박〔세견선(歲遣船)〕 수를 약정하는 조치가 단행됐습니다. 가장 많았던 쓰시마 소씨의 경우, 1443년 기해약조(己亥約條)에 의해 세견선이 50척으로 정해졌습니다. 신숙주(申叔舟)의 《해동제국기(海東諸國紀)》(1471년)에는 ① 일본 국왕(쇼군) 및 여러 거추(巨酋, 하타케야마(畠山)·호소카와(細川)·교고쿠(京極)·야마나(山名)·오우치(大內)·시부카와(澁川)·쇼니(少貳)씨 등)의 사자는 "오면 즉시 대접한다"고 돼 있고, ② 쓰시마 도주는 세견선 50척 외에 수를 제한하지 않은 특송선(特送船)의 파견을 인정받는 동시에 쓰시마 도주의 동족으로 7척의 약정이 있는 자 2명, 4척 1명, 1척 1명의 이름도 기록돼 있으며, 그 밖에 ③ 제추(諸酋, 쓰시마·이키 및 일본 서부 지역의 여러 씨)로서 세견선 1·2척 약정자 14명, 1척 약정자 27명의 이름이 적혀 있고, ④ 수직왜인은 1년에 한

번 본인이 내조하는데, 그 이외에 약정이 없는 제추의 사자가 내항했을 때는 그때마다 응접 여부를 검토한다고 돼 있습니다. 약정자에게는 도서가 지급됐는데, 도래할 때 반드시 접대받는 일본 국왕과 오우치씨 등에게는 통신부(通信符)가 지급됐습니다. 일본 국왕에게는 상아로 만든 통신부를 증여했다는 기록이 있고, 오우치씨에게는 '통신부'라고 양각된 동인(銅印)을 지급했는데, 이것을 둘로 나누어 반쪽을 주었습니다.

또한 3포에 거주하는 정착 왜인의 수는 해마다 늘어 3천 명을 넘어섰다고 전해지며, 밀무역 등의 단속을 둘러싸고 조선 정부와 대립하자 이들은 1510년 쓰시마의 도움을 받아 삼포왜란(三浦倭亂)을 일으켰습니다. 이로 말미암아 쓰시마와 조선의 통교는 일시 중단됐지만, 1512년 임신약조(壬申約條)를 맺고 세견선 25척과 제포항만 열어준다는 조건으로 다시 교류가 이뤄졌습니다. 그 후 세견선과 포소 수에 대한 약정은 증감을 거듭했고, 1557년 정사약조(丁巳約條)를 통해 정한 30척, 부산 1항이라는 체제가 임진왜란으로 통교가 단절될 때까지 계속되었습니다.

4. 가짜 사신과 '조선대국관'

일본 국왕뿐만 아니라 일본 열도 내의 세력들이 개별적으로 조선 국왕과 관계를 맺는 다원적인 통교 체제, 이것이 바로 무로마치 시대에 조선을 상대로 한 외교의 특징입니다. 통교자들에게는 조선 국왕이 도서를 부여했는데, 이것은 조선의 입장에서 본다면 이념적으로 신종(臣從) 형식의 관계가 설정됐던 것으로 이해할 수 있습니다. '쓰시마는 원래 조선의 속주다' 라는 원칙 아래, 통교자에 대한 통제를 일임받은 형태가 됐던 것입니다. "우리나라는 비록 일본을 멸시하더라도 칭하기는 적국(敵國, 대등한 국가)으로 삼는다"는 관료의 말이나 "야인과 왜인은 모두 우리 번리(藩籬)이며, 모두 우리의 신민이다"는 세조의 말에서도 예를 찾아볼 수 있습니다. 이를 통해 조선 국왕을 중심으로 한 세계 질서에 대한 관념이 형성돼 있었다고 볼 수 있습니다.

통교자들도 이러한 형식을 받아들이면서 교역의 이익을 도모했던 것입니다. 이는 일본 열도에 거주하면서 조선 국왕의 신하로서 조공한 수직왜인을 비롯해 통교자들의 국가에 대한 귀속 의식을 살펴볼 수 있는 귀중한 재료를 제공합니다. 조선 사절을 영접하면서 국왕이 내린 물품을 받을 때, 소씨나 오우치씨들이 '정하(庭下)'에 서서 '4배'를 하고, '무릎을 꿇고 머리를 바닥에 대는' 의례를 행했다고 합니다. 오우치 요시히로는 자신들의 선조가 백제 왕가에서 나왔다는 전설을 강조하면서, 조선 국왕이 채지〔采地, 식읍(食邑)〕를 내려줄 것을 요구했습니다. 오에이의 외구 전후 처리 때, 조선 정부가 쓰시마를 경상도의 한 주로 삼는 방침을 결정한 계기는 쓰시마의 사자를 자칭하던 인물의 제안이었습니다. 뒤에 소씨가 거부함으로써 이 조치는 보류됐지만, 쓰시마 내부에 조선의 속주화(屬州化)를 원하는 세력이 존재했다는 사실을 보여주는 예라고 할 수 있습니다.

교역품을 살펴보면 일본에서는 동·유황·금이, 조선에서는 목면이 주요 물품이었는데, 고려대장경과 종을 구하기 위해 바다를 건너가는 사람도 많았습니다. 대장경은 50부가 넘게 일본으로 반입됐다고 합니다. 특히 15세기 중엽 세조(1455~1468) 대에는 불교가 장려됨과 아울러 감로(甘露)가 내렸다거나 상운(祥雲)이 나타났다는 등의 기이한 현상이 선양되면서 국왕 권위의 강화가 도모됐는데, 이 시기에 일본 서부 지역의 수많은 사람들이 앞다투어 조선으로 사절을 보내는, 그야말로 사절 파견 붐이라 할 만한 현상이 일어났습니다. 1455년 한 해에만 "일본국 여러 곳에서 파견한 사송왜인이 6,106명이다"는 기록도 있습니다.

조선으로 온 통교자들의 서장에는 조선 국왕을 '황제'·'폐하'로 부르기도 하고, 스스로를 '신(臣)'으로 칭하는 문구가 쓰여 있기도 했습니다. 조선을 '대국(大國)'으로 우러러 받드는 듯한 서장도 있습니다. 1471년 '유구 국왕'의 사자라고 칭하면서 바다를 건넜던 하카타 상인은 "우리는 이미 도서를 친히 받아 조선의 신하가 됐으므로, 이제 마땅히 유구국의 관복을 입어서는 안 됩니다. 조선의 작명(爵名)을 받아서 영원히 번신(藩臣)이 되기를 원합니다"라고 아뢰고, 조선 국왕에게서 종2품 상당의 관직을 받았습니다.

그렇다면 일본 서부 일대의 무사층 사이에서 조선을 대국으로 바라보는 의식이 존재하고 있었던 것은 아닐까요? 다카하시 기미아키는 이것을 '조선대국관(朝鮮大國觀)'으로 불렀습니다. 통교자들에게는 일본이나 조선이라는 국가 범주가 반드시 절대적이지 않았던 점, 또한 조선을 깔보는 인식이 옛날부터 변함없었던 것은 결코 아니라는 점을 명확하게 밝혀두려는 지적입니다. 근대에 접어들면서부터 일반화한 조선멸시관을 전근대에까지 투영해버리는 연구 경향을 비판한 것이라고 할 수 있습니다. 그러나 그렇게 단순히 '통교자들이 조선을 대국으로 우러러 받들고, 권위로서 받아들였다고 평가할 수 있을까'라는 무라이 쇼스케의 반론도 있습니다. 근대에 비롯된 조선멸시관을 전근대와 관련해 이해하는 관점이 필요하며, 임진왜란과 연계된 요인을 찾기 위해서라도 '조선대국관'은 너무 낙천

적이라고 말합니다.

무라이는 앞에서 예로 들었던 1471년의 유구 국왕 사절이 사실은 가짜였으며, 대장경을 받기 위해 조선 국왕에게 환심을 사려 했다고 말합니다. 유구 국왕을 사칭한 가짜 사절은 1479·1483·1491년에도 조선에 나타났으며, 1478년에는 '구변(久邊) 국주(國主)', 1482년에는 '이천도(夷川島) 왕'의 사자가 왔습니다. 조선 정부는 진위를 의심하면서도 회유하기 위해 물품을 하사하는 등의 조치를 취했습니다. 경제적인 이익을 위해 상대를 속이면서 어거지로 요구를 관철하려는 자세는 조선을 대국으로 우러러 받드는 일과 다르다는 것이 무라이의 지적입니다. 원구(元寇)를 거친 뒤 일반적으로도 신국 의식이 강해진 측면이 있으므로, 이 점을 포함해 중세 일본의 조선에 대한 인식을 더 연구하지 않으면 안 된다는 것이겠죠.

그러나 경제적 이익을 위해서 조선 국왕의 신하이기를 바라고, 황제 폐하라는 칭호를 사용하는 것을 꺼려하지 않은 자세 자체가 그들이 국가를 어떻게 인식했는지를 찾는 실마리가 될 것입니다. 신국 의식, 이것과 불가분하게 연결됐던 조선번국관과 비록 경제적 이해에 관련됐다 할지라도 조선을 대국인 것처럼 대한 태도 사이에는 결정적인 차이가 있다고 말할 수 있겠습니다.

13장 | 도요토미 히데요시의 조선 침략

1. 센고쿠 다이묘(戰國大名)

　　　　　　　　　조선 및 명과의 평화적인 외교 관
계를 무너뜨렸던 것이 도요토미 히데요시(豊臣秀吉)의 조선 침략,
이른바 분로쿠(文祿)·게이쵸(慶長)의 역(役)입니다. 한국에서는
1592년 임진년에 왜국이 일으킨 난이라 하여 이를 '임진왜란(壬辰
倭亂)'이라고 부릅니다. 한국 관광의 필수 코스인 서울의 경복궁이
나 경주의 불국사가 임진왜란 당시 불타버린 뒤 재건된 것을 보면,
피해가 얼마나 컸는지 짐작할 수 있습니다. 일본에서 태합(太閤, 다
이코) 히데요시가 역사적인 인물로 인기가 높은 것과 정반대로 한국
에서는 화(禍)를 불러일으킨, 가장 부정해야 할 첫 번째 인물이 바
로 도요토미 히데요시입니다.

　히데요시의 '조선 정벌'은 메이지 시대 이후 일본의 국위를 선양
한 위업으로 찬양됐습니다. 본격적인 사료집의 효시라 할 수 있는
마쓰모토 아이쥬(松本愛重)의 《풍태합정한비록(豊太閤征韓秘錄)》

(1894)과 사학회의 《홍안문록정전위록(弘安文祿征戰偉錄)》(1905)
간행 연도가 청일·러일전쟁이 일어난 해와 겹치고 있다는 사실에
서도 알 수 있듯이, 임진왜란에 대한 연구는 근대 일본의 한국 침략
과 떼려야 뗄 수 없는 관계에 있습니다. 그러나 많은 연구가 축적되
었는데도 임진왜란의 전체상을 분명하게 밝혔다고 단정할 수는 없
습니다. 히데요시가 왜 무모한 전쟁을 강행했는지, 목적은 무엇이었
는지 등 근본적인 문제 자체에도 명쾌하게 설명하기 어려운 측면이
있습니다. 히데요시의 공명심과 과대망상증으로 설명하는 견해가
있는 한편, 일본이 명과 감합무역(勘合貿易)을 하고자 했는데 조선이
중개를 거절했기 때문에 혹은 명으로 가는 길을 빌려주지 않았기 때
문에 응징하기 위해 출병했다는 주장 등이 있습니다.

히데요시가 공명심이 강하고, 과대망상적인 성격이었다는 점은
틀림없는 사실이겠지만, 이러한 점들을 조선 침략의 원인으로 볼 수
는 없습니다. 이미 주군인 오다 노부나가(織田信長)도 포르투갈인
선교사 루이스 프로이스(Luis Frois)에게 조선과 중국에 대한 침략 구
상을 말한 바 있습니다. 무엇보다도 수많은 다이묘들이 침략 전쟁에
호응했습니다. 따라서 히데요시의 개인적인 성격으로 설명해서는
안 되겠습니다. 또한 감합무역의 재개는 전쟁이 한계에 봉착하고,
명과 화평 교섭이 진행되는 가운데 등장했던 요구입니다. 히데요시
가 일본과 명의 무역 재개를 희망하고 있었으며, 명을 정복하고자
했던 이유가 교역권의 지배와 관련된 것임은 틀림없지만, 외교 교섭
을 통해서가 아니라 굳이 전쟁을 일으킨 직접적인 목적이라고는 생
각할 수 없습니다.

출병할 때 쓰시마의 소씨가 조선에 전달했던 요구는 '가도입명(假
途入明)', 즉 '명으로 가려고 하니 길을 빌려달라'는 것이었습니다.

〈13-1〉 **도요토미 히데요시.** 묘코사(妙興寺) 소장.

그런데 히데요시의 원래 요구는 '정명향도(征明嚮導)', 즉 '명을 정벌하려고 하니 길을 안내하라'는 것이었습니다. 이 요구가 받아들여지지 않으리라고 판단한 소씨가 문구를 몰래 바꾸어서 요구했던 것입니다. 조선뿐만 아니라 중국마저 정벌하려는 것이 히데요시의 구상이었고, 화평 교섭에서도 마지막까지 고집했던 것은 조선 남부의 영토 할양이었습니다. 도요토미 히데요시의 최대 목적은 영토 획득에 있었다고 생각해야겠습니다.

혼노사(本能寺)의 변(變)으로 1582년 노부나가가 살해된 뒤, 그의 후계자로서 전국 통일을 추진하고 있던 히데요시가 조선과 명으로 출병할 구상을 입 밖에 내기 시작한 때는 1585년으로 확인되고 있으며, 이후 여러 차례 그러한 입장을 피력했습니다. 히데요시는 1587년 규슈를 평정한 뒤 쓰시마의 소씨에게 조선에 복종을 요구하도록 명령했습니다. 그리고 1590년 오다와라(小田原) 성을 함락하고 오슈(奧州)를 평정해 마침내 전국을 통일하자, 히데요시는 곧바로 조선 출병을 위해 움직이기 시작했습니다. 소씨의 요청으로 일본에 건너갔던 조선 사절과 쥬라쿠다이(聚樂第)에서 회견한 히데요시는 조선에 '정명향도'를 요구했으며, 다음해인 1591년 8월 전국의 다이묘에게 동원령을 발동했고, 마침내 1592년 4월 침략을 개시하기에 이르렀습니다. 이러한 과정은 조선 출병이 전국 평정 사업의 연장선상에서 통일 전쟁에 뒤이어 실행됐음을 잘 보여주고 있습니다. 규슈 정복에 즈음해서 히데요시는 규슈를 평정한 뒤 "5 기나이와 마찬가지로(五畿內同然)" 지배한다고 말했는데, 조선 출병 때에 "규슈와 마찬가지로(九州同然)" 지배한다고 이야기했습니다. 즉, 히데요시에게는 기나이 → 규슈 → 조선 지배가 동일한 논리로 구상됐으며, 아마 명에 대한 침략도 이 연장선상에서 자리매김하고 있었을 것입니다.

센고쿠 다이묘(戰國大名)는 새로운 전쟁에 대비해 늘 군사 동원 체제를 갖춤으로써 가신을 통제해왔습니다. 그리고 전쟁에서 새로 획득한 영토를 가신에게 나눠주고, 부하들 역시 그러한 은상(恩賞)을 겨냥해 주군에게 충성하는 데 최선을 다했습니다. 히데요시도 당연히 이와 같은 센고쿠 다이묘로서 전국 통일을 목표로 삼았습니다. 그런데 전국을 평정하자 일본 안에서는 더 이상 싸울 상대도, 획득할 토지도 없어져버렸습니다. 전시 동원 체제를 계속 유지하고 획득한 영지를 나눠줌으로써 부하를 통솔했는데, 그러한 메커니즘이 더는 가능하지 않게 돼버린 것입니다. 그렇다면 새로운 지배 형태로 전환함으로써 센고쿠 다이묘로부터 탈피할 수 없는 한, 다음은 조선, 나아가서는 중국으로 영토를 획득하기 위한 전쟁을 계속하는 수밖에 다른 도리가 없었겠죠. 조선 침략이란 이러한 센고쿠 다이묘의 논리에서 도출됐던 것이라고 생각합니다.

2. 신국사상

히데요시는 이러한 침략 구상을 어떻게 정당화하고, 근거를 삼으려고 했을까요? 조선 외에 고산국

(高山國, 대만)이나 여송(呂宋, 필리핀) 등에 복속을 요구하며 보냈던 외교 문서에서 히데요시는 스스로를 '태양[日輪]의 아들'이며, 세계에 군림해야 하는 운명을 타고났다는 등의 주장을 폈습니다. "내가 뱃속에 있을 때 어머니께서 태양이 태내(胎內)로 들어오는 꿈을 꿨다"고 하거나, 관상가가 "햇빛이 미치는 곳, 조림(照臨)하지 않을 곳이 없다. 장년에 반드시 팔방의 끝에까지 인덕(仁德)을 베풀고, 사해(四海, 세계)에 위명(威名)을 떨치는데, 그것을 어찌 의심하랴"고 예언했다고 합니다. 햇빛과 우레소리, 번개 등에 감응해 탄생한다는 시조신화는 한나라 고조 유방(劉邦)과 송나라 태조 조광윤(趙匡胤), 요나라 태조 야율아보기(耶律阿保機) 등 중국의 역대 왕조에서도 널리 보이는데, 외교 문서를 기초했던 사이쇼 쇼타이(西笑承兌) 등이 그 내용을 차용했던 것으로 보입니다. 그렇지만 이것이 히데요시 침략 이념의 근간이었다고 생각할 수는 없습니다.

히데요시는 포르투갈령 인도 총독 앞으로 보낸 답서에서 '조정의 명령[朝命]'에 따라 일본 전 국토를 통일했다는 점을 강조한 뒤, 중국에서 인도로 세력을 확장함에 대해, "이때를 맞이해서 성주(聖主)의 칙(勅)을 환중(寰中, 천하)에 전하고, 양장(良將)의 위엄을 새외(塞外, 변경 밖)에 떨치며, 사해 곳곳에서 관문과 교량을 통해 바다와 육지의 적도(賊徒)를 토벌한다"라고 했습니다. 자신의 사업이 천황의 명령에 근거한 것이라는 주장인데, 조선에 보낸 문서에도 '일본국 관백(關白) 히데요시'를 자칭하고, 천황의 신하임을 명확히 밝혔습니다. 하지만 조선은 당연히 신하에 지나지 않은 히데요시에게 정하배(庭下拜)하기를 거부했습니다.

한성 점령 후 히데요시가 발표했던 구상은 명을 정복하는 날 고요제이(後陽成) 천황을 북경으로 옮기고, 동아시아 세계에 군림토록 만든다는 것이었습니다. 일본 천황에는 요시히토(良仁) 친왕이나 도모히토(智仁) 친왕, 중국 관백에는 도요토미 히데쓰구(豊臣秀次), 일본 관백에는 하시바 히데야스(羽柴秀保)나 우키타 히데이에(宇喜多秀家)를 각각 취임시키고, 조선은 하시바 히데노부(羽柴秀信)나 우키타 히데이에한테 맡기며, 자신은 영파(寧波)에 거처를 마련한다고 했습니다.

히데요시의 구상은 중국 황제를 중심으로 한 중화 세계 질서에 도전함과 동시에 이를 대신해 일본 천황을 중심으로 한 체제를 구축하려는 것이었습니다. 이것은 신국사상을 바탕으로 해서 인도 총독 앞으로 보낸 답서 등에 "우리나라는 신국이다"라는 말로 강조됐습니다. 천축(天竺, 인도)에서는 불법(佛法), 진단(震旦, 중국)에서는 유도(儒道), 일역(日域, 일본)에서는 신도(神道)로 나타난다는 것인데, 기독교에 대한 3교의 일체성을 설명하는 한편 "신도를 알면, 곧 불법을 알고, 또 유도를 안다"고 하여 신도의 우위를 주장하고 있습니다. 이러한 신국사상 아래 무장들은 징구 황후의 삼한정벌에 견주어 자신들의 행위에 의의를 부여했던 것입니다.

3. 의병과 수군

히데요시는 출격 거점으로 규슈 히젠(肥前)에 나고야(名護屋) 성을 쌓고, 16만 명의 병사를 9군으로 편성했습니다. 또한 12만 명의 군사가 대기하는 가운데, 1592년 4월 12일 고니시 유키나가(小西行長)와 소 요시토모(宗義智)가 이끄는 제1군이 출범해 다음날 부산에 상륙한 뒤 성을 점거했습니다.

센고쿠 시대를 싸움으로 보낸 일본군에 비해 준비가 충분치 않았던 조선의 정규군은 효과적으로 반격할 수 없었으며, 결국 5월 2일 수도 한성이 함락되고 말았습니다. 일본군 무장들은 지분을 나누어 각 도를 점령하는 데 착수했는데, 평안도를 담당한 고니시 유키나가는 6월 중순 평양에 이르렀고, 함경도를 맡은 가토 기요마사(加藤清正)는 두만강을 넘어선 지역에까지 군을 전진시켰습니다. 히데요시는 명나라 정복 구상을 밝힘과 아울러 스스로 조선으로 건너갈 의사를 표명했습니다. 그러나 이후 일본군은 처음의 세력을 잃어버리고 말았습니다. 제2차 출병을 포함해서 조선 침략은 실패로 끝날 수밖에 없었는데, 그 원인이 무엇이었을까요?

침략 전쟁의 좌절 요인으로 명군의 개입, 히데요시의 죽음 등이 지적돼왔습니다. 후자에 대해서는 뒤에 다루기로 하고, 여기에서는 명군의 개입에 대해서 살펴보겠습니다. 명의 군사 지원은 명 자체가 히데요시의 침략 대상이 된 이상 당연한 일이었지만, 대체로 이러한 경우에 번속국을 도와주는 행위는 책봉 관계에서 종주국이 지켜야 할 의무라고 해야 할 것입니다. 책봉 체제에 도전하려 했던 히데요시의 야망은 바로 그 벽에 부딪혔다고 할 수 있습니다.

그러나 명의 구원군이 모든 일을 해결했던 것은 아닙니다. 명은 국내 문제로 인해 구원군을 편성하는 데 애를 먹어 7월에야 부랴부랴 5천여 명의 군대를 편성해 압록강을 건넜으며, 고니시 유키나가가 굳게 버티고 있는 평양성을 공격했지만 실패해 도망가고 말았습니다. 연말에 이르러서야 겨우 4만여 군대를 다시 꾸려 조선으로 들어왔고, 1593년 1월 평양성을 공격해 고니시 군을 한성으로 철퇴시켰습니다. 그런데 서울 북방 16킬로미터에 위치한 벽제관(碧蹄館) 싸움에서 일본이 대승을 거두었고, 명나라 장군 이여송(李如松)은

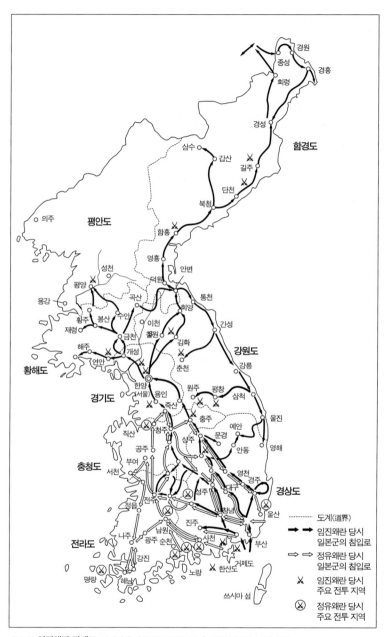

경원

종성

경흥

회령

경성

함경도

삼수

갑산

길주

단천

북청

의주

평안도

함흥

성천

영흥

안변

평양

덕원

용강

곡산

통천

황주

봉산

수안

이천

간성

재령

금천

철원

김화

강원도

해주

개성

춘천

황해도

연안

강릉

경기도

한양

서울 용인

원주

평창

삼척

울진

죽산

충주

직산

청주

예안

문경

공주

상주

안동

영해

부여

충청도

서천

영천 경주

경상도

정읍

전주

성주

대구

울산

전라도

진주

창녕

나주

남원

광주 순천

사천

부산

강진

거제도

명량

해남

노량

한산도

쓰시마 섬

---------- 도계(道界)

➡➡ 임진왜란 당시
일본군의 침입로

⇨⇨ 정유왜란 당시
일본군의 침입로

✕ 임진왜란 당시
주요 전투 지역

✕ 정유왜란 당시
주요 전투 지역

〈13-2〉**임진왜란 관계도.** 다케다 유키오(武田幸男) 편, 《조선의 역사와 문화》인용.

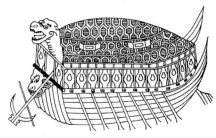

〈13-3〉 **이순신 장군과 거북선.**

간신히 살아남아 평양으로 퇴각한 뒤 전의를 상실해버렸습니다. 그 후 명은 조선 정부의 반대에도 불구하고 화평 노선을 추구했습니다.

이때 집요하게 일본군에 저항했던 조직은 의병과 수군이었습니다. 의병은 정부군이 아니라 각지의 유학자들과 백성이 조직했던 민간 부대입니다. 제1군이 부산에 상륙한 지 10일 뒤 벌써 경상도에서 곽재우(郭再祐)가 거병해 일본군에 반격을 개시했고, 이에 호응해 의병 활동이 각지로 확산됐습니다. 〈13-2〉 지도에서 알 수 있듯이, 전 국토에 걸쳐서 일본군의 침략에 맞서 싸웠던 것입니다.

한편 해상에서는 이순신 장군이 이끄는 조선 수군이 일본 수군을 괴롭혔습니다. 전라도 여수에 기지를 둔 조선 수군은 일본군이 상륙한 다음달 5월부터 반격을 개시했고, 남부 연안의 복잡한 지형을 교묘히 이용해 도도 다카토라(藤堂高虎)와 와키사카 야스하루(脇坂安治) 등이 이끄는 일본 수군의 정예부대를 잇따라 격파했습니다. 이순신이 고안한 거북선이 등장해 더욱 위력을 발휘했습니다. 7월 4일

대장(隊長)	정원	실제 인원	감수 인원	감소율(%)
고니시 유키나가(小西行長)	18,700	6,626	12,074	64.57
가토 기요마사(加藤清正)	10,000	5,492	4,508	45.08
나베시마 나오시게(鍋島直茂)	12,000	7,644	4,356	36.30
오토모 요시무네(大友吉統)	6,000	2,052	3,948	65.80
모리 요시나리(毛利吉成)	2,000	1,425	575	28.75

〈13-4〉 **개전 11개월 후 일본군.** 구참모본부, 《일본전사》에서 작성.

한산도해전에서는 이순신의 천재적인 전략으로 인해 와키사카의 수군 70여 척 가운데 66척이 격침됐다고 전해집니다. 헐버트(Homer B. Hulbert)는 《대한제국 멸망사》(1905)에서 이 전투를 '조선의 살라미스(Salamis)해전'이라고 불렀습니다. 처음 계획과 달리 일본군은 제해권을 빼앗겨 서해안 지역으로의 진출이 저지됐습니다. 히데요시는 조선 수군과의 정면 싸움을 피하도록 지시를 내리지 않을 수 없었고, 이는 물자 보급에 지장을 불러왔습니다.

벽제관 싸움을 통해 명군의 추격은 저지됐으나, 개전 11개월째인 1593년 3월 일본군의 감소율은 표 〈13-4〉에서도 알 수 있듯 매우 높아졌습니다. 서울까지 후퇴한 무장들은 앞으로의 작전을 어떻게 수행할지에 대해 논의를 했습니다. 여기에서 우키타 히데이에는 자신들이 처한 상황에 대해서 "군량이 바닥나서 앞으로 1개월, 정확히 말하면 4월 11일에는 한 톨의 곡식도 남지 않을 것이다. 부산에 있는 군량을 옮기려 해도 인마(人馬)를 도무지 구할 수 없고, 또 구한다 하더라도 도중에 있는 성으로부터 기병 50기, 30기, 화살 100개, 조총 200정을 지원받지 못하면 뚫고 나갈 수 없는 상황"이라고 설명했습니다. 4월 중순, 마침내 서울에서 철퇴한다는 방침이 내려졌고, 남부 지방에 병력을 남겨둔 채 전세는 강화 교섭으로 옮아갔습니다.

4. 화평 공작과 제2차 출병

조선에서는 고니시 유키나가와
심유경(沈惟敬) 사이에 화평 공작이 진행되고 있었고, 명군 사령관
송응창(宋應昌)의 부하가 명 황제의 사자로 위장한 채 일본으로 파
견됐습니다. 가짜 명나라 사자는 5월 나고야 성에 이르렀고, 히데요
시는 조선 남부 4도의 할양과 감합무역의 재개 등을 요구했습니다.
다른 한편 고니시는 심복 나이토 죠안(內藤如安)을 강화사로 삼아
북경에 파견했는데, 나이토는 히데요시의 가짜 항복 문서를 지니고
있었습니다. 나이토가 북경에 들어간 때는 1594년 12월이며, 영토
할양이라는 히데요시의 요구는 묵살한 채 조선에서 완전 철퇴하라
는 명의 조건을 받아들였습니다.

이에 황제는 진짜 사신을 파견했고 이 사신 일행은 1596년 8월 일
본에 도착, 9월 1일 오사카 성에서 히데요시와 회견했습니다. 진상
을 알지 못한 히데요시는 명이 자신의 요구를 받아들였다고 생각해
기분이 좋았지만, 명나라 사신이 가져온 것은 "너희를 봉해서 일본
국왕으로 삼는다"는 신종(神宗)의 고명(誥命)과 칙유 및 금인이었
습니다. 오사카 시립박물관에 전해 내려오는 고명과 궁내청 서릉부
(書陵部)에 소장된 칙유의 내력에 대해서는 밝혀야 할 점도 있지만,
분노한 히데요시가 고명을 찢어버렸다는 얘기는 잘못된 것입니다.
어쨌든 히데요시는 다음해인 1597년 2월 또다시 출병 명령을 내렸
고, 7월에는 다시 14만여 명의 군사가 대한해협을 건넜습니다.

〈13-5〉**명나라 사신이 가져왔던 신종의 칙유**. 궁내청 서릉부 소장.

그러나 이번에도 조선의 의병과 수군의 활약에 시달린 데다가 정
부군과 명군도 응전 체제를 충분히 갖춘 상태여서 남부 지역을 점령
했어도 한성까지는 이를 수 없었고, 겨울이 되자 반격이 더욱 거세
졌습니다. 일본군 무장들은 고전을 면치 못하자, 연해 지역에 성을
쌓아 거점을 마련한다는 방침을 정했습니다. 가토 기요마사가 관할
했던 울산성(蔚山城)도 조선의 군대에 포위됐습니다.

급수가 끊겨 성안에는 물이 부족해 모두가 괴로운 지경에 이르렀다. 낮
에는 물을 길어 올 수 있는 방법이 없다. 밤이 되면 성밖으로 몰래 빠져
나가 연못 물을 길어 오는데, 연못에 시체가 빠져 있어 길으려는 물이
모두 핏물이었다. ······식량이 남지 않고 다 떨어져 종이를 먹고 벽에
바른 흙을 끓여서 삼켰지만, 이것마저도 계속할 수가 없다. ······식량
을 조금도 주지 않으므로 아랫것들은 곤궁하고, 졸병들은 무기력하게
목숨을 살리려고 성 옆을 비틀비틀 걸어간다. 몸은 아주 새까맣게 수척
해져서 아귀도(餓鬼道)의 죄인도 이러할까 하는 생각이 들어 불쌍하
다. ······이제는 이미 정력이 완전히 소진해버려 도저히 어쩔 도리가
없고, 용사(勇士)들은 밤이 되면 성에서 몰래 빠져나가 전사한 상대 군
사의 시체를 뒤져 허리에 묶여 있는 볶은 쌀과 구운 쇠고기를 갖고 돌

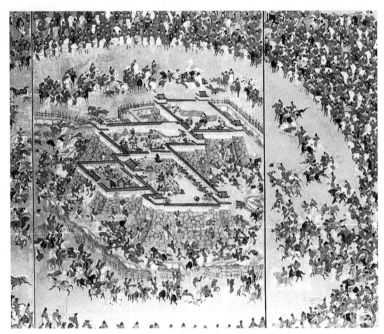

〈13-6〉 **울산 농성도(蔚城圖) 병풍.** 후쿠오카 시립박물관 소장.

아와 대장들에게 바쳤지만, 대장들은 배고픔을 참고서 일 잘한 사졸에
게 조금씩 나눠주었다.

— 오제키 사다쓰케(大關定祐), 《조선정벌기》

이러한 실정 속에 일본군은 전쟁에 염증을 내기 시작했습니다. 그
럴 즈음, 1598년 8월 18일 히데요시가 후시미(伏見)성에서 생애를
마쳤습니다. 히데요시의 죽음을 기다릴 것까지도 없이, 조선 침략은
완전한 실패로 돌아갔음이 명백해졌다고 할 수 있습니다. 히데요시
의 죽음을 숨긴 채, 전선에 철퇴를 촉구하는 명령이 떨어졌습니다.

이후 도쿠가와 이에야스(德川家康) 등 다섯 다이로(大老)에게서 정식으로 히데요시 사망 소식과 철퇴 명령이 전해졌고, 각지의 무장은 해안을 따라 부산으로 퇴각해 귀환하기에 이르렀습니다. 조선의 추격도 격렬했는데, 노량진해전에서는 시마즈 요시히로(島津義弘)가 이끄는 부대와 조명 연합군이 맞서 싸웠습니다. 이 전투에서 이순신은 총탄에 맞아 전사하지만, 시마즈와 고니시 등의 군대는 엄청난 피해를 입고 간신히 위험 지역을 벗어나 부산에 이르렀으며, 11월 25일 일본으로 철수했습니다.

> 게이쵸(慶長) 3년 11월 21일 조선국 당도(唐島)를 출발해서…… 간신히 부산포에 다다랐다. 이에 우리나라 장군이 점령하고 있던 성들을 바라봤더니 연기가 하늘을 뒤덮고, 영루(營壘)가 초토화되고 있다. 사령한 명을 보내 소식을 물어보려고 했지만, 군졸이 한 명도 없어 사령이 헛되이 돌아왔도다. 지난 10월 그믐날 사천에서 서로 규정을 정하기로는, 장군들이 부산포에 모여 길일(吉日)을 골라 승리를 축하하고, 좋은 날을 택해 닻줄을 풀자고 했건만 보람도 없다. 더군다나 순풍·역풍조차 분간하지 못한 채 내가 앞장서서 돛을 다는 마음이 그야말로 한심스럽구나.
>
> ─ 시마즈 히사미치(島津久通), 《정한록》

이것이 7년간에 걸친 침략 전쟁의 결말이었습니다. 전 국토가 유린된 조선은 심한 타격을 입었고, 일본에 대한 불신감이 더욱 강해졌습니다.

6부

에도 시대 조선과 일본

| 멸시와 교린 |

14장 | 고쳐진 국서(國書)

1. 국교 회복

          도요토미 히데요시가 일으킨 침략 전쟁으로 말미암아 무로마치 시대 이래 계속돼온 조선 및 명과의 국교가 단절됐습니다. 1600년 세키가하라(關ヶ原) 전쟁에서 승리하고, 1603년 정이대장군(征夷大將軍)이 되어 에도 막부(江戶幕府)를 열었던 도쿠가와 이에야스로서는 최우선의 외교 과제로 조선, 명과의 국교 회복에 힘쓰지 않을 수 없었습니다. 조선 역시 일본으로부터의 침략을 방지하기 위해 교린 관계의 회복을 희망했지만, 쌍방의 화평 교섭은 충돌을 피할 수 없었습니다. 이 두 나라 사이에서 쓰시마 번이 조정을 맡게 됐습니다.

  조선 정부는 1605년 적(敵)의 정황을 탐색하는 '탐적사(探賊使)' 명목으로 승려 유정(惟政)을 쓰시마에 파견했습니다. 이에 쓰시마 번은 유정을 교토로 안내했고, 후시미 성에서 이에야스·히데타다(秀忠) 부자와 만남이 이뤄졌습니다. 이때 이에야스는 임진왜란 당시 자신은 간토(關東)에 있었고, 조선에는 한 명의 부하도 파견하지 않았다는 점을 강조하면서 국교 회복에 의욕을 내비쳤습니다. 조선도 국교 회복의 의향은 굳혔지만, 두 가지 조건을 내세웠습니다. 첫째, 일본이 먼저 국서를 보낼 것 둘째, 침략 중에 왕릉을 도굴한 범인을 인도해줄 것 등이었습니다. 당시는 화평 교섭을 하는 데 패자가 먼저 사자를 보내야 한다고 여기고 있었기 때문에 이에야스도 이 조건에 간단히 응할 수는 없었습니다.

교섭을 맡은 쓰시마 번과 조선 사이에 논의가 거듭된 끝에, 1606년 '일본 국왕'을 칭한 이에야스의 국서를 지닌 사절단이 조선에 파견됐고, 왕릉 도굴범으로 남자 두 명이 인도됐습니다. 두 사람은 쓰시마에서 다른 혐의로 우연히 잡힌 죄인이었지만, 어쨌든 요구가 충족됨에 따라 조선 정부는 다음해인 1607년 총 500명에 달하는 사절단을 일본에 파견했습니다. 이는 어디까지나 '회답겸쇄환사(回答兼刷還使)', 즉 먼저 일본에서 보내온 국서에 '회답'한다는 의미와 임진왜란 중에 일본으로 끌려간 사람들을 '쇄환'한다는 명목의 사절이었습니다. 사절은 에도 성에서 제2대 장군 히데타다와 회견하고 조선 국왕의 국서를 전달했으며, 히데타다 역시 조선 국왕 앞으로 보내는 국서를 전달했습니다. 이렇게 해서 잠시 단절됐던 조선과 일본의 국교가 회복되기에 이르렀습니다.

이로써 국교 교섭이 일단락된 것처럼 보이지만, 이 과정에는 여러 가지 문제가 내포돼 있었습니다. 그로부터 200년 정도 흐른 19세기 초, 치시마(千島) 탐험으로 유명한 곤도 쥬조(近藤重藏)는 막부의 관리로서 당시 서물봉행(書物奉行)의 지위에 있었습니다. 그는 막부에 보관돼 있는 외교 문서를 연구해 《외번통서(外蕃通書)》(1818)를 저술했습니다. 그 즈음 곤도는 막부의 모미지야마(紅葉山) 문고

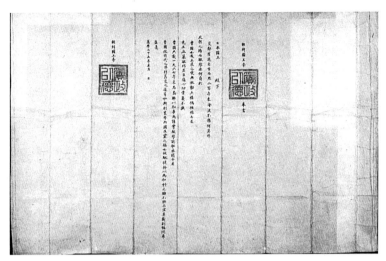

〈14-1〉조선 **국왕의 국서**. 교토대 문학부 박물관 소장.

에 남아 있는 1607년 조선 국왕의 국서와 마쓰우라 마사타다(松浦 允任)의 《조선통교대기(朝鮮通交大紀)》(1725)에 인용된 국서에 서로 다른 내용이 있다는 사실을 발견했습니다. 일본에 건너온 조선 사절이 지참한 국서 사본이 쓰시마 번에 전해지고 있는데, 이를 기초로 편찬된 것이 《조선통교대기》이며, 모미지야마 문고에는 에도 성에서 쇼군에게 건네진 실제 문서가 남아 있습니다. 그런데 이 두 문서의 내용이 서로 달랐던 것입니다.

어느 부분에 차이가 있을까요? 쓰시마에 전해지고 있는 사본에는 서두에 '봉복(奉復)'이라고 돼 있는 데 반해, 실제로 장군에게 전해진 국서에는 '봉서(奉書)'라고 돼 있습니다. 게다가 쓰시마의 사본에 들어 있는 "문찰(問札)을 먼저 보냈다", "내의(來意, 조선이 받은 국서의 취지)에 답하겠다" 등의 문장이 막부에 보관돼 있는 국서에는 빠지고 다른 말로 바뀌어 있습니다. 즉, 쓰시마에 남아 있는 문서는 먼저 일본에서 국서를 보내왔기 때문에 그에 대해 응답한다는 형식과 내용으로 '회답사'가 가지고 온 국서에 적합합니다. 이에 반해 실제로 쇼군에게 전해진 문서에는 조선이 먼저 국서를 보내온 것처럼 쓰여 있습니다.

곤도는 이를 두고 쓰시마 번이 막부에게 전해줄 때 몰래 바꿔치기 한 것이라고 추측했습니다. 먼저 국서를 가지고 오라고 했던 조선의 요구에 맞게끔 쓰시마 번이 1606년 최초로 보낸 이에야스의 국서를 위조했다고 본 것입니다. 이에야스의 국서를 위조한 사실이 발각되지 않게 '봉서'의 형식으로 고쳤다는 뜻입니다.

2. 이에야스의 국서

곤도 쥬조가 지적한 대로 1606년에 보낸 국서를 쓰시마 번이 위조했다는 것이 현재 통설로 되어 있지만, 에도 시대에는 이에야스 국서의 존재에 대해 대부분 의심하지 않았던 것 같습니다. 곤도의 저서를 제외하면, 아라이 하쿠세키의 《수호사략(殊號事略)》(1715)이나 《조선통교대기》를 비롯해 에도 시대의 책은 대체로 이에야스의 국서가 있었다는 사실을 전제로 쓰여졌습니다. 그리고 곤도의 《외번통서》 후에 쓰인 하야시 아키라(林韑)의 《통항일람(通航一覽)》(1853)도 곤도의 설을 비판하고 있습니다. 1607년의 사절은 조선 국왕의 국서와 함께 예조참판의 문서도 갖고 왔는데, 여기에 "우리 국왕이 이곳에 사절을 보내어, 이로써 내의에 답한다"는 내용이 있는데도 불구하고, 이것이 문제 된

朝鮮國王李　昖　　（奉復）[奉書]

日本國王　　殿下

交隣有道自古而然二百年來海波不揚何莫非

天朝之賜而敝邦亦何負於

貴國也哉壬辰之變無故動兵搆禍極慘而（至）及

先王丘墓敝君臣痛心切骨義不與

貴國共戴一天六七年來馬島雖以和事爲請實（是）敝邦所耻

[承聞]今者

貴國（革舊而新問札先及謂）改前代[之]非（者致款至此）[行]

舊交之道苟如斯（說）[則]豈非兩國生靈之福也（此）[故]馳

使价（庸答來意）[以爲和交之驗]不腆土宜具（在）[載]別幅統希

盛亮

萬曆三十五年正月　日

朝鮮國王李　昖

( ) 삭제된 부분
[ ] 고쳐 쓴 부분

〈14-2〉 **국서의 개서.** 다시로 가즈이, 《개서된 국서》 참조.

흔적은 없습니다. 또한 조선 사절이 쇼군 히데타다를 보좌하는 중신(重臣) 혼다 마사노부(本多正信)와 만났을 때, "노장군(老將軍)이 나라를 위해 여러 차례 화의를 청해 먼저 서계를 보냄으로써 전대(前代)의 잘못을 고치려고 하니, 우리 국왕이 특별히 사절을 보내어 쇼군의 뜻에 답한다"고 표현한 점에 대해서도 혼다는 전혀 문제삼지 않았습니다.

　이러한 점을 바탕으로 다카하시 기미아키(〈게이쵸 12년 회답겸쇄환사의 내일(來日)에 관한 일고찰〉, 1985)는 곤도의 설에 의문을 제기했습니다. 막부 당국자로서 이에야스가 먼저 국서를 보낸 것이 양해 사항으로 돼 있었거나, 적어도 일부 사람들 사이에서는 묵인되고 있었던 것이 아닌가 하는 내용입니다.

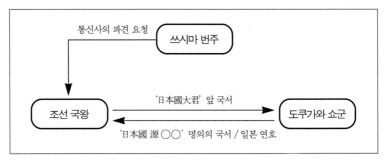

〈14-3〉 **국서의 교환.**

　무엇보다도 국교를 회복하기 위해 쓰시마와 조선 사이에서 이뤄졌던 교섭에 관계된 자료를 보면, 1606년 쓰시마에 건너온 조선의 전계신(全繼信)에게 쓰시마 측은 이에야스의 국서가 도착했다고 하면서 사본을 보여주며, 처음에 반대했던 이에야스를 총신(寵臣) 혼다 마사즈미(本多正純)가 설득해서 국서를 받아낼 수 있었다고 설명했습니다. 사본을 본 전계신이 불만을 품고 개서(改書)를 요구했습니다. 그 후 경과는 알 수 없지만, 같은 해 개서가 됐다는 연락이 조선 정부에 전해졌고, 뒤이어 이에야스의 국서를 가진 사절이 파견됐습니다. 이런 사실들로 미뤄볼 때, 이에야스의 국서가 존재하지 않았다고 단정할 수는 없어 보입니다. 다카하시는 이러한 전제 아래 조선의 개서 요구를 받은 쓰시마 번주가 무단으로 개작해 조선에 사절을 보냈을 것으로 추측했는데, 어쨌든 이에야스의 국서가 존재했다고 보는 것입니다.

　국서가 위조된 것이 아닌가 하고 조선 정부 내에서도 견해가 분분했지만, 어찌됐든 이에야스의 국서에 회답하기 위해 앞에서 서술한 바와 같이 '봉복'의 국서를 지닌 사절이 파견됐습니다. 이 경우, 회답의 상대는 당연히 이에야스였을 테고, 실제로 사절도 이에야스를 만날 작정으로 갔습니다. 그러나 일행이 오사카에 도착했을 때, 당시 쇼군은 제2대인 히데타다이므로 에도까지 가서 히데타다를 만나 달라는 통고를 받았습니다. 이에야스의 국서에 회답하는 조선 국왕의 국서를 가지고 왔기 때문에 사절은 난색을 표했지만, 결국 지금 쇼군을 만나야 한다는 이에야스의 의향을 문서로 확인한다는 조건으로 양해를 하여, 에도 성에서 히데타다와 회견하게 됐던 것입니다. 이는 한 나라를 대표해 히데타다가 외국 사절과 회견하고, 그것을 통해 도쿠가와가(德川家)의 쇼군 승계를 명확히 드러내려 했던 이에야스의 속셈이었다고 여겨집니다.

다카하시는 회견 대상이 이에야스에서 히데타다로 바뀌는 과정에서 국서의 개찬이 이루어졌던 것은 아닐까 추측하고 있습니다. 이에야스 앞으로 보내는 국서라면 '봉복'이어야 마땅하겠지만, 히데타다 앞으로 보낸다면 조선 국왕이 처음 보낸 편지이므로 '봉서'라고 해도 사실 무방합니다. 일본의 뜻에 따라 회견 대상이 바뀐 만큼 막부도 개찬하는 데 양해를 했던 게 아닐까 보는 것입니다. 민덕기(閔德基)(《전근대 동아시아 속의 한일 관계》, 1994)는 이 견해를 받아들이면서, 조선 측에서 본다면 먼저 이에야스에게서 국서가 온 셈이고, 히데타다 측에서도 마찬가지로 조선 국왕에게서 먼저 국서를 받은 셈이 되므로 서로 체면이 서게 됐다고 봤습니다. 이것이 바로 처음부터 이에야스가 의도했던 바일지도 모른다고 추측하는 것입니다. 가미야 노부유키(紙屋敦之, 《대군외교와 동아시아》, 1997), 손승철(孫承喆, 《근세 조선과 일본》, 1998) 등도 각각 조금의 차이는 있지만 이에야스의 국서 내지 초안(草案)의 존재를 인정하는 경향을 보이고 있습니다.

3. 개찬(改竄)의 발각

　　　　　　　　　　　　어쨌든 국교 회복은 실현됐습니다. 그 뒤 1617년 오사카의 진(大坂の陣)에서 도요토미(豊臣)씨를 멸망시킨 것을 축하해 제2차 사절이, 1624년에는 이에미쓰(家光)의 제3대 쇼군 취임을 축하하는 내용의 국서를 가지고 제3차 사절이 일본에 왔습니다. 모두 처음과 마찬가지로 회답겸쇄환사라는 명목이었습니다.

　1617년 제2차 사절이 귀국했을 때 히데타다가 조선 국왕 앞으로 보낸 국서의 명의가 '일본국 미나모토 히데타다(日本國源秀忠)'라고 돼 있던 점이 문제가 됐습니다. 사실 제1차 사절이 가지고 돌아간 국서에도 '일본 국왕'이라는 칭호가 사용되지 않아 조선 정부 내부에서 문제가 되었고 사절이 처벌을 받았습니다. 그 때문에 국왕 명의로 하도록 강력하게 요망했던 것입니다. 쓰시마 번은 조선의 뜻을 전달했지만, 막부는 그것을 받아들이지 않았습니다. 중재를 맡았던 쓰시마 번은 난처한 처지에 빠졌습니다. 그런데 조선 사료에 의하면, 사절이 가지고 돌아온 국서의 명의가 '일본 국왕 미나모토 히데타다'로 돼 있었다고 합니다.

　1624년 제3차 때도 같은 문제가 일어나 막부는 '일본 국주(日本國主)'라는 칭호를 사용하는 것으로 타협을 도모했습니다. 그러나 쓰시마 번이 중개해 조선 사절에게 전한 국서에는 이번에도 '일본 국왕'이라고 돼 있었습니다. 이처럼 터무니없는 일이 밝혀진 것은 그로부터 10년 정도가 지난 후였습니다. 쓰시마 번에서 번주인 소씨와 가로(家老)인 야나가와(柳川)씨 사이에 대립이 일어나 막부가 조사를 하는 과정에서 야나가와 시게오키(柳川調興)는 제3차 조선 사절에게 건네진 국서가 쓰시마 번이 몰래 개찬한 것이라고 폭로해버렸습니다.

쓰시마 번이 이에미쓰의 국서를 '일본 국왕' 명의로 멋대로 바꿔 써서 조선 사절에게 주었다는 것입니다. 문제가 된 것은 제3차 사절 때의 문서였지만, 정황으로 봐서 제2차 사절 때도 매우 의심스러운 인상을 줍니다. 또한 조선 사료에는 제2차 사절이 일본에 가기 전에 일본에서 국서를 먼저 보냈다고 기록돼 있습니다. 제2·3차 모두 조선 사절의 명칭은 '회답겸쇄환사'였지만, 쇼군에게 건넨 조선 국왕의 국서는 모두 '봉복'이 아니라 '봉서'라고 돼 있습니다. 쓰시마 번이 사절의 일본 방문을 요청하는 국서를 위조해 보내고, 게다가 조선 국왕의 국서를 '봉서'로 개작해 몰래 바꾸고, 그 뒤 쇼군의 답서도 '일본 국왕' 명의로 고쳐 썼던 것은 아닐까요? 곤도 쥬조가 제1차 사절 때 조선 국왕이 보낸 국서의 개작이나 이에야스가 보낸 국서의 위조설을 말했던 이유도 이러한 복선이 있었기 때문입니다.

1635년 에도 성에서 쇼군 이에미쓰가 소씨와 야나가와씨의 재판을 맡았습니다. 쇼군의 국서를 몰래 바꿔 썼기 때문에 어떠한 처분이 내려질지 예측할 수 없었지만, 판결은 야나가와 시게오키의 유배로 결말이 났습니다. 소씨의 가계가 끊어지기라도 하는 날에는 애써 회복한 조선과의 관계를 처음부터 다시 만들어나가야 하는 만큼, 그러한 상황을 피하기 위해 이 같은 처분을 내린 것으로 보입니다.

덕분에 소씨는 조선 외교의 임무를 맡으라는 명을 받았습니다. 그리고 이것이 계기가 돼 쓰시마에서는 교토 5산(京都五山)의 승려가 번갈아 주재하면서 외교 문서를 취급하는 등 막부의 감시가 미치게끔 제도 정비가 이뤄졌습니다. 쇼군이 새로 취임하면 쓰시마 번에서 조선으로 통지가 가고, 이것을 받은 조선 국왕은 사절을 파견했습니다. 이 사절이 '통신사(通信使)'인데, 조선에서 보내는 국서의 수신인은 '일본국대군(日本國大君)'이었습니다. 조선 국왕에게 보내는 쇼군 국서에는 '일본국 미나모토 이에미쓰(日本國源家光)'라고 쓰고, 일본 연호를 사용하기로 결정했습니다. 다음해인 1636년에는 이 새로운 방식에 따라 통신사가 일본으로 건너갔습니다.

4. '통신(通信)의 나라'

　　　　　　　　야나가와 사건을 계기로 통신사의 외교 방식이 정비된 때는 이른바 '쇄국' 체제가 완성돼가던 시기에 해당합니다. 같은 시기에 유구의 '경하사(慶賀使)'와 '사은사(謝恩使)' 제도가 정비되고, 중국 선박의 내항이 나가사키(長崎) 한 항구로 한정됐습니다. 그리고 1635년 일본인의 해외 도항 금지, 1639년 포르투갈 선박의 내항 금지, 1641년 네덜란드 상관(商館)의 데지마(出島) 이전이 이뤄졌습니다. 바로 에도 시대의 외교 체제가 확립되었는데, 조선 외교의 정비도 그 일환이었던 것입니다.

　이 시기에 동아시아의 정세는 크게 바뀌었습니다. 명나라의 쇠퇴와 함께 북방에서는 여진족이 세운 후금(後金) 세력의 확대가 두드러졌고, 조선은 1627년에 후금의 침입을 받았습니다. 후금은 1636년에 이르러 국호를 청(淸)으로 바꿨으며, 황제인 태종이 직접 대군을 이끌고 조선을 침공했습니다. 결국 국왕 인조(仁祖)는 한양 근교의 남한산성에 포위된 채 어쩔 수 없이 굴복하고 책봉 관계를 맺었습니다. 1644년에 명나라가 이자성(李自成)에 의해 멸망하자, 청은 곧바로 중국으로 들어가 이자성의 군대를 무찌르고 중국의 지배자

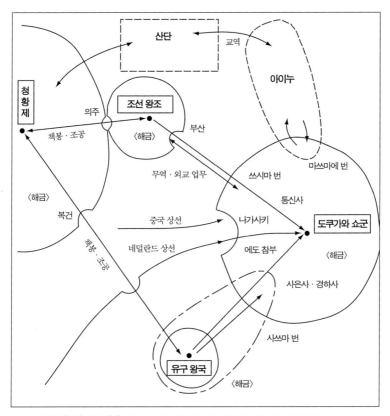

〈14-4〉 **근세 일본의 외교 체제.** 아라노 야스노리(荒野泰典), 《근세 일본과 동아시아》 인용.

가 됐습니다. 동아시아 세계는 청 제국을 중심으로 재편되기에 이르
렀는데, 에도 막부의 외교 체제 정비도 그러한 시대적 배경 속에서
이뤄졌다고 볼 수 있습니다.

그런데 에도 시대의 외교라고 하면, 먼저 '쇄국'이라는 단어가 떠
오를 것입니다. 그러나 쇄국이 문자 그대로 '나라를 닫는다'는 뜻이
아니었던 점은 쓰시마를 사이에 두고 조선 왕국, 사쓰마(薩摩)를 매

개로 유구 왕국과 국교를 열고 있었다는 사실이 잘 말해줍니다. 또한 나가사키에서는 청 및 네덜란드 상인과 무역이 이뤄지고 있었습니다. 청과 네덜란드는 '통상(通商)의 나라', 조선과 유구는 국교가 있는 '통신의 나라'로 자리매김하고 있었습니다. 나가사키와 쓰시마, 사쓰마, 거기에 아이누와 교섭을 맡았던 마쓰마에(松前) 번 등 네 곳의 창구가 '쇄국' 시대에도 열려 있었고, 동아시아 국가들과 교류도 계속되고 있었습니다.

무릇 쇄국이라는 용어는 1801년 네덜란드 통사(通詞)인 시즈키 다다오(志筑忠雄)가 켐퍼(Engelbert Kämpfer)의 《일본지(日本誌)》를 발췌 번역하면서 '쇄국론'이라는 이름을 붙인 데에서 처음 사용됐습니다. 서양 여러 나라의 압력이 강했던 시기에 만들어진 '쇄국' 개념은 메이지 이후에 사람들의 눈이 오로지 구미로 향하는 풍조 속에서 정착된 것이라고 할 수 있습니다. '쇄국'이라는 말을 무비판적으로 사용한다면, 동아시아 세계와의 교섭이 가지는 중요한 의의를 간과하게 될 것입니다. 특히 유구 및 조선과 맺었던 '국교(國交)'의 역사는 유구가 오키나와현으로 일본 영토에 편입되고, 조선이 식민지가 되는 과정에서 의식적 또는 무의식적으로 무시되거나 말살되었다는 점에 유의하지 않으면 안 됩니다.

자국민의 해외 도항과 사적인 교역을 금지하는 '쇄국' 정책은 동아시아 국가들이 공통으로 시행했던 '해금(海禁)'의 한 유형으로 볼 수 있습니다. 16세기 이후 동아시아 해역은 교역의 양적·질적인 확대를 배경으로 한 후기 왜구 및 유럽 선박의 출현 등으로 인해 격변하고 있었습니다. 에도 막부의 '쇄국' 정책은 명·청 및 조선의 해금 정책과 연계해 동아시아 해역의 안전과 질서를 지키는 데 일익을 담당했다는 의의도 지닙니다. 그런데 일본은 명과의 국교 회복을 단

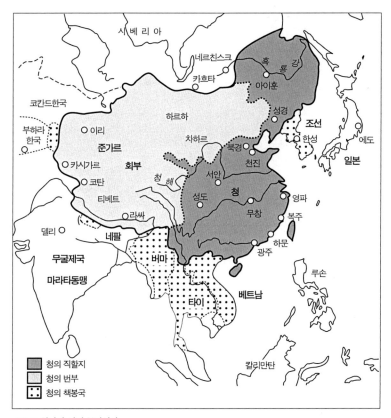

〈14-5〉 **청나라 시기 동아시아.**

넘한 채, 명·청 교체와 관련되기를 피하여 새롭게 중국의 지배자가
된 청과 끝내 국교를 맺지 않았습니다. 스스로는 책봉 체제에 가담
하지 않으면서 명·청과 책봉 관계에 있는 조선·유구와 국교를 유
지했으며, 또 조공 무역의 체제에 직접 참가하지 않은 채 동아시아
교역권에 들어가 필요한 물자를 확보하려고 한 것이 에도 막부 외교
정책의 특징이었다고 할 수 있습니다.

이심원(理審院) 관할	번부(藩部)	내몽골, 외몽골, 신강(新疆), 청해(靑海), 티베트
	조공국	카자흐한국(汗國), 코칸드한국, 그 외 중앙아시아 도시들, 네팔, 러시아
예부(禮部) 관할	조공국	조선, 유구, 베트남, 라오스, 샴, 수루, 버마(미얀마), 네덜란드, 서양국가들(포르투갈, 영국, 로마법왕청)
	호시국(互市國)	일본, 동남아시아 도시들, 프랑스, 스웨덴, 노르웨이

〈14-6〉 **청의 조공관계.** 반노 마사타가(坂野正高), 《근대 중국정치외교사》, 1973 참조.

일본은 자국 선박의 해외 도항은 엄격히 금하면서도, 나가사키로 내항하는 네덜란드 및 중국 상선을 이용해 동아시아 교역권의 주요 상품인 중국산 생사(生絲)와 일본산 은(銀)을 교환하는 체제를 확보했습니다. 1609년의 출병으로 군사적 우위를 차지한 사쓰마 번을 매개로 유구와 관계를 구축하는 한편, 쇼군의 신하이면서 조선으로부터도 속령으로 간주되고 있던 쓰시마의 소씨를 중개로 삼아 조선과 관계를 유지했습니다. 조선 국왕에게서 도서를 받아 세견선의 파견을 허락받은 쓰시마 번이라는 특수한 존재가 쌍방의 매개자 역할을 했다고 생각할 수 있습니다.

15장 | 조선통신사

1. 성대한 향응

    조선통신사의 파견은 원칙적으로 쇼군이 교체될 때 이뤄졌습니다. 최초 3회의 회답겸쇄환사를 포함하면, 에도 시대에만 총 12회 사절이 파견됐습니다. 통신사의 일행은 300~500명으로, 조선 국왕의 국서를 가지고 수도 한양을 출발해 육로로 부산까지 와서 배를 탑니다. 쓰시마에서부터는 번주의 안내를 받아 이키를 경유해 하카타만 밖에 있는 아이노시마(藍島, 相島)에서 숙박한 뒤, 간몬(關門)해협에서 세토나이카이(瀨戶內海)를 거쳐 오사카로 갔습니다. 여기에서 작은 배로 갈아타고 요도가와(淀川)를 거슬러 올라가 교토에 도착했습니다. 게다가 통신사 이외에는 오로지 쇼군이 상경할 때만 사용하는 비와(琵琶)호 연안의 '조선인가도(朝鮮人街道)'를 통과하고, 도카이도(東海道)를 지나서 에도에 도착했습니다.

    통신사의 일본 방문이 결정되면, 로쥬(老中)를 총책임자로 삼아

⟨15-1⟩ **조선통신사.** 신기수(辛基秀) 씨 소장.

	서력	국왕	쇼군	정사	총인원	비고
제1차	1607	선조	히데타다(秀忠)	여우길(呂祐吉)	504	'회답겸쇄환사' (제1~3차).
제2차	1617	광해군	히데타다(秀忠)	오윤겸(吳允謙)	428	오사카 평정을 축하. 후시미에서 행례.
제3차	1624	인조	이에미쓰(家光)	정립(鄭岦)	460	이에미쓰의 습직을 축하.
제4차	1636	인조	이에미쓰(家光)	임광(任絖)	478	'대군' 호칭 사용. 닛코(日光) 유람.
제5차	1643	인조	이에미쓰(家光)	윤순지(尹順之)	477	이에쓰나의 탄생을 축하. 닛코.
제6차	1655	효종	이에쓰나(家綱)	조형(趙珩)	485	이에쓰나의 습직을 축하. 닛코.
제7차	1682	숙종	쓰나요시(綱吉)	윤지완(尹趾完)	473	쓰나요시의 습직을 축하.
제8차	1711	숙종	이에노부(家宣)	조태억(趙泰億)	500	이에노부의 습직을 축하. 하쿠세키의 개혁.
제9차	1719	숙종	요시무네(吉宗)	홍치중(洪致中)	475	요시무네의 습직을 축하.
제10차	1748	영조	이에시게(家重)	홍계희(洪啓禧)	475	이에시게의 습직을 축하.
제11차	1764	영조	이에하루(家治)	조엄(趙曮)	477	이에하루의 습직을 축하.
제12차	1811	순조	이에나리(家齊)	김이교(金履喬)	328	이에나리의 습직을 축하. 쓰시마에서 행례.

⟨15-2⟩ **통신사의 일본 방문.** 나카오 히로시(仲尾宏), 《조선통신사와 도쿠가와 막부》참조.

사절을 맞이하는 큰 행사가 열렸습니다. 연도의 번들에게 도로 보수와 숙소 건설 등 응접 준비를 위한 명이 떨어지고 곧 추진됐습니다. 일행에는 여러 명의 쓰시마 군사가 따라붙고, 세토나이카이의 바닷길에는 수백 척의 배가 투입돼 경호를 담당했으며, 가는 곳마다 각 번에서 후하게 접대를 했습니다. 에도 성안에서 거행되는 국서 봉정 행사는 쇼군에게 일생일대의 국가적 의식이며, 그 뒤에 이어지는 환영 잔치에는 도쿠가와 3가(三家)의 번주와 로쥬를 비롯한 고관들이 모두 참석해 매우 호화로운 향응을 베풀었습니다.

접대에 드는 비용은 연도의 다이묘들에게 의무적으로 부과됐지만, 막부 자신도 큰돈을 썼습니다. 한 차례의 사절을 맞이하기 위한 비용이 100만 냥이었다고 하는데, 아라이 하쿠세키의 계산에 의하면 1709년 한 해의 막부 세입이 76~77만 냥이었으니까, 통신사 접대에 얼마나 큰돈을 들였는지 알 수 있습니다. 하쿠세키가 1711년 사절을 맞이할 때, 비용을 60만 냥으로 줄여 대우를 간소화했던 이유는 재정 부담이 과중하고, 지나친 응접이 일본의 국가 위신을 떨어뜨릴지도 모른다고 판단했기 때문입니다. 그만큼 정중하게 대접했습니다. 통신사의 성격이 조공 사절이나 참근교대(參勤交代, 다이묘에게 번과 에도를 1년씩 교대로 왕복토록 하는 것 — 옮긴이)의 다이묘 행렬 등과 근본적으로 다른 것을 알 수 있습니다. 게다가 이처럼 접대를 간소화한 것은 하쿠세키가 책임자였을 때뿐이며, 다음 8대 쇼군 요시무네(吉宗) 때에는 원래 방식대로 성대하게 치러졌습니다.

통신사 행렬은 일반 국민이 외국을 접할 수 있는 흔치 않은 기회여서, 사람들은 제각각 한껏 차려입고 행렬을 구경했습니다. 그 과정에서 상호 교류도 이뤄졌는데, 예를 들어 지금도 오카야마(岡山)현 우시마도(牛窓)의 가을 축제에서 행해지는 가라코 오도리(韓子

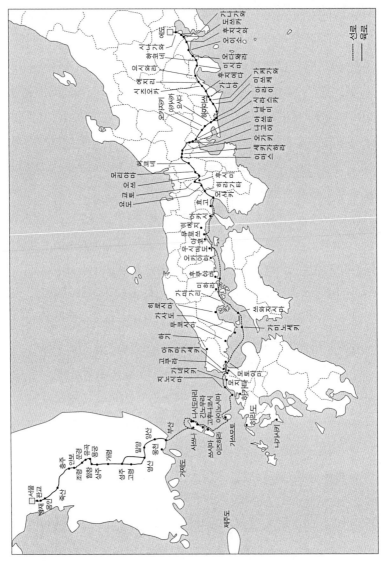

〈15-3〉 **통신사의 행로.** 신유한(申維翰), 강재언 역주, 《해유록》에서 작성.

踊, 에도 시대에 한국식 머리 모양과 옷차림을 한 아이가 추는 춤 — 옮긴이)는 통신사 일행에게서 전수받은 춤이 현재까지 계승된 것으로 보입니다. 또 통신사에는 학문적으로도 뛰어난 학자가 동행하고 있었기 때문에 숙소에 각지의 학자와 문인들이 몰려와 만남을 원했고, 이들은 시문(詩文)을 주고받기도 했습니다. 그 수가 너무 많아, 이로 인해 일본 학문의 수준을 깔보게 해서는 안 된다는 자숙의 의견까지 나올 정도였습니다.

하쿠세키도 젊었을 때 지인을 연줄로 해 통신사 숙소를 찾아가 제술관 성완(成琬)에게서 자신의 《도정시집(陶情詩集)》의 서문을 받고 감격해한 일이 있을 정도였습니다. 1711년에도 정사 조태억(趙泰億)과 제술관 이현(李礥) 등에게서 《백석시초(白石詩草)》의 서문을 받았습니다. 조선통신사는 이처럼 문화 교류 사절단이기도 했습니다.

2. '어례'·'입공'

일본과 조선의 평화롭고 대등한 관계를 구체적으로 보여주는 사례로 조선통신사에 대한 관심이 커지게 된 시기는 1970년대 이후의 일입니다. 강재언(姜在彦)이 역주(譯註)를 단 신유한(申維翰)의 《해유록(海游錄)》(平凡社, 1974)과 이진희(李進熙)의 《조선통신사(李朝の通信使)》(講談社, 1976) 출간이 계기가 됐습니다. 식민지 지배 시기에는 '쇄국' 개념이 퍼지는 동시에 통신사에 의한 한일 외교 역사가 무시됐습니다. 제2차 세계대전이 끝나고 나서도 일본사 교과서에는 아라이 하쿠세키가 개혁

〈15-4〉 **조선통신사.** 신기수 씨 소장.

의 일환으로 통신사의 접대를 간소화했다는 기술에서 통신사를 언급했을 뿐이며, 이 내용에도 일본의 국위를 떨치는 방편이었다는 해설이 실려 있습니다. '쇄국' 시대에도 대등하고 평화적인 외교 관계가 이루어졌고, 선린 우호 사절이 일본에 건너왔다는 조선통신사 연구는 메이지 시대 이후 침략 외교를 비판적으로 보고 근대 일본의 한국에 대한 멸시 의식을 재조명하는 데 중요한 의의를 지닌다고 할 수 있습니다.

다만 에도 시대의 조일 관계를 선린 우호로만 파악하는 것은 단편적이라는 지적도 있습니다. 도요토미 히데요시가 조선을 침략하면서 민중 사이에 조선을 멸시하는 의식이 퍼졌다는 점은 무시할 수 없습니다. 쇼군이 조선통신사와 회견하는 과정에서 일본을 우위로 보이기 위한 다양한 연출을 시도한 것도 사실입니다. 네덜란드 상관장(商館長)의 에도참부(江戶參府)나 유구에서 파견된 경하사·사은사와 더불어 통신사는 참근교대와 마찬가지로 쇼군을 '알현' 하기 위해 에도에 오고 쇼군에게서 '휴가' 를 받아 돌아가는 것으로 설명되기도 했으며, 사절단의 일본 방문을 '어례(御禮)' 또는 '입공(入貢)' 이라는 말로 표현하기도 했습니다. 이러한 측면에 주목해야 한다는 주장 역시 근대의 한일 관계를 비판적으로 본다는 점에서 차이가 없습니다. 이는 근대 이전의 역사를 통해 메이지 시대 이후의 침략 의식이 어떠한 배경에서 나왔는지를 탐구하는 시각이 필요하다는 문제 의식에서 출발하고 있습니다.

한 국가의 대외 관계는 국내 지배 체제의 형태와 매우 깊게 관계돼 있으며, 대외 의식 또한 국가 이념과 밀접한 관계를 갖습니다. 네 곳의 창구를 통해 조선과 유구, 청국인·네덜란드인·아이누를 마치 복속시키고 있는 것처럼 자리매김하고, 일본을 정점에 두어 계층적으로 편성하려는 대외 의식과 외교 구조의 특질을 아라노 야스노리(荒野泰典,《근세일본과 동아시아》, 1988)는 '일본형 화이의식'·'일본형 화이질서' 로 분석하고 있습니다. 아라노에 의하면, 일본형 화이의식에서는 일본이 '화' 가 되는 근거를 '무위(武威)' 이외에 천황이 존재하는 '신국(神國)' 이라는 점에서 찾았습니다.

일본을 중심으로 국제 질서를 구상하려면 천황을 정점에 둘 수밖에 없다고 생각됩니다. 하지만 도쿠가와 막부에게는 일본형 화이질서 구상이 처음부터 실현되기 어려운 문제였습니다. 첫째, 조선과 대등한 교린 관계를 성립하기 위해서는 천황의 존재가 표면에 드러나지 않게 해둘 필요가 있었습니다. 통신사 일행과 천황이 접촉을 피했던 까닭은 천황에 대한 불경(不敬)을 두려워했다기보다 오히려 통신사의 눈에 띄지 않게 천황을 숨기기 위한 데 있었다고 봐야 하겠죠. 둘째, 천황을 정점으로 하는 국가·외교 질서를 강조하는 것은 쇼군의 권위를 세우기 위한 방편이자 그것을 상하게 할 염려도 있었습니다. 일본형 화이질서를 지향하면서도 그것을 철저히 관철하지 못한 것이 에도 시대의 조일 외교였습니다. 일본형 화이의식이 관철되지 못한 점, 이것이야말로 무가 정권인 도쿠가와 막부의 특성을 엿볼 수 있는 한 면목일지도 모릅니다.

어쨌든 이러한 일본 우월 의식은 일방적이고 주관적인 판단에 지나지 않습니다. 조선에서도 스스로를 중화(中華)로 여기며 일본을 이적(夷狄)으로 보는 의식이 있었고, 전통적으로 쓰시마를 속주로 여기고 있었습니다. 그러한 가운데, 두 나라는 통신사의 일본 방문을 둘러싸고 매번 절충을 벌이면서 쌍방의 체면을 세우고 대등성을 확인하는 데 힘썼습니다. 대립했던 측면을 중시해야 할지, 아니면 서로 의혹을 풀어나가면서 타협을 하고 평화를 유지하며 대등성을 확인해 나가려는 노력을 통신사 외교의 본질과 의의라고 해야 할지 판단하기가 어렵지만, 여기에서는 후자의 견해에 주목하고 싶습니다.

에도 성에서 사절이 조선 국왕의 국서를 봉정할 때 4배례(四拜禮)를 행했는데, 이때 사절과 쇼군 사이에 국서가 놓여졌습니다. 조선 사절은 어디까지나 자국 국왕의 국서에 4배례를 했다 하고, 쇼군은 조선 사절이 자신에게 4배례를 했다고 하는데, 이처럼 각자 제멋대로 의례를 해석하면서 만족해하는 방식이 고안됐습니다. 교린 외교로서 통신사 외교의 묘미는 이러한 절묘한 방법을 생각해냈다는 데 있을 것입니다.

3. '국왕' 인가 '대군' 인가

이와 관련해 무로마치 막부 시대부터 계속해서 문제가 됐던 것이 '일본 국왕'이라는 칭호를 둘러싼 분규입니다.

앞에서 말한 바와 같이, 국서의 진위 문제는 둘째치고 1606년의 이에야스 국서는 '일본 국왕'을 칭하고 있는데, 다음해 제1차 사절이 가지고 돌아온 국서의 명의는 '일본국 미나모토 히데타다'로 되어 있습니다. 이것이 조선 정부에서 문제가 됐기 때문에 제2차 때는 '일본 국왕' 명의로 하라고 쓰시마 번을 통해 요구했지만, 막부는 이에 응하지 않았고 쓰시마 번주가 '국왕' 명의로 개작해 사절에게 주었습니다. 막부는 제3차 때 명의를 '일본 국주(日本國主)'로 했지만, 이번에도 쓰시마 번이 '국왕'으로 고쳐 썼고, 이것이 발각돼 야나가와 사건이 일어났습니다. 이후 쇼군의 국서는 '일본국 미나모토 이에미쓰' 같이 칭호를 붙이지 않고, 조선 국왕이 보낸 국서의 수신인은 '일본국대군(日本國大君)'으로 하기로 결정됐습니다.

쇼군은 왜 국왕 칭호를 피하려고 했을까요? 책봉 체제에서 '국왕'은 중국 황제의 신하를 의미하는데, 국왕이라는 말을 사용할 경우 조선 국왕과 동격이 되어 굴욕적이라고 판단했다면, 국왕을 칭하지 않은 이유를 조선보다 우위에 서려는 의지이자 조선을 멸시하는 의식의 표출에서 찾을 수 있습니다. 1606년 이에야스 국서의 진위 문제가 발생한 이유도 이에야스가 국왕이라는 칭호를 사용했을 리가 없다고 보는 것입니다.

그렇다면 사실은 어떠했을까요? 1606년 당시, 조선에서 보낸 국서에 수신인을 '일본 국왕'으로 해달라고 주장한 쪽은 막부의 의도를 고려할 수밖에 없었던 쓰시마 번이었습니다. 조선은 이에 대해 신중한 자세를 보였습니다. 거듭되는 쓰시마의 요구에 이에야스가 국왕을 자칭해왔다면, 이쪽에서 보내는 회답의 수신인도 일본 국왕으로 해줘야 한다고 해서 1607년의 제1차 사절이 일본 국왕 앞으로 보낸 국서를 가지고 일본에 건너왔던 것입니다.

조선이 신중했던 이유는 이에야스의 권력 장악 정도에 여전히 불안을 느꼈기 때문입니다. 과연 그가 국왕이라고 할 수 있을 만큼의 존재인가 하는 의문을 품고 있었습니다. 세키가하라에서 승리했다고 해서 당연히 일본의 왕자(王者)라고 할 수 있을까요? 특히 오사카 성에는 히데요시의 대를 이은 아들 히데요리(秀賴)가 건재해 있었습니다. 게다가 천황이라는 존재도 있었습니다. 무릇 중국 황제에 의한 책봉은 각국의 외교권자를 인정한다는 뜻이 있었습니다. 권력이 중층적으로 복잡하게 얽혀 있을 경우, 외교 관계를 맺는 상대를 잘못 선택하면 모든 일을 그르치게 됩니다. 국왕으로 인정받고 있는 사람이 자신과 동격의 인물이라면 안심하고 외교 관계를 맺을 수 있습니다. 밖에서 보면, 당시 도쿠가와씨의 처지가 위태롭게 보였다고 해도 무리는 아닐 것입니다. 그렇게 본다면 이에야스로서도 국외적으로 일본 국왕으로 불리는 것이 희망하는 일이었을지언정 거부할 일은 아니었습니다. 쓰시마 번의 요구도 그러한 배경에서 나온 것이라면, 이에야스가 국왕 칭호의 사용을 인정하고 있었다고 해도 이상한 일은 아닙니다.

그럼에도 막부가 일본 국왕의 명칭을 사용하는 데 주저한 이유는 역시 무로마치 막부 시대의 경우와 마찬가지로 천황의 존재를 고려했기 때문입니다. 앞에서 인용한 "왕(王)이란 글자는 옛날부터 고려에 보내는 서(書)에는 쓰지 않았습니다. 고려는 일본보다 낮은

개 같은 나라이기 때문에 일본의 왕과 고려의 왕이 서신을 왕래하는 일은 있을 수 없습니다"라는 곤치인 스덴의 글은 1616년 제2차 사절에게 건넨 국서를 둘러싼 논의 속에서 나왔습니다. 국왕 칭호를 사용한 이유가 천황에 대한 배려에서 비롯했다는 것, 조선 멸시가 천황의 존재와 결부해 있었다는 것, 쇼군과 조선 국왕이 동격으로 간주되고 있었다는 것 등이 선명하게 드러난 문장이라고 할 수 있습니다.

어쨌든 야나가와 사건 후 쇼군은 국왕 칭호를 사용하는 대신 '일본국대군'을 사용합니다. 이는 쇼군이나 관백(關白)이라면 스스로 일인자가 아니라는 사실을 인정하는 것인데, 조선 측이 이처럼 2인자 이하를 대등한 상대로 인정할 리가 없었습니다. 천황과의 관계를 고려해 국왕 칭호를 피했다면, 스스로 어떠한 칭호도 붙이지 않고 국외적으로나 국내적으로 유서가 분명하지 않은 '대군'을 사용하는 편이 절묘한 방법이었던 것입니다.

4. 아라이 하쿠세키의 개혁

국왕 칭호가 결코 굴욕적인 것이 아니었다는 사실은 아라이 하쿠세키가 '대군'을 쓰지 않고 '국왕'으로 바꾸려 했던 사실에서 확연히 나타납니다. 하쿠세키는 제6대 쇼군 이에노부(家宣)의 측근으로, 1711년 통신사를 맞이할 당시 중심 인물이었습니다. '쇼토쿠(正德)의 치(治)'라는 막정개혁(幕政改革)의 일환으로 통신사 외교를 개혁했는데, 국왕 칭호의 사용이 주요 문제였습니다. 하쿠세키는 '복호(復號)', 즉 본래의 칭호로 되돌

〈15-5〉**아라이 하쿠세키.** 아라이가(家) 소장.

리자고 주장했습니다. 본래라고 하는 것은 당연히 이에야스 때의 방법을 말합니다. 하쿠세키는 1606년 이에야스 국서가 실제로 있었고, 또한 일본 국왕을 자칭하고 있었다고 본 것입니다.

하쿠세키의 복호 제안에 대해 맹렬한 반발이 일어났습니다. 가장 앞장섰던 사람은 하쿠세키와 같은 기노시타 준안(木下順庵)의 문하생 아메노모리 호슈(雨森芳洲)였습니다. 호슈는 쓰시마 번에서 조선 외교의 실무를 맡고 있었으며, 조선 문화에 정통하다는 점에서 당대의 으뜸가는 인물이었습니다. 두 사람 사이에 이른바 복호 논쟁이 전개됐습니다. 그렇다면 왜 국왕이라는 칭호로 되돌리지 않으면 안 됐을까요? 하쿠세키의 설명은 반대론자들을 배려해서인지 명료하지 않은 부분이 있습니다. 그에 반해 호슈 등 반대론자들은 한결같이 왕의 칭호를 천황에 대한 참칭(僭稱)이라고 봤습니다.

하쿠세키의 추천으로 막부의 유관(儒官)이 되고, 통신사 응접에도 관계했던 무로 규소(室鳩巣)는 이 문제에 대해 다음과 같이 썼습니다.

지금 당나라와 일본은 모두 황제를 천자의 칭호로 정하고 있다. 조선은 당의 책력을 받들고 있기 때문에 청의 황제에게 삼가해 조선 국왕으로 칭한다. 하지만 조선은 형정(刑政)을 자국이 주관함으로써 청에 구애되지 않는다. 일본의 무가(武家)도 교토의 황제에게 삼가해 일본 국왕이라고 칭한다. 이 역시 다만 책력을 받들고 있을 뿐 형정은 모두 에도에서 나온다. 조선의 격식과 마찬가지다. 만약 위에 청나라가 없다면 조선도 제(帝)라고 칭한들 무슨 문제가 있겠는가? 일본도 위에 천황이 없다면 어쨌든 형정을 주관하고 있는 사람이 천자라고 칭할 것이지만, 이와 같은 이유로 제라는 호칭을 삼가해서 왕이라 칭하는 것은 마땅하다고 생각한다.

—《겸산비책(兼山秘策)》

천황과 쇼군의 관계를 청나라 황제와 조선 국왕에 비교함으로써, 쇼군이 국왕 칭호를 사용해야 하는 이유를 강조한 내용입니다. 하쿠세키의 생각도 기본적으로는 이와 같았다고 봅니다. 이런 주장으로 하쿠세키를 존황론자(尊皇論者)로 보는 견해도 있습니다. 하지만 위의 글에서 말하고자 하는 바는 조선 국왕은 청 황제를 꺼려 황제를 칭하지 않지만, 정치는 아무런 거리낌 없이 자주적으로 하고 있다는 점에 있겠지요. 그리고 천황과 일본 국왕, 즉 쇼군과의 관계도 마찬가지여야 한다는 의견입니다. 민덕기(《전근대 동아시아 속의 한일관계》)가 지적했듯이, 명목상으로는 천황과 쇼군의 군신 관계를 언급하면서, 실질적으로는 천황을 은근히 무시하고 쇼군의 권위를 왕자에 걸맞게 높이려 한 주장이었다고 생각합니다.

"어쨌든 에도를 궁중처럼 만들려고 하는 것처럼 보인다"는 비평을 받았듯이, 하쿠세키는 정치나 의례 모두 막부 중심의 체제로 정비하려고 했습니다. 그리고 조정으로부터 독립한 무가의 독자적인 훈계(勳階) 제도까지도 구상했습니다. 왕위 찬탈을 계획하고 있었다고 알려진 아시카가 요시미쓰를 평가하면서 다음과 같이 서술했습니다.

세태가 이미 변했다면 그 변화에 따라 일대(一代)의 체제를 정해야 한다. 이는 곧 융통성 있게 대처해야 한다는 말이다. 만약 이 사람에게 학문과 기술이 있다면 이때 한가(漢家, 중국)와 본조(本朝, 일본)의 고금사제(古今事制)를 강구해 명호(名號)를 세우고, 천자보다 한 단계 낮다 해도 천조의 공경대부사 외에 온 나라 60여 주의 사람들을 다 신하로 삼았더라면 지금의 시대에 이르러서도 좇아 쓰기〔適用〕가 편했을 것이다.

—《독사여론(讀史余論)》

만약 요시미쓰에게 학식이 있었다면 새로운 국호를 만들었을 텐데, 그렇지 못한 게 애석하다는 뜻입니다. 당연히 역성혁명이 일어났어야 한다는 얘기입니다. 하쿠세키는 또한 천황을 명목상 떠받들면서 쇼군의 국왕화를 추진하려 했다고 말할 수 있습니다. 쇼군을 명실상부한 일본 국왕으로 만들고, 조선 국왕과 동격으로 자리매김하려고 했던 것이 하쿠세키의 목표였다고 생각합니다.

경비 절감에 의한 접대의 간소화를 포함해 하쿠세키의 개혁은 상호 대등화를 철저히 하려는 데 있었습니다. 이는 조일 관계의 대등화가 천황 무시를 전제로 하지 않으면 안 됐다는 점을 이야기해주는 것이기도 합니다. 그러한 하쿠세키마저 "옛날에는 삼한의 나라들이 본조의 서번(西藩)이었고, 그 나라들의 군(君)이 모두 우리 본조에 신하로 복속해서 그 나라에서 왕이 됐다"고 인식하고 있었습니다. 바로 이러한 점에서 문제의 심각성을 느끼지 않을 수 없습니다.

16장 | 정한사상의 원류

1. "군(君)도 아니고 신(臣)도 아니다"

　　　　　　　　　조선 측에서 보면, 국왕 칭호를 둘
러싼 문제는 누구를 교린의 상대로 선택해 대등한 관계를 맺으면 좋
을까 하는 절실한 사안이었습니다. 이미 15세기에 신숙주(《해동제국
기》)도 "쇼군이 일본 국내에서는 왕이라고 칭하지 않는다"는 점에 주
목하고, 쇼군 외에 천황이 존재하긴 하지만 정사에는 관여하지 않는
점 등을 지적하고 있습니다. 그러나 아시카가(足利) 쇼군이 정식으
로 명의 책봉을 받았기 때문에 그 이상은 언급하지 않습니다.

　히데요시 때 일본으로 건너갔던 사신 김성일(金誠一)은 회견 형식
을 두고, 천황의 신하에 지나지 않은 관백 히데요시에게 정하배를
할 수 없다고 주장했습니다. 천황과 조선 국왕이 대등하다고 여겼기
때문에 영외배(楹外拜)를 요구했던 것입니다. 《해사록(海槎錄)》에
서 김성일은 "실제로 정치를 담당하고 있는 자는 히데요시이며, 천
황은 '위황(僞皇)'이다"라고 기록하고 있습니다. 에도 시대에 들어

선 이후 역대 통신사의 기록에도 천황에 관한 기술이 나옵니다. 그러나 "천황은 제사만을 담당하고 있다"는 설명 외에 다른 내용은 볼 수 없습니다. 이 점을 되짚어보면, 교린 외교의 기반이 무너졌다는 사실을 알아차리고 있었던 것은 아니었을까 하는 생각도 듭니다. 앞에서도 언급했듯, 교린 관계는 천황의 존재가 표면에 드러나지 않는 범위 내에서 성립됐습니다.

그러나 18세기에 이르러 문제의 중요성에 대한 인식은 점차 깊어져, 신유한(申維翰)의 《해유록(海游錄)》(1719)에서는 춘추 전국 시대와 비교하면서 천황 복권의 가능성을 언급했고, 이익(李瀷)도 천황 복권에 대비해야 하는 필요성에 대해 설명했습니다. 왕권일원화(王權一元化)를 위해 조선이 개입해야 한다는 안정복(安鼎福)의 주장에서 학문적으로 뒤처진 일본에 조언해줘야 한다는 의식을 슬쩍 엿볼 수 있어 흥미롭지만, 제11차 통신사 조엄(趙曮)의 《해사일기(海槎日記)》(1764)에는 다음과 같이 기록돼 있습니다.

> 지금의 관백 이에하루(家治)는 실제로 이에야스의 6대손이 된다. 그동안 국왕이라고 칭해왔는데, 요시무네 때부터 일본대군으로 개칭했다. 이는 바로 군(君)도 아니고 신(臣)도 아니며, 명호(名號)는 바르지 못한 것이다. 우리나라가 어쩔 수 없이 교접한다면 왜황(倭皇)과 항례(抗禮, 동등한 예로 교제하는 것 — 옮긴이)하는 것이 마땅하다. 군도 아니고 신도 아닌 관백과 예의를 대등하게 하는 것은 매우 수치스럽고 분할 만한 일이다.

일본 국내의 동향을 파악한 뒤에 나온 발언인지, 단순한 자신의 생각인지는 알 수 없지만, 어쨌든 천황 복권은 근세 후기에 들어서 실현됐고, 그와 함께 조선을 번국으로 보는 관념도 더욱 강하게 나타납니다. 조선의 걱정은 기우가 아니었다고 할 수 있지만, 사상적인 면에서 천황의 부상은 근세를 통해 높아져가는 자존 의식의 전개와 관계가 깊습니다. 이 시기 자존 의식은 조선에서도 나타나지만, 조선과 일본은 서로 대칭되는 면이 있었습니다.

2. 자존 의식의 특징

중국의 책봉을 받은 조선 왕조는 일본과 '교린(交隣)' 정책을, 중국 왕조와 '사대(事大)' 정책을 외교의 기축으로 삼고 있었습니다. 메이지 시대 이후 일본에서는 무엇이든지 중국이 하라는 대로 해서 자주성이 없는 것이 조선의 역사라고 주장했지만, 외교 전략으로서의 '사대'와 사상적인 뜻이 있는 '모화(慕華)'와는 직접적으로 일치하지 않습니다. 모화사상이 강해진 시기는 16세기 이황(李滉)과 이이(李珥) 등에 의해 주자학이 정비되고, 명이 종주국으로서 의무를 지켜 구원군을 보내줬던 임진왜란 이후였습니다. 그러나 더욱 결정적인 계기는 1627년과 1636년에 여진족이 세운 청의 침입을 받고 항복한 뒤 사대의 예를 취하지 않을 수 없었던 굴욕의 사건이었습니다.

청과 전쟁하는 과정에서 부르짖었던 '척화(斥和)' 주장은 전쟁 후에 '북벌론(北伐論)'으로 형태가 바뀌었습니다. 여기에서 '북'은 여진족인 청을 말하는데, 지금은 어쩔 수 없이 사대 관계를 이루고 있지만 곧 힘을 축적해 복수하겠다고 하는 주장입니다. 1644년 명이 멸망하고 청이 중국의 지배자가 되자, 명을 사모하는 관념이 한층

〈16-1〉 **송시열**(1607~1689).

더 강해졌습니다. 남명(南明) 정권이 망하고 북벌의 가능성이 희박해지자 '대명의리론(對明義理論)'이 정착했습니다. 그러한 사조를 이끌었던 송시열(宋時烈)의 유언에 따라 18세기 초반에는 임진왜란 때 구원군을 보내왔던 신종(神宗)과 마지막 황제 의종(毅宗)을 제사 지내는 만동묘(萬東廟)가 건립됐고, 태조 주원장(朱元璋)을 함께 제사 지내는 대보단(大報壇)이 왕궁 안에 만들어졌습니다. 명이 멸망해 중국이 이적(夷狄)에 지배된 뒤, 중화 정통은 그야말로 조선이 잇는다는 '소중화사상(小中華思想)'이 조선 후기에 대세를 이룹니다. 조선이 중화 문명의 중심이라고 하는 자존 의식이 소중화사상의 핵심입니다.

이러한 북벌론의 계보에 섰던 사상이 청나라를 멸시한 데 반해, 청나라로부터 적극적인 학문 도입의 필요성을 역설한 사람들이 있었는데, 18세기 후반 홍대용(洪大容)·박지원(朴趾源) 등을 중심으로 한 북학파(北學派)였습니다. 중화 문명의 보편성을 한층 더 강조하면서, 비록 청나라가 이적인 여진족이 세운 나라이지만 중화의 전통을 계승하고 있는 만큼 청나라로부터 학문을 배워야 한다고 주장했습니다. 중화 문명의 보편성을 강조하는 이 논의는 다원적인 국제 인식의 길을 여는 동시에 조선이 '소중화'가 될 수 있는 근거를 다른 형태로 마련하려는 주장이기도 했습니다.

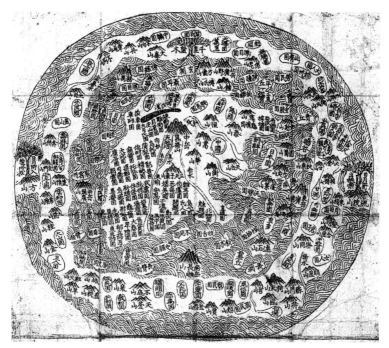

〈16-2〉 **조선 후기에 그린 〈원형천하도〉.** 중앙부에 중국, 조선, 일본이 표기되어 있다.

근세 일본 학문을 이끌었던 유학자들도 조선의 경우와 마찬가지로 '삼강오륜(三綱五倫)'의 유학적인 가치와 화이적인 세계관을 공유하고 있었습니다. 이 역시 문제는 일본이 '화(華)'와 '이(夷)'가운데 어느 쪽에 서야 하는가였습니다. 후지와라 세이카(藤原惺窩)가 "중국에서 태어나지 못했다. 또한 이 나라의 앞 시대에 태어나지 못하고 이 시대에 태어났다. 때를 만나지 못했다고 해야 한다"라고 했고, 다자이 슌다이(太宰春台)는 일본에는 원래 '도(道)'라는 개념이 존재하지 않았다고 했습니다. 또 인의예악효제(仁義禮樂孝悌)라는 말의 훈독(訓讀)이 없다는 것은 이들 개념이 일본에 원래 없었다는 뜻이며, 이것들을 중화로부터 배우고 나서 비로소 예의를 분별할 수 있게 됐다고 서술하고 있습니다. 그러나 일본을 이(夷)로 보는 관점에 서 있으면서도 "중화의 사람이라도 예의가 없으면 이적과 마찬가지고, 사이[四夷, 고대 중국에서 주변에 있던 이민족을 총칭한 말로, 사(四)는 사방을 뜻하고 이(夷)는 오랑캐를 말한다 — 옮긴이]의 사람이더라도 예의가 있으면 중화의 사람과 다를 바 없다"고 말함으로써 중화 문명의 보편성에 의거해 자신들의 긍지를 확보하려고 했습니다.

이러한 중화 존숭의 경향에 반발해 일본의 우수성을 강조하는 사람들이 있었습니다. 아사미 게이사이(淺見絅齋)는 "우리나라를 이적이라 하고, 심한 경우에는 우리가 이적으로 태어났다며 후회하고 한숨짓는 무리도 있다"고 비판하면서 "그 나라에 태어났으면 그 나라를 주인으로 삼고, 다른 나라는 손님으로 봐야 한다"고 주장하며 일본 본위의 관점을 강조했습니다. 마찬가지로 야마가 소코(山鹿素行)는 "다른 나라의 일에 대해서는 모두 잘 알면서 자기 나라는 소국이기 때문에 다른 나라에 대항할 수가 없다"고 이해하는 풍조에 이의를 제기하고, "사해(四海)가 넓다고 하지만 우리나라에 비할 만한 곳은 없다"며 일본이야말로 가장 뛰어난 나라라고 강조했습니다.

이와 같이 일본의 우수성을 강조하는 모든 주장의 근거는 만세일계(萬世一系)의 천황이 존재하고 있었다는 점입니다. 역성혁명이 일어난 중국이나 조선에 비해 건국 이후로 한 번도 왕조가 바뀌지 않고 황통(皇統)이 계속 이어지고 있다는 일본의 특수성에서 우수성의 근거를 찾는 것입니다. 하지만 이 주장도 삼강오륜의 보편적인 가치를 전제로 한다는 점에는 다름이 없으며 특히 군신의 의리, 충의의 관철을 강조하는 데 특징이 있다고 할 수 있습니다. 군신의 의리가 완비돼 있는 상황이 단적으로 드러나는 것이 바로 만세일계라

는 것입니다. 이러한 의미에서 일본이야말로 중화라는 주장이라고
볼 수도 있습니다.

3. 황국 의식의 양진(昻進)

　　　　　　　　　　유학자의 일본 찬미론이 만세일계
의 가치를 유학적인 보편 원리로 설명하던 것에 비해, 국학자(國學
者)들은 그러한 보편 개념 자체를 거부했습니다. 가모노 마부치(賀
茂眞淵)는 "당나라의 도(道)가 전래돼서 사람들의 마음이 나빠졌다"
고 말하면서 사람들이 "마음이 바르고", "천지(天地)가 마음대로 평
온하게 다스려"졌던 고대 일본을 이상으로 삼아 '신대(神代)의 도',
'황국(皇國)의 고도(古道)'를 분명히 하려고 했습니다. 모토오리 노
리나가(本居宣長)도《고사기(古事記)》에 나타난 신들의 세계에서 영
원하고 보편적인 도를 발견해, '황국'은 "사해만국(四海萬國)을 비
추시는 아마테라스 오미카미(天照大御神)가 출생하신 나라"이기 때
문에 우수하다고 했습니다. 즉, 아마테라스 오미카미의 천양무궁(天
壤無窮)한 신칙(神勅)에 근거해 황통을 계승하고, 신대(神代)의 이
상적인 형태를 그대로 체현하고 있는 것이 천황이며, 일본은 영속하
는 황통에 의해 신대로 연결되는 황국이기 때문에 뛰어나다는 것입
니다. 만세일계는 그러한 것으로서 의의가 부여되었습니다.

　18세기 후반에 이르러 외국 선박이 접근해오면서 외압을 의식하
게 되자, 이에 대한 반발로 주변 지역에 대한 영토 확장론이 활발하
게 주창됐습니다. 예를 들어, 하야시 시헤이(林子平,《삼국통람도설
(三國通覽圖說)》)는 "일본에 인접한 세 나라 조선·유구·에조의 지

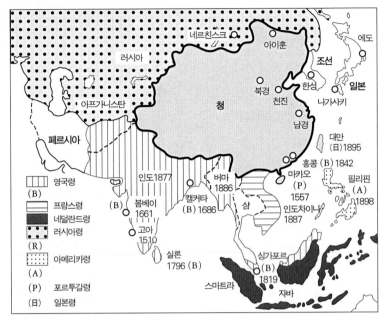

〈16-3〉 **열강의 아시아 침략.**

도를 명확하게 그렸다. 일본의 웅사(雄士), 병(兵)이 되어 이 세 나라에 들어갈 일이 있을 때 이 지도를 암기하고 대응하려는 의도다"라고 말했습니다.

이것과 병행해 강조됐던 사항은 지배 체제의 정비와 민심 통일의 필요성이었습니다. 조정과 막부 관계가 새삼스럽게 문제되고, '천황의 부상(浮上)'이라고 할 만한 현상이 심화돼갔습니다. 국학에서 모토오리 노리나가의 후계자라고 자칭했던 히라타 아쓰타네(平田篤胤)는 천지의 시작에서부터 산령신(産靈神)에 의한 만물 창생의 과정을 설명했는데, 이는 아마테라스 오미카미의 신칙에서 시작된 황통의 영속과 천황 존재의 가치에 대한 근거를 세계의 시원으로 거슬

〈16-4〉 **히라타 아쓰타네**(1776~1843). 히라
타 신사 소장.

러 올라가 찾았다는 것을 의미했
습니다. 외국은 이자나기(伊邪那
岐)·이자나미(伊邪那美) 두 신
이 '황국'을 만든 뒤 "조수의 거
품이 저절로 굳어지고 진흙이 모
여 크고 작은 나라들이 됐고", "우
리나라에 비해서 훨씬 뒤에 형성
됐으며", 따라서 "어느 나라도 황
국보다 뛰어날 수 없다는 것"이
우주가 성립된 때부터 필연적이
었다는 것입니다. 황국 일본이 그
야말로 '만국의 조국본국(祖國本國)'이고, '우리의 도(道)' 야말로
'우주 제일의 정도(正道)'이며, 천황은 '만국의 군사(君師)'가 돼
세계에 군림할 수밖에 없다는 주장입니다.

　국학이 "신주(神州)의 존엄함을 칭송"한 것은 '뛰어난 인식'이라고
하면서도 "치교(治敎)의 대체를 모르고 신성한 경륜의 도에 어두운"
점을 비판하며, 어디까지나 유학의 개념에 근거해 일본의 '국체(國
體)'를 마련하려던 것이 후지타 유코쿠(藤田幽谷)·도코(東湖) 부
자, 아이자와 세이시사이(會澤正志齋) 등으로 대표되는 후기 미토
학(水戶學)입니다. 기기신화(記紀神話)에 있는 신들의 사적(事跡),
특히 천손강림(天孫降臨)과 관련한 경위 가운데 '오륜의 실(實)'이
모두 체현되어 있다고 해서 그것을 유학적 개념으로 설명하려고 했
습니다. 천조(天祖, 아마테라스 오미카미)의 신칙을 받아 신기(神器)
를 수여했던 천손이 무궁한 황통을 전하고, "아직 일찍이 한 사람도
감히 천황의 자리를 노린 자가 없다"는 것이 일본의 '국체'이며, 거

〈16-5〉 **아이자와 세이시사이**(1781~1863).
이바라키(茨城) 현립역사관 소장.

기에 '군신의 의(義)' 와 '부자의 친(親)' 이 관철되고 있기 때문에 일본은 만국 가운데 우월하다고 말합니다.

후기 미토학도 유학을 받아들여 "도는 천하에서 도달하는 도이므로, 사해만국에 인류가 있는 한 자연스럽게 행해진다"고 했듯이, 중화 문명의 보편성을 강조하면서 "신주(神州)와 한토(漢土)는 인정 또한 서로 비슷하다"며 문화적 공통성을 언급하고 있습니다. 그러나 여기에서 말한 '천(天)' 이란 아마테라스 오미카미와 그 계통을 잇는 역대 천황과 일체가 되고, 오륜이 명확해지는 곳은 '정기(正氣)' 의 나라일 뿐이므로, '신주' 야말로 "태양이 뜨는 곳, 원기가 시작되는 곳"이라고 할 때, 실제로는 일본만의 우수성을 강조한 사상이 될 수밖에 없습니다. '만세일계' 의 천황에게서 우월성의 근거를 찾는 일본 찬미론은 서양의 압력을 중화문명에 대한 도전으로 받아들여 동아시아 세계의 전체 문제로 파악한 조선의 자존주의와 뚜렷한 대조를 이루고 있습니다.

4. 요시다 쇼인의 정한론

1853년 페리(M. C. Perry)의 내항으로 위기가 한층 더 임박했다는 인식이 팽배해졌습니다. 히라타파

(平田派) 국학이나 후기 미토학에 의해 배양된 양이(攘夷)의 기운으로 인해 이적에 굴복한 막부 외교에 비판이 고조되었습니다. 이는 천황이 새로운 결집의 중심으로서 자리잡는 데 결정적인 계기가 됐습니다. 존황양이운동(尊皇攘夷運動)이 활발해졌는데, 이는 정한사상(征韓思想)의 앙양을 수반하고 있었습니다.

페리의 압박에 굴복해 막부가 화친 조약을 맺으려는 움직임이 있는 가운데, 적의 정세를 살피기 위해 시모다(下田)에서 밀항을 시도했다가 포로 신세가 된 요시다 쇼인(吉田松陰)은 옥중에서 다음과 같은 편지를 썼습니다.

> 노(魯, 러시아)·묵(墨, 미국)과의 강화(講和)는 정해진 일이다. 결코 우리 쪽에서 먼저 이를 깨뜨려서 융적(戎狄, 오랑캐)의 믿음을 잃어서는 안 된다. 단 장정(章程)을 엄격히 지켜서 신의를 두터히 하고, 그 사이에 국력을 길러 취하기 쉬운 조선·만주·지나(支那, 중국)를 정복하고, 교역으로 노국(러시아)에 잃어버린 바는 선(鮮, 조선)·만(滿, 만주)에서 토지로 보상받아야 한다.

이처럼 구미 열강과 맺은 조약은 지키되, 불평등조약 아래 빼앗긴 이권은 조선과 만주로 영토를 확장해 되찾자는 쇼인의 주장은 아시아 침략 구상, 정한사상을 보여주는 예로 자주 인용됩니다. 근대 일본이 나아갈 길을 예언한 말로도 자주 도마에 오르지만, 쇼인이 쇼인다운 이유는 이후 그의 논리 전개 속에서 찾지 않으면 안 됩니다.

쇼인은 이후 "조선을 귀속시키거나 만주를 차지하려면 군함이 없으면 안 된다. 이것이 나의 본지(本志)이다", "이것은 천하만세(天下萬世)에 계속돼야 할 일이다"라며 조선이나 만주에 대한 침략 구상

을 견지하면서, "지금은 아직 그 때가 아니다. 큰 군함 만들기는 미뤄야 할 때이다"라며 실행은 잠시 기다려야 한다고 말했습니다. 쇼인에 의하면, 일본 무사가 페리의 위압에 제대로 싸움 한 번 하지 못한 채 굴복해버린 이유는 마음이 바르지 못하고, 뜻이 부족했기 때문입니다. 이러한 정황 속에서 긴요한 과제는 대포와 군함을 만들기 전에 뜻을 연마하고, 기(氣)를 기르는 것이었습니다. '적을 알기' 이전에 '나를 아는 것', 양이(攘夷)의 주체로서 자기를 천명하고 확립하는 일이야말로 그 어떤 것보다 앞서 하지 않으면 안 될 과제라는 뜻입니다.

그것은 '우리나라가 온 세계에서 존중받는 이유'를 찾아내고, '우리 국체가 외국과 다른 이유'를 분명히 함으로써 달성

〈16-6〉 **요시다 쇼인**(1830~1859). 쇼인 신사 소장.

할 수 있다고 여겼습니다. 쇼인은 일본이 일본다운 이유, 즉 '국체'를 탐구해 밝히는 데 집중했습니다. 이때 쇼인은 일본의 독자성을 중국과 대비하면서 밝혀나갔습니다. 역성혁명이 일어난 중국에 대

해 만세일계의 천황이 중심이 된 일본, "천하는 천하의 천하"라는 중국과 달리 "천하는 한 사람의 천하"라는 것이 일본이라고 말했습니다. 또한 "인민이 있은 후에 천하가 있다"는 중국 사상에 대해 일본은 "신성(神聖)이 있은 후에 백성이 있다", 즉 천황이 있어야 비로소 인민이 존재한다고 했습니다. 이러한 논거를 들어 중국에서 신하는 자신을 인정해주는 주군(主君)을 찾아 거취를 결정하는 "반년마다 옮겨다니는 노비"와 같은 존재인 데 비해, 일본은 대대로 이어져 내려오는 가신(家臣)으로 주인이 죽으라고 하면 기꺼이 죽는 절대적인 군신 관계에 있다고 했습니다. 정말로 만세일계의 천황이 영원 불변하게 통치하고 있는 데에서 비롯된 것이라고 말했습니다.

국체가 명백하게 드러난 천황 친정(親政)이 행해졌던 고대에는 한반도 국가들이 천황에게 조공했다고 생각했습니다. 일본의 국체가 쇠퇴함과 동시에 한반도 국가들이 오만해졌다고 여긴 것입니다. 일본의 국체가 손상된 무가 정권기에는 임진왜란이 가장 높이 평가됐고, "정한은 무(武)를 함부로 사용하는 것이다"는 주장은 "신성의 도를 이해하지 못한" 것으로 비난받았습니다. 징구 황후와 히데요시는 "황도(皇道)를 아주 명백히 해서 국위를 드높인" 사람으로서, '신주(神州)의 광휘(光輝)'라 할 만하다고 칭송했습니다. 정한은 '신성의 도'에 부합하고, '황도'를 분명히 하며, '입국(立國)의 체(體)'에 합치하는 바로써 이념화된 것입니다.

강역을 수호하고 조약을 엄히 해 두 오랑캐를 기미(羈縻)하고, 그 사이를 틈타 에조를 다스리고, 유구를 손에 넣고, 조선을 취하고, 만주를 꺾고, 지나를 억압하고, 인도로 나아감으로써 진취의 기세를 높이고, 퇴수(退守)의 기반을 확고히 해, 징구 황후가 아직 이룩하지 못한 것을 이뤄내고, 도요토미 히데요시가 아직 달성하지 못한 것을 이뤄내는 일 보다 중요한 것은 없다.

쇼인에게 한국 침략은 단순히 구미 제국에 빼앗긴 이권을 만회하기 위한 조치가 아니라 천황을 중심으로 한 본래 일본의 모습, 국체의 불가결한 일환이라고 할 만한 것이었습니다. 따라서 정한은 일본인이라면 대를 이어 추구해야 할 숭고한 사업이었습니다. 국체론에 의해 이념화한 한국 침략론, 그것이 바로 정한론이었습니다.

7부

근대 일본의 한국 침략

17장 | 메이지유신과 정한 논쟁

1. 서계 문제

　　　　　　　사쓰마와 죠슈(長州)를 중심으로 한 도막파(倒幕派)는 1867년 12월 왕정복고 쿠데타를 단행하고, 다음해인 1868년 1월 보신전쟁(戊辰戰爭)이 시작되자 대외적으로 유신 정부가 외교권을 장악했다고 선언했습니다. 그러나 에도 시대 내내 외교 관계를 유지해왔던 조선과의 교류는 여전히 쓰시마 번이 담당했습니다. 4월에는 에도 성을 무혈점령〔에도 개성(開城)〕하고, 9월에는 메이지(明治)로 연호를 바꾸었는데〔메이지 개원(改元)〕, 쓰시마 번은 유신 정부의 명령을 받아 조선에 왕정복고를 통지하는 사절을 파견했습니다. 그런데 12월 쓰시마 번 사절이 지참했던 외교 문서〔서계(書契)〕는 지금까지와 달리 일방적으로 형식을 바꿨기 때문에 조선이 수취를 거부했습니다. 그 결과 서계 문제가 발생했습니다.
　　서계는 '일본국좌근위소장대마수평조신의달(日本國左近衛少將對

馬守平朝臣義達)'이 '조선국예조참판공각하(朝鮮國禮曹參判公閣下)' 앞으로 보낸 것으로, '황(皇)'과 '칙(勅)' 등의 문자를 사용해서 왕정복고 사실을 통고하는 내용으로 돼 있었습니다. 조선이 문제 삼았던 부분은 소씨의 관위가 예전의 '대마주대수습유평모(對馬州大守拾遺平某)'보다 높아진 반면, 조선에 대한 경칭이 일방적으로 '대인(大人)'에서 '공(公)'으로 격하되고, '황'과 '칙' 등의 문자가 사용됐다는 점 등이었습니다. 이 점들은 상호 대등성이 손상되지 않도록 세심하게 주의를 기울여왔던 사항으로, 특히 '황'과 '칙'은 문자 자체가 상하 관계의 뜻을 담고 있기 때문에 조선은 더욱 경계를 강화했습니다. 1869년에 외무관원 미야모토 고이치(宮本小一)가 정리한 〈조선론〉과 쓰시마 번의 보고서는 조선의 염려를 다음과 같이 정확하게 지적하고 있습니다.

조선국에 일신(一新, 메이지 유신)의 사건을 통지했으나 흔쾌히 받아들이지 않았으며, 답서도 보내지 않고 인순(因循)하고 있다. 설명을 듣건대, 이전 막부와 동등하게 교례(交禮)했는데, 이제 천조(天朝)와 교제하려 하니 막부가 쇼군이어서 천황 폐하의 신하이므로 조정과는 자신을 2, 3등 낮춰 교제해야 한다고 한다. 그런 까닭에 되도록 종가(宗家)와 교제하면서 일본의 국변(國變)에 간섭하지 않는 편이 국왕 칭호에 대해서도 형편이 맞는다는 이야기가 있다고 들었다.

지금 일본과 화(和, 우호관계)를 깨는 것은 좋은 정책[長策]이 아니지만, 이번에 황을 칭하는 술책은 점차 우리나라를 신예(臣隷)로 삼으려는 간모(奸謀)이므로, 애초부터 신중을 기해 허락해서는 안 된다. 원래 만족할 줄 모르는 것이 그들의 국속(國俗, 나라의 관습)이다.……이와 같은 이난(異難)으로 우리를 강박해서 우리에게 흔단(釁端)을 일으키려는 술책이다.

　유신 정부가 이러한 서계를 보냈던 이유는 결코 조선 외교에 대한 지식이 부족했기 때문이 아닙니다. 정부와 쓰시마 번의 담당자 사이에서는 면밀하게 논의가 이루어졌고, 서계의 문장도 신중하게 작성됐습니다. 소씨의 관위도 일부러 높여 사절을 파견했습니다. 소씨 자신이 조선은 이러한 내용을 받아들이지 않을 것이라고 예상하고, 일이 잘되지 않을 경우 번의 존망과도 관계가 있으므로 각오해두라고 번 내에 널리 통지해뒀습니다. 그렇다면 유신 정부의 이러한 태도는 도대체 어디에 근거를 둔 것일까요?

2. 조정직교론(朝廷直交論)

　　　　　　　　　　조선과 교류하라는 명령을 받은 쓰시마 번주 소 요시아키(宗義達)는 1868년 윤 4월 상서(上書)를 제출했습니다. 여기에서 그는 유신 정부에 영합해 재정 원조를 받아내기 위해 중세 이후 막부에 의해 행해져온 대등한 외교가 국위를 실추시킨 부정적인 것이라는 점을 강조한 뒤 다음과 같이 적고 있습니다.

　　중고(中古) 이후 양국의 교제는 모두 막부를 적례(敵禮)로 삼았는데,
　　이번에 새로이 조정직교를 분부하셨습니다. 모든 일이 개창되는 초기
　　이므로, 제일 먼저 명분조리(名分條理)를 바르게 하시고……일정불변

의 조전(朝典)을 세우시기 바랍니다.

이와 같이 메이지유신에서 조선 문제의 핵심은 '조정직교'의 실현이었을 뿐이며, 막부에 의한 대등 외교를 혁파하고 '명분조리'를 바르게 하는 것이었다고 합니다. 천황이 직접 외교를 담당하니, 고대와 마찬가지로 조선은 천황에 복속되는 것이 올바른 형태라는 주장입니다. 그러한 조리를 바르게 하는 일환이 '황'·'칙'의 서계이며, 천황의 명령으로 왕정복고를 통고한 소씨의 관급을 높이지 않으면 안 된다고 강조했습니다.

미야모토 고이치의 〈조선론〉에서는 외무성 내에 존재했던 의견을 다음과 같이 소개하고 있습니다.

> 방금 조선의 일을 논하는 사람이 왕정을 복고해 대호령(大號令)이 천황폐하에게서 나오는 까닭에 조선은 옛날과 같이 속국으로 삼고, 번신(藩臣)의 예를 갖추지 않으면 안 되며, 마땅히 빨리 황사(皇使, 천황의 사절)를 파견해서 부정[不庭, 불령(不逞)]을 꾸짖고, 포모(苞茅)의 공(貢, 예물)을 바치게 해야 한다고 말했다.

또한 유신 정부의 중추부에 있었고 조선 외교를 주도했던 기도 다카요시(木戶孝允)는 쓰시마 번의 사절이 출발한 직후, 즉 서계 수취가 거부되기 이전인 12월 14일자 일기에 다음과 같이 썼습니다.

> 빨리 천하의 방향을 정하고, 조선에 사절을 파견해 그들의 무례(無禮)를 묻고, 만약 복종하지 않을 때는 죄를 꾸짖으며 조선 땅을 공격해 신주(神州)의 위세를 크게 떨치길 바란다.

여기에서 기도가 '무례'라고 한 것은 결코 서계 수취를 거절당한 일을 가리키는 말이 아닐 것입니다. 천황에 대한 조공을 게을리 하고 막부와 대등한 외교를 벌여온 것 자체가 무례이며, '불령(不逞)'이라는 주장입니다. 조선이 서계의 어투에 대해 경계를 강화하고, 강경한 태도를 취했던 것은 당연한 조치였습니다.

서계 문제가 교착 상태에 빠진 가운데 유신 정부 내에서는 조선 외교 업무를 쓰시마로부터 외무성으로 일원화하고, 황사(皇使, 천황의 사절)를 파견해야 한다는 의견이 강해지고 있었습니다. 하지만 즉각적인 황사 파견안에 대해 청나라와의 교류가 해결된 후에 파견하자는 청일 교섭 선행안이 채택돼, 1870년 8월 야나기하라 사키미쓰(柳原前光)가 먼저 청나라에 파견됐습니다. 그렇지만 외무성은 청일 교섭 기간에 임시 조치로 '정부대등론(政府對等論)'에 기초해 관리 요시오카 히로기(吉岡弘毅)를 파견했습니다. 요시오카가 지참했던 외무성 서계에는 문제가 된 문자는 사용되지 않았습니다. 정부와 정부 간의 교류는 대등하더라도 상관없다는 정부대등론 자체가 천황과의 사이에서는 대등한 관계가 성립하지 않는다는 사실을 잘 보여주고 있습니다.

이 교섭도 쉽게 진전되지 않았습니다. 그리고 1871년 7월 청일수호조규가 성립되고, 폐번치현(廢藩置縣)의 시행으로 쓰시마 번이 폐지되자 다시 조정직교 원칙에 입각한 주장이 위세를 떨치기 시작했습니다. 같은 해 11월 이와쿠라(岩倉) 사절단이 출발하기 전에 결정된 '동결' 방침이란 이 원칙을 명확히 해서 교류를 일단 중단한다는 뜻으로 보입니다. 1872년 이 합의에 따라, 일부러 '천자(天子)'라고 쓴 외무대승 서계를 지닌 사절이 폐번치현을 통고하기 위해 조선에 파견됐고, 교섭은 암초에 부딪혀 중단되고 말았습니다.

9월에는 하나부사 요시모토(花房義質)가 파견됐고, 조일 외교의 창구가 돼왔던 부산의 왜관(倭館)이 쓰시마 세력에서 외무성으로 넘어갔습니다.

3. 평화적인 사절 파견인가, 무력적인 정한인가

이와쿠라 사절단의 귀국이 당초 예정보다 많이 늦어지는 가운데, 1873년이 되자 유수(留守) 정부 내에서 조선에 사절을 파견하는 문제가 대두됐습니다. 사이고 다카모리(西鄉隆盛)를 황사로 파견하기로 결정했는데, 귀국한 이와쿠라 사절단의 일원들과 정한논쟁(征韓論爭)이 벌어졌습니다. 이로 인해 사이고 등이 하야하고, 유신 정부가 분열되는 메이지 6년 정변이 일어났습니다.

청일·러일전쟁을 거쳐 아시아 침략이 전개되면서 사이고는 정한론자로 칭송받았으며, 쇼와(昭和) 시대에 들어서 더욱더 두드러졌습니다. 이에 반해 침략 전쟁을 비판하는 사람들은 사이고에 반대했던 오쿠보 도시미치(大久保利通)를 평화주의자라고 평가하기도 했습니다. 제2차 세계대전 후의 연구에서는 오쿠보 등 내치파(內治派)도 반드시 정한에 반대했던 것이 아니며, 사이고와 본질적으로 차이가 없었다는 점이 지적됐습니다. 이렇게 평가가 바뀌긴 했지만, 사이고가 정한론을 주장했다가 그 논쟁에서 지면서 하야했다는 사실이 의심받는 것은 아니었습니다. 그런데 이 '국민적 상식'에 이의를 제기했던 사람이 모리 도시히코(毛利敏彦, 《메이지 6년 정변 연구》, 1978)입니다. 그는 사이고가 정한론을 제창했다는 사료적 근거가 없

〈17-1〉 사이고의 '정한론'은 대륙경륜(大陸經綸)의 선구로서 칭송됐다. 《전역화장 어국지예(戰役畵帳御國之譽)》, 1935년.

으며, 오히려 평화적인 사절 파견론자였다는 견해를 제시했습니다.

실제로 사이고의 주장은 군대 파견론에 대치해서 나왔던 사절 파견론이었습니다. 부산 왜관의 관문에 게시됐던 전령서(傳令書)가 일본을 모욕했다는 이유로 군함 파견을 요구했던 외무성의 제안을 둘러싸고 각의에서 이타가키 다이스케(板垣退助)가 1개 대대의 파견을 주장했지만, 사이고는 자신이 사절로 가서 회담해보겠으며 게다가 무장하지 않은 채 가겠다고 주장했습니다. 그 후 사이고가 7월부터 8월에 걸쳐 이타가키 앞으로 보낸 여러 통의 편지는 정한론을 뒷받침해주는 증거가 돼왔습니다. 그런데 예를 들어, 7월 29일자 편지 내용은 다음과 같습니다.

먼저 군대를 파견하면 어떻게 되겠습니까? 군대를 몰고 들어간다면 그 쪽에서는 반드시 철수해달라고 주장할 것이고, 그때 이쪽에서도 물러

설 수 없다고 답한다면 이로 말미암아 전쟁이 시작될 것입니다. 그렇게
된다면 시초부터의 취지와 크게 달라져 싸움이 일어날 우려가 있다고
생각되므로, 단연 사절을 먼저 파견하는 쪽이 마땅하지 않겠습니까?

　이 편지에서 사이고는 군대 파견이 전쟁으로 이어지고, '시초부터
의 취지'와 달라진다고 반대했습니다. 그러나 동시에 "그렇게 된다
면 그 일로 인해 폭거를 예견할 수 있으므로 토벌해야 한다는 명분
도 확실하게 세울 수 있습니다"라는 내용도 쓰여 있습니다. 8월 17
일자 편지에서는 "싸움은 2단계가 된다"고 하면서, 우선 "인교(隣
交)를 소홀히 한 일을 꾸짖고, 이제까지의 불손(不遜)을 바르게 하
며, 앞으로 인교를 두텁게 할 후의를 보여줄 의도로 사절을 먼저 파
견해야" 하지만, 그럴 경우 조선이 "틀림없이 사절을 폭살할 것"이
기 때문에, 이 일을 통해 "천하 사람들이 모두 다 토벌해야 할 죄를
알게" 될 것이라고 말했습니다. 그리하여 저 유명한 '내란을 바라는
마음을 바깥으로 돌려서 국가를 흥하게 하는 원략(遠略)'이라는 선
전문구가 나왔습니다.
　사이고의 발언이 '사절 파견 → 폭살 → 개전'이었다는 점은 틀림
없습니다. 그렇다면 사이고의 속마음은 사절 파견과 전쟁 중 어느
쪽에 가까웠을까요? 모리 도시히코는 사절 파견이 사이고의 진의였
으며, 후자인 '폭살 → 개전'은 강경론자인 이타가키를 설득하기 위
한 방책이었다고 말합니다. 두 사람의 관계에서 보더라도, 사이고가
이타가키에게만 본심을 밝히고 있다고 생각하기 어렵고, 각의의 결
정을 얻어내기 위해서라도 이타가키의 지지가 반드시 필요했습니
다. 모리는 서로 의논해서 문제가 해결된다면 개전은 있을 수 없는
일이며, 죠슈 정벌이나 에도 개성 때 사이고의 행동으로 보건대 사

이고는 담판으로 매듭지을 자신이 있었다고 추측했습니다. 평화적인 사절인가, 무력적인 정한인가? 전자에 본뜻이 있었다면 후자는 설득하기 위한 기술에 불과하며, 후자에 본뜻이 있었다면 전자는 개전을 위한 구실이라는 주장입니다.

어쨌든 이타가키가 힘쓴 결과, 8월 중순 유수 정부의 각의에서 마침내 사이고의 주장대로 사절을 파견하기로 결정됐지만, 9월 중순 이와쿠라 사절단이 귀국한 뒤 '사절 파견' 문제가 정쟁의 초점으로 떠올랐습니다. 10월 14·15일에 열렸던 각의에서 연기론을 주장하는 오쿠보 등과 논쟁이 벌어졌습니다. 각의에서는 결국 사이고 파견 안이 결정됐으며, '논쟁' 자체는 사이고가 승리한 셈입니다. 하지만 이후 오쿠보 등의 반격 음모가 시작됐습니다. 지쳐서 쓰러진 산죠 사네토미(三條實美)를 대신해서 태정대신 대리가 된 이와쿠라 토모미(岩倉具視)는 각의의 결정과 반대로 사절 파견 연기를 상주(上奏)해 천황의 재가를 받아냈습니다. 이에 격분한 사이고가 사표를 제출하자 이타가키 등도 잇달아 하야했고, 유신 정부는 크게 분열돼 오쿠보를 중심으로 한 내치파 정권이 출현함으로써 메이지 6년 정변이 끝나게 됩니다.

4. '명분조리'

사이고의 발언을 어떻게 생각해야 좋을까요? 사이고는 조선 문제를 대만 및 화태(樺太, 지금의 사할린 — 옮긴이) 문제와 동일시하면서, 자신을 신망하는 동지나 부하의 의향을 대변하는 형태로 논하고 있습니다. 산죠에게 보낸 8월 3일자 편지의 앞부분에서 그는 대만 문제에 대해 다음과 같이 쓰고 있습니다.

세상에서도 의논이 분분하고, 저도 여러 사람들에게서 의견을 듣는 처
지인 바, 필경 명분조리를 바르게 하는 일은 도막(倒幕)의 근원이자,
일신(一新)의 기초가 되므로 지금에 이르러 이러한 이치들을 바르게
하지 않는다면 오로지 호기심으로 도막했다고 말할 수밖에 없는 설로
인해 질책하는 사람도 있으므로 입을 다무는 것 외에 달리 도리가 없습
니다.

사이고는 세인의 논란을 받고 질책을 당해 난처한 처지에 놓여 있
었지만, 양이파(攘夷派) 사족들이 자신에게 기대하는 바의 핵심을
'명분조리'를 바르게 세우는 일이라고 이해했습니다. '명분조리'야
말로 '도막의 근원'이며 '일신의 기초'였다고 말하면서, 그것이 없
다면 '호기심으로 도막'한 데 지나지 않으며, 유신을 위해 생명을
내던졌던 동지나 부하들에게 얼굴을 들 수가 없다는 것입니다. '명
분조리'란 유신 정부 첫해 소씨의 상서에서도 강조되고 있듯이, 왕
정복고의 이념에 기초해 천황의 위엄을 빛내고, 천황 중심의 국체가
쇠퇴함으로써 생긴 잘못된 상태를 혁파하며, 국가의 위세를 회복하
는 것밖에 없습니다. 이는 조선 문제에서 전형적으로 나타날 것입니
다. 계속해서 사이고는 조선에 사절을 파견하는 문제에 대해 다음과
같이 적고 있습니다.

최초, 친목을 구하는 데 뜻이 있었던 것이 아니며, 틀림없이 방략이
있었다고 생각합니다. 오늘날 그들이 교과모만(驕誇侮慢)한 때에 이
르러, 시초(始)를 바꾸어 인순(因循)의 논(論)에 빠진다면 천하의 조

롱을 받을 것이며, 어느 누가 국가를 융성시킬 수 있겠습니까? ……
최초의 취지를 관철하지 않고서는 후세까지 오욕을 당할 것이니, 이
에 이르러서 끝까지 저로 하여금 인사(人事)에 온 힘을 다할 수 있게
해주십시오.

중요한 사실은 유신의 이념에 기초한 조일 관계, 조정직교의 확립
이며, '최초'부터 단순한 '친목'을 구했던 것이 아니라 '방략'이 있
었고, 그러한 '시초'를 바꾸어 '인순의 논'에 빠져서는 안 되며, '최
초의 취지'에 따라서 단호하게 '조리'를 관철하지 않으면 안 된다는
내용입니다. 그런데 사이고는 앞에서 본 7월 29일자 편지 등에서도
'시초부터의 취지' 등등이라고 말하고, 거기에서는 전쟁이 나지 않
게 하는 것이 '취지'라고 말했습니다. 이것은 직접적으로는 최초의
각의에서 다뤄진 의안이 "군이 그들의 불손을 용서하며, 그들의 비
리(非理)를 힐책하지 않고, 오로지 성의(聖意)의 성(誠)을 다하다"
라고 되어 있던 것과 같은 의미라고 생각합니다. "불손을 바르게
하"고 "명분조리를 바르게 하"는 것이야말로 궁극적인 목적인데, 이
를 실행하는 과정에서는 감히 지금까지의 "불손을 용서"하고 "비리
를 힐책하지 않"으며, '성의의 성'으로써 관대하게 대하는 것이 유
신 이후 천황의 방침, 즉 '최초의 취지'라는 말입니다. 그러한 방침
을 기본으로 해 사이고 자신이 조선에 직접 들어가서 담판을 벌이겠
다는 것입니다.
　조선 측이 총명해서 '조리'를 이해해 평화적으로 해결할 수 있다
면 그보다 더 좋은 일은 없었겠죠. 그러나 그것이 무산된다면 무력
으로라도 정의를 관철하지 않을 수 없었습니다. '조리'를 관철하는
것이 무엇보다 중요한 일이며, 평화적으로 하느냐 무력을 사용하느

냐는 사이고의 논리에서 부차적인 문제였습니다. 사이고가 조선을 어떻게 인식했는지는 차치하고, 자신의 사절 파견안을 승인받기 위해 정부의 요인들을 설득하려고 전개했던 주장은 이상과 같은 것이었습니다. 사이고는 그러한 논리가 유신 정부에서 유효성이 있다고 판단했던 것입니다. 조선 문제는 왕정복고 이념과 깊이 연관돼 있었으며, 이를 어떻게 처리하는지는 유신 정부 자체의 정통성과 관련된 매우 중요한 문제였다고 말할 수 있습니다.

5. 강화도 사건

사이고 주장의 핵심이 '명분조리'의 관철에 있었던 데 비해, 오쿠보는 '의(義)'라든가 '치(恥)'라는 관념에 기초한 외교를 다음과 같이 비판했습니다.

> 무릇 국가를 통치하고 국토와 백성을 보살피고 지키는 데에는 심려원모(深慮遠謀)가 없어서는 안 된다. 그러므로 나아감과 물러섬은 반드시 낌새를 보고 판단하며, 그 불가(不可)함을 보고 멈춘다. 치를 당하더라도 참고, 의라 하더라도 따르지 않는다. 이것이 바로 경중(輕重)을 헤아리고, 시세(時勢)를 감안하며, 오래도록 벼르는 이유이다.

오쿠보 등 내치파는 만국공법을 기초로 삼은 파워 폴리틱스(power politics)의 관점에 근거해, 외교는 '경중'을 재고 '시세'를 살피며, '심려원모'에 기반을 두고 실행해야 한다고 주장했습니다. 조선에 대한 압력도 나라 안을 정비하고 군비를 증강하며 열강과의 관계를

〈17-2〉 **운요호.**

조정해 목표를 세운 다음에 착수하지 않으면 안 된다는 말입니다. 그러한 '심려원모'에 기반해서 오쿠보 정권이 일으킨 일이 바로 강화도사건이었습니다.

일본에서 일어난 정변과 때를 같이해서 조선에서도 정변이 일어나고 있었습니다. 국왕 고종의 아버지로 섭정을 통해 정권을 장악해왔던 흥선대원군이 하야하고, 왕비 민씨의 일족을 중심으로 한 민씨 정권이 성립했습니다. 타협적인 정권의 출현으로 교섭은 진전될 낌새를 보였습니다. 1875년에 들어서자 오쿠보 정권은 새로운 외무경의 서계를 지닌 모리야마 시게루(森山茂)를 파견했습니다. 그러나 여전히 '황상(皇上)' 등의 문자를 둘러싸고 대립이 해소되지 않았으며, 게다가 모리야마의 양복 착용 문제 등으로 새로운 갈등마저 발생하고 말았습니다. 이에 일본은 군함 운요호(雲揚號)를 부산에 입항시키고 시위를 벌였지만 효과를 거두지 못했습니다. 일단 나가사

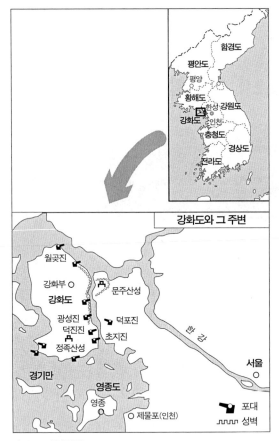

〈17-3〉 **조선과 강화도.**

키로 돌아간 다음, 다시 조선 근해로 출동한 운요호는 9월 20일 강화도에 접근해 포격을 하는 사건을 일으켰습니다.

조선 본토와 강화도 사이의 좁은 물길로 침입했던 운요호는 초지진(草芝鎭) 포대의 포격을 받고 응전해 손해를 입힌 뒤 남하하여 인천 가까이에 있는 영종도를 공격하고 육전대를 상륙시켜 영종진(永

〈17-4〉 **강화도 사건.** 무라이 시즈마(村井靜馬) 편,《명치태평기(明治太平記)》.

宗鎭)을 점령했습니다. 전투에서 30여 명의 사망자를 낸 일본은 총
포를 포획한 후 철수했습니다. 그리고 일본 정부는 운요호 사건에
대해 마실 물을 구하러 접근하는 데 갑자기 포격을 당했다고 다른
나라들에게 설명했습니다. 그렇지만 강화도는 수도 방위의 요충지
로, 1866년과 1871년 프랑스와 미국 함대에 점령된 뒤 방비가 더욱
견고해져 있었습니다. 강화도에 접근할 경우 충돌 가능성이 있다는
사실을 충분히 예측할 수 있었으며, 따라서 일본의 의도적인 도발이
었다고 할 수 있습니다.

운요호의 출동은 그 자체가 조선을 위협하기 위한 행위였습니다.
이에 대해,《도쿄니치니치신문(東京日日新聞)》은 "배가 조선에 도
착할 때 일찍이 조선인이 미국인에게 했던 것처럼 대적해서 틀림없

이 발포할 것이며, 그럴 경우 큰 사건이 일어날지도 모른다고 예측할 수 있다"는 영자신문의 기사를 소개하고 있습니다. 정부로 복귀한 이타가키 다이스케도 "전쟁으로 나아갈 것이라는 점은 불을 보듯 분명하다"고 말하면서 군함 파견에 반대했습니다. 하지만 해군성은 이미 미국 함대가 1871년 강화도를 점령한 뒤 작성한 해도(海圖)를 건네받았으며, 운요호는 미국의 해도를 참고해 포대에 접근했던 것입니다.

운요호 사건이 전해지자 일본 국내에서는 개전론(開戰論)이 크게 일었습니다. 오쿠보 정권은 조선의 책임을 묻기 위해 구로다 기요타카(黑田淸隆)를 사절로 파견하기로 결정했습니다. 구로다는 1876년 2월, 7척의 군함을 이끌고 강화도에 상륙했고, 일본에서 정한론이 고조되고 있다는 점을 강조하면서 조선을 압박해 조약 체결을 강요했습니다. 그렇다고 하더라도 내치파 정부가 정한론으로 바뀐 것은 아니며, 정부의 방침은 일관되게 정한파의 주장을 억누르면서 만국공법에 의거해 조약을 강요하려는 것이었습니다.

만국공법을 전제로 맺은 강화도조약 제1조의 "조선은 자주국이다"라는 규정은 정한론을 부정하는 것임과 동시에 청나라와의 종속 관계를 무너뜨려 조선으로 진출하는 발판을 마련하려는 의도였습니다. 강화도조약은 "일본과 평등한 권리를 갖는다"라고 명시하면서도 실상은 일본에 일방적으로 유리한 조약이었습니다. 같은 해에 수호조규부록과 무역규칙이 조인되고 부속 문서도 교환됐는데, 이로써 영사 재판권의 승인과 관세 자주권의 부인 등을 포함한 불평등조약 체계가 모습을 갖추게 됐습니다. 근대적인 국제 관계를 전제로한 조선 침략 외교가 시작됐던 것입니다.

18장 ｜ 청일전쟁과 조선

1. 일본과 청나라의 대립

중국을 중심으로 한 동아시아의
국제 질서에 대한 서구 열강의 압력으로 인해 중국과 주변 각 왕조
사이의 책봉 관계는 무너지고, 각각의 지역은 열강의 식민지로 전락
했습니다. 동아시아 세계의 해체라는 위기에 직면해서 청나라는 당
연히 책봉 체제를 재편해 연대를 강화하려 했으며, 주변 국가들 역
시 청나라와의 연대를 통해 외압에 대처하려고 했습니다. 그러한 동
아시아 지역에 위치하면서도 내부로부터 전통적인 국제 질서의 해
체를 촉진하려고 움직였던 나라가 일본입니다. 강화도조약 제1조의
"조선은 자주국이다"라는 규정을 근거로, 일본은 청나라와 조선의
종속 관계를 부정하면서 조선의 '독립'을 주장했고, 이를 무기로 청
나라와 대결하고자 했습니다. 개항 후 조선과의 교류에서는 다음과
같이 조선과 청나라의 결탁을 견제했습니다.

두 나라 대신이 조규를 강정(講定)하자 곧바로 귀국(貴國)은 스스로 자주 독립을 칭했다. 우리[일본] 정부도 따라서 이를 믿고 인정했다. ……만약 귀국에서 별도로 봉사하는 상국(上國)이 있어서 그 지휘를 받든다면, 이는 속국일 뿐이다. 자주 독립이라고 칭하는 데 부족하게 된다.

일본의 이러한 압박에 대해 청나라는 조선에 개국을 권고하는 쪽으로 응했습니다. 이미 1876년에도 조선 정부의 대세는 일본의 요구를 거부하는 쪽이었는데, 이홍장(李鴻章)의 권고가 조약을 조인하기로 결단하는 데 중요한 요인으로 작용했습니다. 이홍장은 열강의 압력, 특히 러시아의 위협을 피하기 위해서는 일본과 분쟁을 피하고 오히려 조약을 맺어 서구 열강들을 서로 견제시키는 편이 유리하다고 생각했습니다. 전통적인 '오랑캐로써 오랑캐를 견제한다[이이제이(以夷制夷)]'라는 시책이라고 할 수 있습니다. 일본에 개항한 뒤에도 조선은 여전히 구미 열강과 국교를 맺지 않았는데, 1879년 일본이 오키나와현 설치를 강행하자 이홍장은 조선 정부에 미국 등과 조약을 체결하라고 권고했습니다. 일본의 칼끝이 조선으로 향할 것임을 예측하고, 이를 막기 위해서는 열국과 국교를 맺어 일본의 행동을 견제해야 한다고 판단했기 때문입니다. 1880년 수신사(修信使)로 일본에 간 김홍집(金弘集)에게 주일청국공사 하여장(何如璋)이 건네줬던 황준헌(黃遵憲)의 《조선책략(朝鮮策略)》에는 러시아를 주요 위협 대상으로 삼는 동시에 일본뿐 아니라 미국과도 국교를 맺고 근대화를 추진해야 한다는 주장이 실려 있었습니다.

김홍집이 《조선책략》을 갖고 돌아온 뒤 조선 정부는 개국 · 개화 정책을 펴기로 결정하고, 비로소 미국과 조약을 체결합니다. 그러나 이 조약에 관한 협의는 종주국인 청나라의 이홍장과 주청 미국공사

슈펠트(R. W. Shufeldt, 당시 직함은 주청 미국공사 관부 해군무관 및 대조선 조약교섭 전권 대표 — 옮긴이) 사이에서 이뤄졌습니다. 이홍장은 조약에 조선이 청나라의 속방임을 명기함으로써 종속 관계를 국제적으로 승인받으려 했습니다. 1882년 체결된 조미수호통상조약(朝美修好通商條約)에는 미국의 거부로 속방 조항이 포함되지 않았지만, 조인 후 국왕 고종은 미국 대통령 앞으로 보낸 친서에서 조선이 청나라의 속방임을 선언했습니다. 같은 해에 체결된 조중상민수륙무역장정(朝中商民水陸貿易章程)에는 다음과 같은 문구가 전문에 쓰여 있습니다.

> 조선은 오랫동안 번봉(藩封)이었다. ……이번에 수륙무역장정을 맺은 이유는 중국이 속방을 우대한다는 뜻과 관계가 있다.

　청나라의 조선 정책은 전통적인 책봉 관계를 확인하고, 그것에 의거해 구미 열강과 일본의 침략을 막겠다는 것이었습니다.
　조선의 '독립'을 주창하는 문구로 청나라와의 책봉 관계를 단절시키고 조선 침략의 발판을 마련하려는 일본과, 종속 관계를 명확히 함으로써 동아시아 세계의 해체를 막아보려는 청나라, 이 두 나라의 대립이 청일전쟁을 향해 치닫고 있었습니다.

2. 임오군란과 갑신정변

　　　　　　구미 열강의 외압과 청일 두 나라의 대립 속에서 조선은 어떻게 대응해나갔을까요? 청나라와 일본이

각각 아편전쟁과 페리 내항으로 어쩔 수 없이 개항하게 된 뒤, 조선 근해에도 이양선(異樣船)이 빈번하게 출몰했습니다. 1866년에는 프랑스 함대가 강화도에, 미국 선박 제너럴 셔먼호가 대동강에 침입했으며, 1871년에는 미국 함대가 강화도를 공격한 사건이 발생했습니다.

〈18-1〉 **흥선대원군**(1820~1898).

이러한 열강의 침략을 격파했던 인물은 고종의 아버지로 정권을 잡고 있던 흥선대원군이었으며, 흥선대원군의 쇄국양이정책을 사상적으로 지지하는 역할을 위정척사파가 담당했습니다. 이항로(李恒老) 등이 중심을 이뤘던 위정척사파는 송시열의 학통을 이어받았으며, 중국이 이적의 왕조에 의해 지배당하고 있는 현실에서 중화 문명의 정통은 조선이 잇는다는 소중화주의의 자부심에 입각해 있었습니다. 위정척사파는 '양이금수론(洋夷禽獸論)'에 기초해 승패에 관계없이 인류을 분별할 줄 모르는 서양인과 대결하는 것 외에 다른 도리가 없다고 하면서 중화 문명을 수호하려고 했습니다. 그리고 서계 문제로 대립하고 있던 메이지유신 이후의 일본에 대해서는 다음과 같이 말했습니다.

우리나라는 양인(洋人)을 양금수(洋禽獸)와 같이 여겨 상통하기를 바라지 않는다. 일본은 우리와 300년 동안 사귀어왔는데[通好], 홀연히 자신의 국속과 의관을 바꾸었다. 소방(小邦)은 이치[理]에 맞지 않음을 책유(責諭)했지만 끝내 듣지 않았다.

이렇듯 이미 서양 문명에 굴복해 '왜양일체(倭洋一體)'화한 일본을 날카롭게 꿰뚫어보고, 1876년 강화도조약의 조인을 강요받을 때도 철저하게 이에 반대했습니다.

위정척사파와 달리 자주적인 개국의 필요성을 주장했던 인물이 우의정 박규수(朴珪壽)였습니다. 북학사상가 박지원의 손자인 박규수 아래에는 수많은 청년 관료들이 모여들어 개화파를 형성했습니다. 개화파는 북학사상의 다원적인 세계 인식을 계승하고, 열강 쟁패의 국제 사회에서 국가 보전의 길을 모색하며, 서양 기술의 도입을 통한 자강책이 필요하다고 주장했습니다. 일본에 개항하고, 1880년대 개국·개화 정책이 결정돼가는 정세 속에서 그들은 세력을 확대해나갔습니다.

청나라 양무파 정권이 조선에 개국 정책을 권장하자 위정척사파는 위기감을 강하게 느끼면서 소중화 의식을 더욱 심화시켰습니다.

우리가 동방의 예의국임은 천하가 모두 알고 있는 바다. 그런데 지금 일종의 음사(陰邪) 기운이 사방에 독을 흘린다. 오직 청구(靑邱, 조선) 한편만이 홀로 건정(乾淨)을 보존함은 바로 예의를 지키기 때문에 그러하다.

1881년 각지의 위정척사파는 일제히 개화 정책에 반대하는 상소

운동을 전개했습니다. 다른 한편으로 개화파는 개화 정책의 추진을 요구하는 상소를 올려서, 양측이 정면으로 대결하는 양상을 띠었습니다.

양이(攘夷)인가 개국인가를 둘러싼 대립이 심화되는 가운데, 1882년 7월 수도 한성에서 임오군란(壬午軍亂)이 발발했습니다. 개화 정책이 추진되는 과정에서 냉대받았던 구식 군대 병사들의 불만이 직접적인 계기가 됐으며, 일본에 개항한 이후 경제 변동으로 생활에 곤란을 겪던 하층 민중이 합세했습니다. 민중은 일본 공사관을 습격하고 대원군을 권좌에 복귀시켰습니다. 그러나 민씨 정권의 요청으로 청나라 군대가 출동하고, 일본 역시 군대를 파견했습니다. 청나라 군대가 대원군을 납치해 천진으로 데려감으로써 흥선대원군 정권은 한 달 만에 붕괴되고 민씨 정권이 부활했습니다. 위정척사파의 양이운동은 일단 패배할 수밖에 없었습니다.

임오군란이 평정된 뒤에도 청나라는 한성에 군대를 그대로 주둔시키고, 민씨 정권에 대한 개입을 강화했습니다. 이러한 사태에 대해 개화파는 두 가지 의견으로 나뉘었습니다. 김윤식(金允植)과 김홍집, 어윤중(魚允中) 등 온건개화파는 청나라와 종속 관계의 틀을 유지하면서 양무파와 제휴해 개혁을 추진하려고 했습니다. 이에 김윤식은 다음과 같이 말했습니다.

> 우리나라가 중국의 속방임은 천하가 다 아는 바다. ⋯⋯우리나라와 같이 고약(孤弱)의 형세에 처해서는, 만약 대국이 보호해주지 않는다면 실로 자립하기가 어렵다.
>
> —《음청사(陰晴史)》

즉, 오히려 적극적으로 청나라와 제휴를 강화함으로써 외압에 대항하려고 했습니다. 전략적인 사대주의라 할 수 있습니다. 일본의 개혁 추진 방법에 대해서도 다음과 같이 서술했습니다.

일본의 행위는 대단히 맘에 들지 않는다. 서양인의 도(道)를 기꺼이 받아들이고, 그들에게 맞춰 수발(鬚髮) · 의관 · 전장(典章) · 법제를 바꾸는 데 힘쓰며, 눈이 깊숙하고 코가 높지 않음을 한스러워한다. 또한 백년 이래 자못 문풍(文風)을 받들었지만, 지금은 문자를 버리고 오로지 양문(洋文)을 배운다.

'동도(東道)', 즉 중화 문명을 기본으로 삼고 서양 기술을 도입하려는 동도서기론(東道西器論)을 취하면서 전통을 버린 채 서구화를 지향하는 일본의 근대화에는 비판적이었습니다.

한편, 김옥균(金玉均)과 박영효(朴泳孝), 홍영식(洪英植) 등 급진 개화파는 청나라의 개입이 강화되는 데 반발해 '독립'을 표방하면서 일본과 관계를 강화하려고 했습니다. 개혁 모델로는 메이지유신 이후 일본의 문명개화에 주목했습니다. 이들은 1884년 12월 쿠데타를 일으켜 민씨 정권의 요인들을 살해하고, 신정부를 세운 다음 개혁 요강을 발표했습니다. 그러나 민씨 정권으로부터 출동을 요청받은 청나라 군대의 공격을 받아 곧 불리한 형국에 처했습니다. 김옥균 등에게 지원을 약속하고 출동했던 일본수비대 역시 형세가 불리해졌음을 눈치 챈 다케조에 신이치로(竹添進一郞) 공사가 철수를 명령함에 따라 갑신정변은 3일 천하로 막을 내렸습니다.

3. 내정 간섭과 군비 확장

갑신정변에서는 청나라와 일본 두 나라 군대가 한성에서 대치하는 사태가 발생했습니다. 일본은 조선과 '한성조약'을 맺어 배상금 지불을 승인토록 하는 한편, 1885년 청나라와 '천진조약(天津條約)'을 체결해 두 나라 군대가 조선에서 철수하고, 만일 앞으로 출병할 경우 서로 사전에 통고한다는 것 등을 결정했습니다. 천진조약 아래에서 청나라는 원세개(袁世凱, 위안스카이)를 주차조선통상교섭사의(駐箚朝鮮通商交渉事誼)로 파견해 내정 간섭을 강화했습니다. 주미공사로 발령받았던 박정양(朴定陽)은 종주국인 청나라 공사에게 통보하지 않고 미국 대통령에게 친서를 전달했다는 이유로 원세개의 압력을 받아 어쩔 수 없이 귀국하기에 이르렀습니다.

한편, 갑신정변의 실패로 조선 개입의 발판을 마련하지 못한 일본은 청나라와의 대결에 대비해서 군비 확장에 힘을 쏟았습니다. 이미 1883년에는 해군, 1884년에는 육군의 확충 계획이 시작되고 있었습니다. 국가 예산에서 차지하는 군사비의 비율이 1884년에는 약 20%를, 1890년에는 마침내 30%를 넘어섰습니다. 1888년에는 진대제(鎭台制)를 사단제(師團制)로 바꾸어 대륙에서 벌어질 전쟁에 대비했고, 1889년에는 징병령을 개정했습니다. 1890년 야마가타 아리토모(山縣有朋,《외교정략론》)는 주권을 위한 경계뿐만 아니라 이익을 위한 경계선을 지킬 필요가 있으며, 그 경계선은 청나라와 조선의 국경인 압록강이라고 했습니다. 조선을 일본의 군사 지배 아래에 두려는 목적을 분명하게 드러내보인 셈입니다. 이를 위해 야마가타가 역설한 부분은 군비와 교육이었습니다. 같은 해 발표된 교육 칙

연도	군사비(a)	일반회계 세출(b)	a/b × 100
1876	10,330	59,309	17.4
1877	9,203	48,428	19.0
1878	9,249	60,941	15.2
1879	11,258	60,318	18.7
1880	12,013	63,141	19.0
1881	11,852	71,460	16.7
1882	12,411	73,481	16.9
1883	16,165	83,106	19.5
1884	17,487	76,663	22.8
1885	15,512	61,115	25.4
1886	20,524	83,224	24.7
1887	22,237	79,453	28.0
1888	22,540	81,504	27.7
1889	23,449	79,714	29.4
1890	25,692	82,125	31.3

〈18-2〉 **군사비 증대.** 무로야마 요시마사(室山義正),《근대일본의 군사와 재정》인용.

어에는 교육의 목표로서 '충군 애국' 이 강조됐습니다.

다만, 이 시기를 청일전쟁을 향해서 돌진하고 있는 과정으로 봐야 하느냐는 풀기 어려운 문제입니다. 적어도 천진조약 체결 후 10년간 은 근대 동아시아에서 보기 드물게 평온한 시대였다고 할 수 있습니 다. 협조적인 외교가 시도됐던 시기였습니다. 청나라의 간섭에 대해 서 말하면, 하여장 등은 "조선에 주차변사대신을 설치하고, ……국 내 정치 및 외국과 맺는 조약은 모두 중국에서 이를 주재한다"고 주 장하며, 근대적인 의미의 식민지화를 목표로 삼았습니다. 그런데 정 권을 쥐고 있던 이홍장 등은 전통적인 동아시아 외교 질서의 유지를 겨냥하면서 "조선이 일본과 통상 거래를 원하는지 여부는 그들의 자 주(自主)에 달려 있지, 중국이 간여할 일이 아니다"고 말함으로써 속국이라도 내정과 외교는 자주에 맡긴다는 원칙을 유지하려고 애썼습니다.

일본 정부에서도 조선 '독립론'을 주창하면서 개입 강화를 주장하는 강경파에 대해, 정권의 중심에 있던 이토 히로부미(伊藤博文)와 이노우에 가오루(井上馨) 등은 조선에 대한 청나라의 종주권을 인정하는 듯한 발언을 했습니다. 아시아 평화의 요체는 "일본과 청나라의 친목을 두텁게 하는" 데 있고, "조선으로 하여금 한편으로 청나라에 사대의 예를 잃지 않게 하며, 한편으로는 일본이 보호해주는" 정책을 취해야 하고, 이를 시행할 때는 "조선보다 먼저 청나라에 통보하고, 이의가 없음을 기다린" 후에 하는 편이 좋다고 서술했습니다. 조선에서도 김옥균 등 급진개화파의 '독립' 노선이 실패한 뒤 청나라에 대한 전략적인 사대주의 정책이 추구됐습니다.

그렇다면 이 시기에 이토 등이 내세운 '온건' 노선을 어떻게 이해해야 할까요? 천진조약 체결 후 이노우에가 청나라에 제안했던 '조선변법(朝鮮弁法) 8개조'는 조선 문제에 대해서는 이노우에와 이홍장이 협의해 이홍장으로 하여금 조선 정부에 시행하도록 권유하는 것이 마땅하다는 내용이므로, 청나라의 종주권을 용인하고 있는 것처럼 여겨집니다. 야마가타(《외교정략론》)가 구체적인 시책으로 거론했던 것은, 조선을 중립화하고 청나라를 비롯해 영국과 미국 등의 열국에 의한 공동 개혁을 지향한다는 구상이었습니다. 이는 조선의 '독립'을 주장하면서 일본의 개입을 서두르려는 강경 노선과 분명히 달라 보입니다.

그러나 당시 일본의 처지와 역량을 고려할 때, '온건' 노선이 어떠한 의미를 지니는지는 신중하게 검토해볼 필요가 있습니다. 이노우에와 이홍장의 협의라든가, 국제적인 공동 개혁의 제안 자체가 청나라의 종주권에 대한 정면 도전이라고 할 수밖에 없습니다. 게다가 갑신정변 후 조선 정부에 개입할 발판을 잃은 상황에서 이뤄진 일본의 제안입니다. 이홍장과 협의한다는 변법 8개조의 요구는 바로 일본도 참견할 여지를 남겨달라는 것이었는데, 당연히 이홍장에 의해 무시되고 말았습니다. 중립화와 공동 개혁 주장 역시 그러한 기회를 마련해 일본의 발언권을 확보하려 했던 의도에 지나지 않았습니다.

더욱이 당시 동아시아에서 청나라와 영국의 관계가 안정적이어서 청나라와 갈등을 일으킨다면 영국과 대립할 우려도 있었습니다. 이토와 이노우에는 이러한 국제 정세를 고려해 조선의 '독립'을 부르짖는 강경론에 경계를 늦추지 않았던 것입니다. 이러한 구상들은 어디까지나 상황 인식에 기초한 계산이었을 뿐, 원칙적으로 '속방론'에 입각한 것이 아니었다고 생각합니다. 청나라와 마찰을 피하려 한다는 점에서는 '온건'이지만, 조선 침략 의지가 약화된 것이 아니라 가장 현실적인 방식으로 추진하려는 노선이었다고 말할 수 있습니다.

4. 전쟁으로 가는 길

청일전쟁은 조선을 둘러싼 청나라와 일본 사이의 대립이 빚은 결과였습니다. 1894년이라는 시점에서 일본의 개전 배경은 역시 군비 확장 정책에 의해 청나라와 싸울 준비가 돼 있었다는 점입니다. 이미 1887년 참모본부 제2국장 오가와 마타지(小川又次)는 〈청국정토책안(淸國征討策案)〉에서 청나라가 군사 개혁을 추진하기 전에 일격을 가해야 한다고 주장했습니다.

1893년 야마가타 아리토모가 〈군비의견서(軍備意見書)〉에서 시베리아철도가 완성되기 전에 청일전쟁을 하자고 주장했던 점으로 미뤄 개전의 분위기가 무르익고 있었다고 말할 수 있습니다. 군은 가만히 조선의 동정을 살폈습니다.

한편, 일본 국내의 정치 상황은 예단할 수 없는 측면이 있었습니다. 1889년 대일본제국헌법이 제정됐고, 다음해인 1890년에는 제국의회가 열렸습니다. 그런데 초기 의회에서 과반수를 차지한 민당(民黨)이 번벌(藩閥) 정부에 격렬하게 대항했습니다. 삿죠(薩長) 세력은 1892년 이토 히로부미를 수상으로 세워 제2차 이토 내각을 조직했습니다. 배수진을 친 '원훈내각(元勳內閣)'이었지만 역시 대외 강경책을 주장하는 민당의 공격을 받아 곤란한 상황에 처했습니다. 1894년 3월 외무대신 무쓰 무네미쓰(陸奧宗光)는 아오키 슈조(青木周藏) 주영공사에게 보낸 서한에서 "형세는 하루하루 절박해져가고, 정부에서 뭔가 남의 이목을 끌 만한 사업을 벌이지 않는다면 소란스런 사람들을 진정시킬 수가 없습니다. 그렇다고 아무런 이유 없이 전쟁을 일으킬 수도 없습니다"라고 말하면서 조약 개정 교섭을 서두르라고 촉구했습니다. 사태는 더더욱 악화돼 1894년 5월 31일, 내각탄핵안이 가결되고 말았습니다. 번벌 정부는 궁지에 몰리게 됐습니다.

일본 국내의 세력들이 주시했던 조선에서는 그해 봄부터, 관리들의 부정에 항의하는 농민항쟁이 전라도 지방에서 일어나고 있었습니다. 일단 해산했던 농민들은 '천심이 바로 인심'을 주장한 신흥 종교 동학의 조직을 매개로 다시 진용을 갖추고, 드디어 5월에 들어서자 "일본 오랑캐를 몰아내고, 성인의 도리를 맑고 깨끗이 한다", "군대를 몰아 서울로 들어가 권세 있고 지위 높은 자들을 모두 없애버린

〈18-3〉 일본군의 인천 상륙.

다" 등의 명분을 내걸고 봉기했습니다. 일본에서 내각탄핵안이 가결
됐던 5월 31일 바로 그날에는 동학군이 전라도의 감영인 전주를 점
령했습니다. 자신들의 힘으로 동학군을 진압할 수 없게 된 조선 정부
가 종주국인 청나라에 출병을 요청한다면 바로 그때가 일본도 출병
할 기회였습니다. 6월 2일 각의에서 이토 내각은 총사직이 아니라 의
회를 해산하기로 결의함과 동시에 조선에 대한 출병 방침을 결정했
습니다. 그리하여 5일에는 히로시마(廣島)에 대본영(大本營)을 설치
했습니다. 역시나 청나라도 6일 천진조약에 따라 출병을 통고해왔
고, 이토 내각은 7일 일본의 출병을 청나라에 통고했습니다.

　이리하여 청일 두 나라의 군대가 조선에서 대치하게 됐습니다. 농
민군은 전쟁의 구실을 주지 않기 위해 정부로부터 개혁 약속을 받아
내고 전주성에서 퇴각했습니다. 출병 이유는 사라져버린 꼴이 됐지
만, 일본은 청나라에 조선을 공동으로 개혁하자고 제안했습니다. 제

〈18-4〉 **왕궁 점령**. '오토리 공사가 대원군을 옹호해 경복궁으로 들어가는 그림', 도쿄경제대학도서관 소장.

안이 거부당하자 이번에는 일본 단독으로 조선 정부에 개혁안을 제
시했습니다. 조선 정부 역시 이를 받아들이지 않자 7월 23일, 일본
군은 경복궁을 포위하고 격렬한 전투를 치른 끝에 점령한 뒤 친일
정권을 만들었고, 개전 태세를 강화했습니다. 7월 25일에는 풍도(豊
島) 앞바다에서 청나라 군함에 선제 공격을 감행했고, 나아가 육지
에서는 성환(成歡)에 주둔하고 있던 청나라 군대에 공격을 가했습
니다. 그런 다음 8월 1일 정식으로 선전포고를 했습니다.

그런데 출병으로 시작해 전쟁에 이르는 일본 정부의 방침을 어떻
게 이해해야 하는지에 대해서는 여러 가지 견해가 있습니다. 천진조
약 체제 아래에서 군비 확대 노선의 연장으로 처음부터 전쟁을 목표
로 출병해 전쟁 외교를 펼쳤다는 견해도 있고, 이토 내각의 조선 정
책이 온건 노선을 취했으므로 출병 시점에는 반드시 전쟁을 하겠다
는 의도는 없었다는 견해도 있습니다.

외상으로서 전시 외교를 담당했던 무쓰 무네미쓰는 전후에 《건건
록(蹇蹇錄)》을 저술했습니다. 무쓰는 이 책에서 한편으로 군부를 비

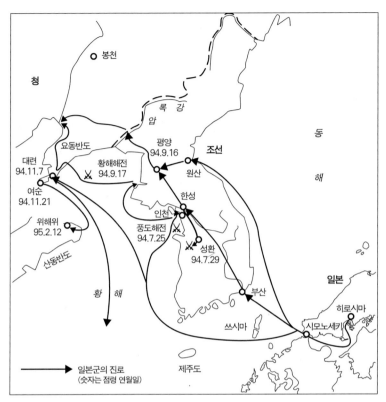

봉천

청

록 강
압

요동반도

대련
94.11.7

황해해전
94.9.17

평양
94.9.16

조선

원산

동

해

여순
94.11.21

위해위
95.2.12

한성

인천

산동반도

풍도해전
94.7.25

성환
94.7.29

일본

황 해

부산

히로시마

쓰시마

시모노세키

일본군의 진로
(숫자는 점령 연월일)

제주도

〈18-5〉 **청일전쟁 당시 일본군의 진로.**

롯해 강경 세력들의 전투 요구, 다른 한편으로 구미 열강의 개입을 피할 필요가 있는 상황에서 어째서 고심에 찬 외교를 전개했는지에 대해 말하고 있습니다. 이러한 '무쓰 외교'에 대해 쇼와 시대 군부의 침략 정책을 비판적인 관점에서 바라봤던 시노부 세이자부로(信夫淸三郞)는 명저《일청전쟁》(1934)에서 무쓰가 일관된 방침에 기초해서 군의 독주를 억누르면서 전쟁을 승리로 이끌었다고 높이 평가했습니다. 제2차 세계대전 후 나카쓰카 아키라(中塚明)는《일청전쟁 연구》(1968)에서 거꾸로 이토와 무쓰의 외교가 처음부터 침략적인 성격으로 일관하고 있었으며, 이 점에서 정부와 군이 모두 하나였고 이중 외교는 아니었다고 강조했습니다.

이에 대해 최근 다카하시 히데나오(高橋秀直,《일청전쟁으로 가는 길》, 1995)와 오사와 히로아키(大澤博明, 〈이토 히로부미와 일청전쟁으로 가는 길〉, 1992) 등은 이토 내각의 방침이 어떠한 의미에서도 일관성을 지니지 못했으며 상황에 따라 우왕좌왕했다고 파악함으로써 '무쓰 외교'라는 개념의 허구성을 지적했습니다. 천진조약 아래에서 청에 협조적인 '온건' 노선에 입각한 이토 내각은 출병할 당시에는 반드시 전쟁을 겨냥했던 것이 아닌데, 출병 후 국내 여론에 이끌려서(다카하시), 또는 예측과 달리 공동 개혁 제안이 청나라로부터 거절당했다는 형편(오사와) 등으로 말미암아 전쟁에 끌려 들어갔다고 주장했습니다. 청일전쟁에 이르는 시기의 외교 정책이 반드시 숙명적인 하나의 정책에 따라 추진되지 않았으며, 조선이나 아시아에 대한 인식에도 다양한 견해가 있었다는 점, 따라서 전쟁을 치를 때는 지도층의 정책 결정이 매우 중요하며 책임 또한 크다는 점을 명확히 밝히려는 것입니다. 일본이 아시아를 상대로 침략 국가로 방향을 확정했다는 의미에서 청일전쟁은 시대를 긋는 획기적인 사건이었습니다.

5. 문명과 야만의 전쟁

단지 청나라와 전면 대결을 원했느냐 아니냐는 관점에서 보면, 이토 등이 상대적으로 온건했다고 하더라도, 공동 개혁의 요구는 청나라와 조선의 종속 관계에 대한 정

⟨18-6⟩ **후쿠자와 유키치**(1835~1901).

면 도전이었습니다. 그리고 조선을 개혁하겠다는 요구 자체가 청일 공동이든지 일본 단독이든지 간에 조선에 대한 노골적인 간섭이자, 침략 지향의 표현이라고 할 수밖에 없습니다. 무엇보다도 청일전쟁은 변혁을 위해 일어났던 조선 농민군을 무력으로 진압한 전쟁이기도 했습니다. 일본 내의 강경·온건노선이 어떠한 차이를 보였는가를 검토하는 것도 의의가 크겠지만, 조선의 관점에서 본다면 그러한 세력들을 포함한 일본 국가 전체가 침략을 했다는 점의 의미를 명확히 해둘 필요가 있습니다. 청일전쟁은 다름 아닌 조선을 침략하기 위한 전쟁이었으며, 조선을 전쟁터로 삼은 전쟁이었기 때문입니다.

청일전쟁을 선동했던 것은 바로 후쿠자와 유키치(福澤諭吉) 등을 중심으로 한 호전적인 저널리즘입니다.

> 문명류(文明流)의 개혁을 기뻐하지 않는 태도는 미개인의 일상사로서…… 완고한 백성을 지도해 문명의 문으로 들어가려는 데에는 병력으로써 임하는 방법 이외에 다른 좋은 것이 없다.
>
> —《지지신보(時事新報)》, 1894년 7월 4일 사설

이번의 전쟁은 일본이 조선에 문명류의 개혁을 촉구하고, 자립과 스스로 교제할 수 있게 해주려는 데 있는데, 저 지나인(支那人, 중국인)은 문

명류주의에 반대해 종종 방해할 뿐 아니라 드디어 병력을 동원해 우리에게 반항할 뜻을 표하고, 더군다나 그로부터 실마리를 풀려고 했으므로 어쩔 수 없이 전쟁을 선포하기에 이르렀다.

— 《지지신보》, 1894년 8월 5일 사설

"아시아 가운데에서 협력 동심해 서양인의 침릉(侵凌)을 막아내자"며 아시아 속에서 스스로를 자리매김하는 논의를 펼쳤던 후쿠자와는 그 후 논설 〈탈아론(脫亞論)〉(1885)을 통해 "아시아 동방의 나쁜 친구〔惡友〕를 사절"하고 "그 대오를 이탈해 서양 문명국과 진퇴를 함께"하자는 '탈아' 주장으로 태도를 바꿨습니다. 이는 동아시아 세계로부터의 이탈을 적극적으로 주장하는 것이었습니다. 나아가 청일전쟁 시기에는 "세계 문명의 풍조가 남의 손을 빌려 조선에 파동을 미치게 한 것으로 일본인은 단지 그 동기가 된 데 지나지 않을 뿐"이라든가, "세계 공통의 문명주의를 확장하는 천직(天職)을 실행하는 것"이라고 서술했습니다. 청일전쟁을 문명과 야만 사이의 전쟁이라고 규정하고, 문명국인 일본이 조선으로 하여금 야만인 청나라와 관계를 단절시켜 조선을 문명국으로 개조해주겠다는 주장입니다. 한발 빨리 서양 문명을 받아들였던 일본이 아시아의 근대화를 지도하겠다는 이데올로기에 기반을 둔 최초의 대규모 전쟁, 그것이 바로 청일전쟁이었다고 할 수 있습니다.

1895년 4월 조인된 시모노세키조약(下關條約)의 제1조에는, "청나라는 조선국이 완전 무결한 독립 자주국임을 확인한다"고 하면서 "조선국의 청나라에 대한 공헌전례(貢獻典禮) 등은 장래에 완전히 폐지해야만 한다"고 규정돼 있습니다. 전통적인 책봉 관계를 청나라 스스로 부정했던 것이며, 이로 인해 청나라는 주변의 조공국을 모조리 상실했습니다. 중화제국으로서 청나라는 여전히 1911년 신해혁명(辛亥革命) 때까지 존속했으나 중국을 중심으로 한 전통적인 동아시아의 국제 질서는 청일전쟁을 통해 해체됐다고 할 수 있으며, 일본은 조선 침략의 발판을 마련했습니다.

19장 | 러일전쟁과 '한국 병합'

1. 대한제국

　　　　　　　　　청일전쟁에서 청나라의 패배로
인해 중국 중심의 국제 질서는 결정적으로 해체됐고, 동아시아는 제
국주의 열강이 분할 경쟁을 벌이는 주요 무대가 됐습니다. 승리한
일본은 조선에 진출할 수 있는 발판을 확보했지만, 시모노세키조약
을 맺은 직후 곧바로 러시아·프랑스·독일의 삼국 간섭을 받았습
니다. 이때 조선 정부 내부에서는 일본의 침략을 견제하기 위해 러
시아와 관계를 강화하려는 움직임이 나타났습니다. 친러 세력의 중
심에 왕비 민씨가 있다고 판단한 일본 공사 미우라 고로(三浦梧樓)
는 공사관 및 영사관원과 일본인 낭인, 일본군 수비대 등을 동원해
왕비 살해 계획을 세웠습니다. 1895년 10월 8일 새벽, 경복궁에 침
입한 일본인 일당은 '민비학살사건(명성황후 시해사건)'을 저질렀습
니다. 그런 다음 친일 내각을 재조직했지만, 오히려 일본에 대한 반
감만을 고조시키게 되었고, 다음해인 1896년 2월에는 신변의 위험

〈19-1〉 **원구단.**

을 느낀 국왕 고종이 몰래 왕궁을 빠져나가 러시아 공사관으로 피신하는 사태가 발생했습니다. 이를 '아관파천(俄館播遷)'이라고 부릅니다. 아관파천을 계기로 일본은 정치적으로 후퇴하지 않을 수 없었습니다.

1897년 2월, 고종은 1년간 머무르고 있던 러시아 공사관에서 경운궁(慶運宮)으로 돌아왔습니다. 그리고 10월에는 새로 설치한 원구단에서 직접 고천지제(告天地祭)를 거행하고 '황제'에 즉위함과 동시에 국호를 '대한(大韓)'으로 바꿨습니다. 중국의 책봉에 근거를 둔 조선 국왕이 아니라, 청나라 황제와 격이 같은 한국 황제가 됐음을 의미하는 것입니다. 중국과의 종속 관계에 의거해 외압에 대처하는 전략을 세울 수가 없는 상황에서, 독립된 주권 국가로서 근대적인 국제법 체계 아래 들어가겠다는 점을 내외에 분명히 밝히려는 의도였습니다. 또한 황제의 권력을 확립하고, 그것을 중심으로 한 근대적인 국가 체제를 구축할 목적이었습니다. 그리고 이 시기에 전개

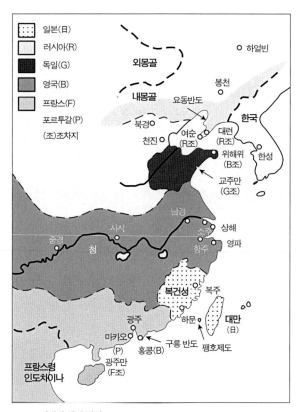

일본(日)
러시아(R)
독일(G)
영국(B)
프랑스(F)
포르투갈(P)
(조)조차지

외몽골

하얼빈

내몽골
봉천
요동반도

북경
여순
(R조)
대련
(R조)
한국
천진
위해위
(B조)
한성

교주만
(G조)

남경
시시
상해
중경
청
소주
항주
영파

복건성
복주

광주
하문
대만
(日)

마카오
(P)
홍콩(B)
구룡 반도
팽호제도

프랑스령
인도차이나
광주만
(F조)

〈19-2〉 **열강의 세력 범위**(20세기 초반).

된 독립협회(獨立協會) 운동은 그것을 아래로부터 지지할 수 있는 국민을 창출하려 했던 운동이라고 할 수 있습니다. 독립협회는 1898년 서울 종로에서 수만 명의 시민을 모아놓고 만민공동회(萬民共同會)를 개최해 국정 개혁 운동을 전개했습니다. 의회 개설 요구 등을 둘러싸고 운동이 격화되는 것을 염려했던 보수파의 탄압에 의해 해산되고 말았지만,《독립신문》 등을 통해 국가와 국민 계발이 이뤄졌고, 국기 게양이나 애국가 제창 캠페인 등이 전개됐습니다.

1899년 '대한국국제(大韓國國制)'에는, 대한제국은 만세 불변의 황제 전제 정체를 취한다고 명기되어 있으며, 나아가 "대한국은 세계 만국에 공인된 자주 독립의 제국이다"라는 점도 명시됐습니다. 광무개혁(光武改革)이 시행되면서 지세 징수의 기초를 마련하고, 재정 기반을 공고히 하기 위해 전국적인 토지 조사〔양전(量田)〕가 이뤄졌습니다.

동아시아 전역에서 열강에 의한 분할 경쟁이 격화되는 가운데, 한국에서도 열국 간의 경쟁과 상호 견세가 치열해지고 있었습니다. 이에 대한제국은 국가 체제의 강화를 도모하고, 열강들끼리의 세력 균형을 꾀하면서 독립을 유지할 길을 모색하는 외교 정책을 펼쳤습니다. 그 세력 균형책이라는 바탕에서 추구됐던 계획이 열국의 공동 보장에 의한 영세중립화 구상입니다. 그러나 이러한 일련의 내외 정책 시도는 러일전쟁을 통한 일본의 침략으로 좌절되고 말았습니다.

2. 러일전쟁의 성격

1896년 고무라(小村)·베베르협정과 야마가타(山縣)·로바노프협정, 1898년 니시(西)·로젠협정을 통해 일본과 러시아는 한국을 둘러싼 세력 관계를 타협하려 했습니다. 그러나 삼국 간섭으로 일본이 빼앗겼던 여순(旅順)·대련(大連)을 러시아가 청나라로부터 조차하고, 게다가 1900년 의화단사건을 계기로 출병했던 러시아가 만주를 점령해나가자 러시아의 철병 문제를 둘러싸고 러일 두 나라의 대립은 더욱 심화됐으며, 사태는

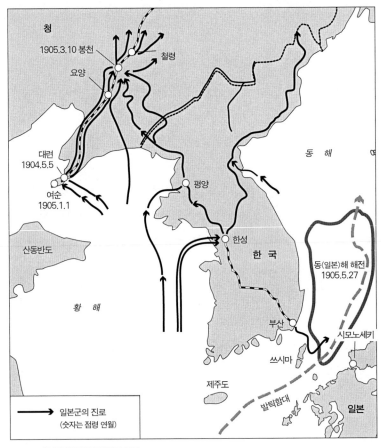

청

1905.3.10 봉천

철령

요양

대련
1904.5.5

여순
1905.1.1

산동반도

황 해

동 해

평양

한성

한 국

동(일본)해 해전
1905.5.27

부산

쓰시마

시모노세키

제주도

발틱함대

일본

일본군의 진로
(숫자는 점령 연월)

〈19-3〉 **러일전쟁에서의 일본군 진로.**

1904년 러일전쟁을 향해 치달았습니다.

러일전쟁의 성격을 둘러싸고 오래전부터 여러 가지 주장이 있었습니다. 하지만 무엇보다 명확히 해두지 않으면 안 될 사항은 러일 두 나라가 대립한 이유가 어디까지나 한국에 있었다는 점입니다. 러일전쟁은 무엇보다도 한국 지배를 둘러싸고 일어난 전쟁이었습니다.

1901년 가토 다카아키(加藤高明) 외상의 의견서는, 러시아의 만주 점령이 "우리의 이익과 직접적으로 커다란 충돌을 일으키지는 않"지만 그 결과 "러시아의 세력이 한반도를 지배"하게 될 것이라는 인식과 함께 ① 승패를 전쟁으로 "직접 결정한다", ② 러시아와 협상을 무시하고 한국을 "점령하거나 보호국으로 삼는다", ③ "뒷날을 기다려 임시 처치를 강구한다" 등의 세 가지 안이 제시되고 있습니다. 여기에 기조를 둔 내용이 '만한교환론(滿韓交換論)', 즉 만주에서 러시아의 지배적 지위는 인정하고, 한국은 일본이 확보해야 한다는 주장입니다. 만주 철병 문제가 심각해졌던 1903년 4월 가쓰라 타로(桂太郎) 수상 등이 참석한 수뇌 회의에서도 지금까지 러시아와 일본 두 나라가 대립해왔던 이유는 "하나의 한국에 대해 러시아와 일본이 권리를 다투었기 때문"이었다고 하면서 다음과 같이 강조했습니다.

> 우리는 한국에 대해 충분한 권리를 요구하고, 교환의 대가로 만주는 저들에게 경영[計營]을 허락하는 범위 내에서 양보해 여러 해 동안 풀지 못한 문제를 한 번에 해결하자. 그러나 이 문제를 해결하려 한다면 반드시 먼저 해결해야 할 문제는 어떠한 경우나 어떠한 어려움에 처하더라도 한국을 양보해서는 안 된다는 점이다. 또한 이 요구를 주창하려면 아무리 전쟁일지라도 물러서서는 안 된다.
>
> —《가쓰라 타로 자전(桂太郎自傳)》

그리하여 1903년 6월에 열린 각의에서도 만한교환론에 기초한 교섭 방침이 확인됐으며, 개전 방침을 결정했던 12월의 각의에서도 "어떠한 경우에라도 실력으로써 이(한국)를 우리 세력 아래에 두지 않으면 안 된다"고 했습니다. 일본의 러일전쟁 목적이 한국 지배에 있었다는 점은 분명하다고 할 수 있습니다. 러일전쟁은 러시아와 일본 두 제국주의에 의한 한국 쟁탈 전쟁이었습니다.

둘째, 러일전쟁은 당시 국제 사회에서 영국과 러시아의 대립을 배경으로 한 전쟁이었습니다. 제국주의의 대립 속에서 아프리카나 아프가니스탄뿐 아니라 동아시아도 영국과 러시아 대립의 교착 지역이 되고 있었습니다. 일본이 영일동맹의 길을 택해야 할 것인가, 아니면 러일협상을 지향해야 할 것인가에 대해 야마가타 아리토모와 가쓰라는 전자를, 이토 히로부미와 사이온지 김모치(西園寺公望)는 후자를 각각 주장하면서 대립했습니다. 결국 1902년 영일동맹이 체결됨으로써 일본은 영국을 배경으로 삼아 러시아와 전쟁을 벌이기로 결단했습니다. 영국의 관점에서 본다면, 일본을 대리로 내세워 러시아와 대결했던 것이 러일전쟁이었다고 할 수 있습니다.

실제로 러일전쟁에서 사용된 전쟁 비용 17억 엔 가운데 40%는 영국과 미국에서 모집한 외채로 마련했습니다. 중국 분할 경쟁에서 뒤처졌던 미국은 문호 개방 선언으로 중국 시장에 비집고 들어가려 했습니다. 미국의 당시 목표는 만주 진출에 있었고, 이를 위해서는 일본의 힘을 이용해 러시아의 독점을 막을 필요가 있었습니다. 전쟁 전 개전론의 중심 인물 가운데 한 사람인 이구치 쇼고(井口省吾) 소장은 전쟁이 길어야 1년이며 전선은 하얼빈까지라고 말했지만, 실제 봉천회전(奉天會戰) 뒤 일본은 전비가 바닥나 탄환마저 떨어져 버렸습니다. 그래서 미국이 적극적으로 중재에 나서 포츠머스(Portsmouth)에서 강화 교섭이 이뤄진 것입니다. 미국의 처지에서 본다면 러시아의 진출을 막고, 일본이 결정적인 승리에 이르지 않은 단계에서 마무리되는 편이 최선이었습니다. 강화 체결 전, 이미 1905년 7월 일본 총독 가쓰라와 미국 국무장관 태프트(William

Howard Taft) 사이에 가쓰라·태프트협정이 맺어지고, 8월에는 영일동맹이 개정됨으로써, 영국과 미국은 각각 한국에서 일본의 우월적인 지위를 승인했습니다. 이를 토대로 러시아와 포츠머스조약이 체결되기에 이르렀습니다. 그렇다고 이러한 전개를 한국이 비주체적으로 감수했던 것은 아닙니다.

셋째, 가장 중요한 사실은 러일전쟁이 한국의 다양한 변혁 시도와 독립 유지 노력을 좌절시킴으로써 일본에 의한 식민지화의 길을 결정하는 데 큰 구실을 했다는 점입니다. 앞에서 서술했듯이, 대한제국은 열국의 세력 균형을 도모하면서 국민 국가를 구축하려고 모색했으며, 영세중립화안으로 독립을 유지하려고 애썼습니다. 1900년 주일공사 조병식(趙秉式)이, 다음해 외부대신 박제순(朴齊純)이 일본을 방문했을 때 중립화 구상을 제시했지만, 한국에 대한 독점적인 지배를 노리고 있던 일본은 중립화 실현을 방해했습니다. 일본은 한국 정부의 외교 활동을 가로막고 열국들의 개입을 배제하기 위해서라도 외교권 박탈, 즉 보호국화 정책을 추진하지 않을 수 없었습니다. 러일전쟁은 중립화 구상을 부정하고 독립을 유지하기 위한 모든 방책을 좌절시킨, 한국을 식민지화하기 위한 전쟁이었습니다.

러일전쟁의 개전이 눈앞에 다가오자 대한제국은 1903년 11월과 1904년 1월 열국에 전시 국외 중립을 선언했고, 이를 영국·프랑스·독일·이탈리아·덴마크·청나라 등이 승인했습니다. 하지만 일본은 2월 8일 선발 부대가 인천에 상륙해 열국의 승인을 받은 중립국을 점령함으로써 전쟁을 시작할 수밖에 없었습니다. 그런 다음 한일의정서를 강요해 일본군의 자유로운 활동을 인정토록 했으며, 8월에 체결된 제1차 한일협약에 따라 외교고문과 재정고문을 파견해 내정 간섭을 강화했던 것입니다.

3. 보호조약의 강제

1905년 9월 체결된 포츠머스조약 제2조에는 "러시아 제국 정부는…… 일본 제국 정부가 한국에서 필요하다고 인정되는 지도 및 보호, 감리 조치를 취하는 데 저해하거나 간섭하지 않을 것을 약속한다"고 명시되어 있으며, 러일전쟁 후 일본은 한국을 보호국으로 지배하게 됐습니다. 한국 측에 이 조약을 인정하게끔 강요했던 것이 11월에 맺은 제2차 한일협약, 이른바 을사보호조약입니다. 이 조약의 제1조는 "일본국 정부는 도쿄 소재 외무성이 오늘 이후 한국의 대외 관계 및 사무를 감리·지휘"한다고 규정했습니다. 이는 한국 정부의 외교권을 박탈하고, 도쿄에 있는 대일본 제국의 외무성이 대신 수행한다는 뜻입니다. 보호국화는 바로 외교권의 박탈을 의미합니다.

그런데 당시부터 일본의 일관된 주장은 '한국 병합'이 쌍방의 '합의'에 기초해 '평화적'으로 이뤄졌으며, 구미 열강의 식민지 지배와 다르다는 것이었습니다. 지금까지도 그렇게 주장하는 사람이 있습니다. 실제로 1910년 병합조약의 시점에서는 이를 드러내놓고 반대할 수 없는 상황이었습니다. 그러나 식민지화의 출발점이 됐던 보호조약의 체결과 이후의 과정을 살펴보면, 그러한 주장이 성립할 수 없다는 점은 명백합니다.

한국 정부에 보호조약의 체결을 강요하기 위해 메이지 천황의 칙사를 자진해서 맡고 나선 사람이 바로 이토 히로부미였습니다. 당대 제일의 실력자 이토가 스스로 뛰어들었다는 사실만 보더라도, 일본에 한국 지배가 얼마나 중대한 사안이었는지를 알 수 있습니다. 러일전쟁 후 계속해서 주둔하고 있던 일본군이 대포를 쏘아대던 가운

〈19-4〉 **이토 히로부미**(1841~1909).

데 서울에 도착했던 이토는 황제 고종에게 조약안을 제시하면서 "제국 정부가 여러 가지 고려를 거듭해 이제는 조금도 변통할 여지가 없는 확정안"이라고 말하며 다음과 같이 을러댔습니다.

이에 대한 승낙도 거절도 당신 마음대로이지만, 만약 거절한다면 결과는 어떻게 되겠소? 대외 관계에서 귀국의 지위는 장래에 매우 곤란한 상황에 빠져 더욱더 불리해질 것임을 각오하지 않으면 안 되오.

—《이토 히로부미전(伊藤博文傳)》하권

더욱이 일본 공사관에 한국 정부 대신들을 소집해 조약에 조인하도록 강요했습니다. 당연히 대신들은 쉽게 응하지 않았습니다. 그래서 각의 장소를 왕궁 안에 있는 한 방으로 옮겨 한 사람 한 사람씩 의견을 물었고, 그 결과 과반수의 찬성을 얻었다고 주장하면서 조인을 강행했습니다.

아무런 권한도 없는 이토가 다른 나라 각의의 사회를 본다는 것 자체가 정상적인 일이라고 말할 수 없습니다. 더군다나 수상에 해당하는 참정대신 한규설(韓圭卨)은 최후까지 반대 의견을 폈습니다. 이토의 측근이라고 할 수 있는 니시요쓰쓰지 긴타카(西四辻公堯)가 훗날 관계자의 이야기 등을 정리한 것으로 여겨지는《한말외교비사

(韓末外交秘史)》(1930)의 내용을 보면, "이토 후(候)는 서슴없이 회의장으로 들어"와서는 "언제까지 우물우물 생각한다고 해도 결말이 날 이야기가 아니니……, 한 사람 한 사람씩 반대냐 찬성이냐 의견을 물을 테니 분명히 답해주길 바란다"며 대신들을 추궁했습니다. "다음은 박제순 외무대신이다. 절대 반대는 아니므로 찬성 쪽에 넣어서 ○인(印)" 등과 같은 방법으로 '멘탈 테스트(mental test)'를 시행해 반대자가 두 사람밖에 없었다고 처리된 것입니다. 조약 조인의 한국 측 책임자였던 외무대신 박제순은 나라를 팔아먹은 5명의 대신인 '5적' 가운데에도 가장 평판이 나쁜 인물입니다. 그러나 조인 장면을 좀더 자세히 기록한 이토의 공식보고서라고 할 수 있는《견한대사 이토 히로부미 봉사일기(遺韓大使伊藤博文奉使日記)》에 다음과 같은 글이 나옵니다.

외무대신 박제순: 어제 하야시(林) 공사와 회견할 때…… 내 견해를 얘기한 것과 같다. 본 조약안에 대해서는 결코 동의하지 않기 때문에 이것을 외교 담판으로 삼아, 본 대신이 그 중요한 임무를 맡아서 타협하는 것은 감히 할 수 없는 바지만, 만일 명령이 있다면 어찌할 도리가 없는 실정이다.
이토: 명령이란 어떤 의미인가? 폐하의 명령이 있다면 이에 복종해 조인할 것이라는 의견으로 해석해도 좋겠는가?
외무대신 박제순: (침묵).
이토: 그렇다면 귀 대신은 절대적으로 본 협약안에 반대한다고 간주할 수 없다.

박제순은 찬성했던 것이 아니라, 만일 황제의 명령이 있더라도 반대하겠는가라는 이토의 힐문에 '침묵' 했을 뿐입니다. 침묵이 절대 반대가 아니라고 해서 '찬성'에 넣어버렸던 것입니다. 다른 '찬성자' 도 거의 마찬가지였는데, 잘 읽어보면 찬성은 오로지 이완용 한 사람뿐이었습니다. '과반수의 찬성'이란 실제로 이와 같이 이루어진 것이었습니다.

일본 측의 조약 조인 책임자였던 하야시 곤스케(林權助) 주한공사가 만년에 저술했던 《나의 칠십 년을 말한다》(1935)에 따르면, 한규설 참정대신이 생각다 못해 황제에게 가려고 방을 나섰지만, 허둥댄 나머지 왕비 방으로 들어갔다고 합니다. 이어서 여성의 비명소리를 들은 한규설이 "우리들이 있는 회의실 앞까지 되돌아와 음 하면서 졸도해"버려서 "나는 '물이라도 머리에 끼었어 차갑게 해주면 좋겠다'고 말했다"고 했습니다. 마지막까지 반대했던 참정대신도 이렇게 한심스러운 사람이었다고 우스갯소리로 적어놓았지만, 앞에서 언급한 니시요쓰쓰지의 《한말외교비사》에서는 이 장면을 다음과 같이 서술했습니다.

한 참정대신이 돌연히 소리를 지르면서 슬프게 통곡하다가 마침내 별실로 연행됐다. 이때 이토 후는 다른 사람들을 둘러보면서 "너무 떼를 쓰면 죽여버리겠다"며 [일부러] 큰소리로 속삭이듯 말했다. 그런데 마침내 재가(裁可)가 나와 조인할 단계가 됐는데도 참정대신의 모습은 여전히 보이지 않았다. 그래서 누군가가 이를 의아해하자, 이토 후는 중얼거리듯이 "죽인 것 같아"라고 하면서 시치미를 뗐다. 참석한 각료 중에는 일본어를 알아듣는 자가 두세 명 있어서 이 말을 듣고 금세 옆에서 옆으로 이 일을 소곤거리며 전달했고, 조인은 어려움 없이 후다닥 끝나버렸다.

이에 따르면, 최후까지 저항했던 한규설은 방에서 연행됐으며, 이토는 의도적으로 한규설이 살해된 것처럼 행동함으로써 대신들을 공포에 빠뜨렸던 것입니다.

어쨌든 조약이 비정상적인 상황에서 체결됐던 것만큼은 틀림없습니다. 이로 말미암아 애초부터 무효론이 강하게 제기됐습니다. 무엇보다도 당사자인 고종 자신이 불법을 호소하면서 국제적인 운동을 펼쳤습니다. 1906년 초에는 중국에 있던《런던 트리뷴(Londen Tribune)》의 스토리(Douglas Story) 기자를 통해 조약의 부당성을 호

〈19-5〉 고종과 보호조약의 부당성을 호소한 친서.

소하는 친서를 지부(芝罘) 주재 영국 총영사에게 전달했습니다. 친서가 이후 어떻게 됐는지는 분명하지 않지만, 스토리는 같은 해 11월《런던 트리뷴》에 친서의 사진을 넣은 기사를 실었고, 1907년 1월 16일자《대한매일신보》가 그것을 다뤘습니다. 고종은 또한 외국 원수들에게 보내는 친서를 미국인 헐버트에게 부탁했습니다. 헐버트

는 1907년 5월 서울을 떠나 유럽을 거쳐 7월 뉴욕에 도착했습니다. 이 사이 또 하나의 계획이 진행되고 있었습니다. 네덜란드 헤이그 만국평화회의에 고종이 파견한 3명의 밀사가 나타나 참가시켜달라고 요구했던 '헤이그 밀사 사건'입니다.

헐버트에게 부탁한 것으로 보이는 친서가 80여 년의 세월이 지나 컬럼비아대학 도서관에서 발견됐습니다. 미국·영국·프랑스·독일·러시아·오스트리아·이탈리아·벨기에·청나라의 원수에게 보낸 9통의 편지입니다. 지금도 남아 있는 점으로 봐서 결과적으로 하나도 전달되지 않았다는 것을 알 수 있습니다. 헤이그 밀사 사건으로 말미암아 발신인이었던 고종 자신이 일본의 압력으로 퇴위당하여 계획이 중단됐기 때문인지도 모릅니다.

국제법학자 구라치 데쓰키치(倉地鐵吉, 《만국공법》, 1899)는 조약이 유효성을 가지려면 "합의가 완전해야 한다는 점"을 들었는데, 이때의 합의는 민법에서의 계약과 마찬가지로 "조약 체결에 참여한 사람들에게 폭력·위협 등이 가해졌을 때는 본인의 의지라고 볼 수 없기 때문에…… 조약은 결코 유효하지 않다"고 딱 잘라 말했습니다. 이러한 국제법 정신에 비춰볼 때, 이 조약의 유효성은 어떻게 될까요? 파리대학의 프랑시스 레이(Francis Rey, 〈한국의 국제 상황〉, 1906)는 "우리들은 망설일 이유도 없이 1905년 조약이 무효라고 주장한다"라는 결론을 내렸습니다. 국제법 자체가 제국주의 세계의 약속에 지나지 않는 만큼 합법이냐 무효냐 하는 논의는 한정적인 의의밖에 없지만, 당시 국제법에서조차도 문제가 많은 조약이었습니다.

4. 반일 의병 '전쟁'

　　　　　　　　　그럼, 또 다른 문제인 '한국 병합'
이 '평화적'으로 이뤄졌다는 주장이 과연 올바른지에 대해 생각해
보겠습니다. 먼저 한국의 보호국화는 러일전쟁이라는 제국주의 전
쟁에 의해 가능해졌던 일입니다. 러일전쟁이 한국의 전 국토를 군사
점령하는 것에서부터 시작했다는 점을 언급하지 않으면 안 됩니다.
그 연장선에서 보호조약이 강요됐던 것입니다. 합병에 이르는 5년
간도 결코 '평화적'이었다고 이야기할 만한 것이 아니었습니다.

　보호조약에 근거해 서울에는 통감부(統監府)가 설치됐고, 초대 통
감으로 이토 히로부미가 취임했으며, 일본 침략에 저항해 여러 가지
형태의 운동이 일어났습니다. 개화사상을 이어받아 산업과 교육을
통한 국권 회복을 도모하려는 애국계몽운동이 활발해졌고, 위정척
사 사상의 조류를 이어받은 반일의병투쟁이 전개됐습니다. 1906년
3월에는 민종식(閔宗植)이, 6월에는 최익현(崔益鉉)이 거병했는데,
최익현은 일본군에게 잡혀 쓰시마에 유폐된 뒤 옥사하고 말았습니
다. 그리고 민영환(閔泳煥)이나 조병세(趙秉世) 등 보호조약에 저항
해 자결한 인물도 잇따랐습니다. 고종은 앞에서 말했듯, 일본의 부
당성을 호소하는 외교 활동을 벌였는데, 그 정점을 이룬 사건이
1907년 헤이그 밀사 파견입니다. 이토는 헤이그 밀사 사건으로 당
황했지만 이를 빌미로 고종을 윽박질러 퇴위를 강요했고, 내정 간섭
을 더욱 강화하는 제3차 한일협약을 강제로 체결했습니다. 더군다
나 한국 군대를 해산해버렸습니다.

　그런데 군대의 강제 해산은 각지에서 의병 활동이 더욱 활발해지
는 계기가 됐습니다. 군대가 해산됐다는 사실을 안 병사들 가운데에

△ 초기 봉기(1895년 10월 11일~)
□ 중기 봉기(1904년~)
○ 후기 봉기(1907년~)
김호성, 《한말 의병운동사 연구》,
1987, 고려원에서 작성

청

함경북도

평안북도

함경남도

의주

평안남도 ● 평양

원산

동해

황해도

강원도

인천 ●

원주

경기도

황 해

충청북도

홍주

충청남도

영해

전라북도

전주

경상북도

태인

순창

경상남도

부산

전라남도

제주도

일본

〈19-6〉 **전국에서 일어난 의병 운동.** 운노 후쿠쥬(海野福壽), 《한국병합》에서 인용.

는 무기를 지닌 채 집단으로 병영을 빠져나와 의병 대열에 합류하는 자가 많았으며, 전국적으로 대규모의 의병 투쟁이 벌어졌습니다.

일본군의 공식 보고서인 《조선폭도토벌지》의 기록을 봐도 일본군과 의병 사이의 전투가 얼마나 격렬했는지 알 수 있습니다. 1907년의 전투 횟수는 323회에 이르며, 여기에 참가했던 의병의 연인원은 무려 44,000명에 달합니다. 절정을 이루었던 1908년에는 1년간 1,452회의 전투가 벌어졌고, 69,000명이 참가했습니다. 1909년에는 898회,

25,000명이나 됩니다(표 〈19-7〉 참조).

이러한 의병 투쟁을 진압하기 위해서라도 일본은 러일전쟁 이후 계속해서 대규모 병력을 주둔시키지 않을 수 없었는데, 동원 인원이 러일전쟁 때 투입된 군사보다 많았다고 합니다. 일본군의 의병 진압 상황은 캐나다 저널리스트인 맥켄지(F. A. McKenzie)가 《대한제국의

연차	수비대 헌병·경찰		의병				부상	포로	포획품		
			살육								
	전사	전상	수비대	헌병	경찰	소계			총	칼	창
1996	3	2	82			82		145	717	71	573
1907	29	63	3,580	11	36	3,627	1,592	139	1,235	7	
1908	75	170	9,435	1,858	269	11,562	1,719	1,417	5,081	85	59
1909	25	30	760	1,594	20	2,374	435	329	1,392	245	18
1910	4	6	22	101	2	125	54	48	116	20	1
1911		6		7	2	9	6	61	10	1	
합계	136	277	13,879	3,571	329	17,779	3,706	2,139	8,551	429	651

〈19-7〉 **의병 투쟁 상황.** 조선주차군사령부 편, 《조선폭도토벌지》, 다나카 신이치(田中愼一) ; 이구치 가즈키
(井口和起) 편, 《일청·일로전쟁》 인용.

비극》(1908)과 《자유를 위한 한국의 투쟁》(1920)에서 자세하게 보고
하고 있는 대로입니다. 예를 들어, 충청북도 제천군의 진압 작전에
대해서는 다음과 같이 서술하고 있습니다.

일본군은 증원병을 급파해 몇몇 전투를 치른 끝에 재점령했다. 그들은
그때 제천을 지방 주민에게 보여줄 보복의 본보기로 삼기로 작정했다.
온 마을을 불태워버렸다. ……불상 한 개와 관아 외에는 아무것도 남지
않았다. 한국 사람들이 피난 갈 때 남자 5명, 여자 1명, 그리고 어린아
이 1명은 몸을 다쳐 따라가지 못했다. 이들은 불길 속에서 사라졌다.

맥켄지는 친일작가로, 러일전쟁 즈음 종군기자로 활동하며 일본
군의 엄정한 규율 등을 칭찬했던 사람이지만, 의병 탄압의 잔학성
등을 목격한 뒤 그 실태를 생생하게 보도했습니다. 같은 제천군의
작전을 조선주차군사령부에서 펴낸 《조선폭도토벌지》에서는 이렇

게 기술하고 있습니다.

책임을 실제로 범죄를 저지른 촌읍으로 돌리고, 마을을 모두 엄중하게 처벌해야 한다고 효유(曉諭, 알아듣도록 타이름)했다. ……토인(土人, 현지 주민)들 역시 그들 폭도에 대해 동정하고 비호하는 경향이 있었기 때문에 토벌대는 위의 고시에 근거해 책임을 범법을 저지른 촌읍으로 돌려 주륙(誅戮)을 가하거나 온 마을을 불태워버리는 등의 조치를 취했는데, 충청북도 제천 지방 같은 곳에서는 눈에 띄는 한 거의 초토화돼버렸다.

맥켄지의 보도가 결코 지나치지 않았다는 점을 일본군 스스로 자신의 보고서를 통해 보여주고 있는 셈입니다.

각지에서 싸우고 있던 의병들은 연합을 모색했습니다. 1908년 이인영(李麟榮)을 13도 의병 총대장으로 삼아 서울로 진공하려는 계획이 세워졌습니다. 연합 의병대는 동대문 밖 12킬로미터 지점에서 일본군에 저지되고 말았는데, 이때 이인영은 각국의 외교 사절단을 향해 의병 자신들을 국제법상의 교전 단체로 승인해달라고 호소했습니다. 일본의 침략과 이에 대한 의병 사이의 전쟁이라는 주장입니다. 1909년 하얼빈 역 앞에서 이토 히로부미를 사살한 뒤 체포돼 여순의 감옥으로 이송됐던 안중근(安重根)은 재판에서 이토의 죄상을 열거하면서 규탄했는데, 자신을 '의병참모중장'이라 부르며 살인범이 아니라 포로로 취급해달라고 요구했습니다. 이토의 사살은 일본과 의병 간의 전쟁에서 행해진 작전의 일환이라는 주장입니다. 그들과 정반대의 위치에서 경찰관으로 의병 진압에 나섰던 이마무라 토모(今村鞆)는 이렇게 서술했습니다.

〈19-8〉 지방검찰청 앞 게시판에 붙여놓은 의병 투쟁과 관련한 본보기 사진(왼쪽)과 맥켄지가 찍은 의병 부대.

일본의 신문 등도 한국의 일을 아예 문제 삼지 않았다. ⋯⋯2, 3행으로 처리해, 이웃 나라에서 대사변으로 동포가 참해(慘害)되고 있는데도 감각이 무뎌져 다른 사람의 일처럼 조금도 주의를 기울이지 않았다. 하지만 손해는 그야말로 일국의 대란(大亂)이었다.

즉, 중대 사태를 보도하지 않는 일본의 신문과 국민의 무관심에 불만을 나타내고 있는 것입니다. 크게 보도되는 것을 막았던 이들은 실태가 알려지기를 원치 않는 일본 당국자들이었는데, 실상은 그야말로 '일국의 대란'이라고 할 만한 일이었습니다.

의병과 일본군 사이에 벌어졌던 사건들은 바로 '전쟁'이라고 부를 만한 것이었습니다. '평화적'으로 식민지화가 진행됐던 것이 아니라 대규모의 식민지 침략 전쟁이 있었으며, 또한 침략에 저항하는 방위 전쟁이 존재했다고 할 수 있습니다. 일본군은 1909년부터 다음해에 걸쳐 최후까지 저항했던 남부 일대에 '남한대토벌작전(南韓大討伐作戰)'을 전개했습니다. 이 전투에서 수많은 의병이 전사했고, 한국 국내에서는 더 이상 의병 투쟁이 전개될 수 없게 됐습니다.

이러한 '전쟁'을 거쳐 비로소 '한국 병합'이 가능해졌습니다.

5. 한국의 '폐멸(廢滅)'

　　　　　　　　　　　　　'한국 병합' 조약은 1910년 8월 22일 비밀리에 조인, 일주일 뒤 공표됐습니다. 조약은 '한국 황제 폐하'가 "한국에 관한 일체의 통치권을 완전하고도 영구히 일본국 황제 폐하에게 양여"한다 청했고, '일본 황제 폐하'는 이를 '수락'하는 동시에 "한국을 완전히 일본 제국에 병합하는 것"을 '승락'했다는 내용으로 돼 있습니다. '임의적 병합'임이 강조되는 형태입니다.

외무차관으로서 조약안을 기초하는 데 핵심 구실을 담당한 사람이 앞에서 말한 국제법학자 구라치 데쓰키치였습니다. 법학자로서 자신의 이론에 비춰봐도, 5년 전에 체결한 보호조약의 유효성이 극히 의심스러웠다고 생각한 모양입니다. 그렇기 때문에 이번에 자신이 작성한 병합조약에는 끈질기리만큼 '합의'가 강조돼 있다고 볼 수 있지 않을까요? 구라치는 '병합'이란 단어에 대해서 다음과 같이 서술하고 있습니다.

> 한국이 완전히 폐멸돼 제국 영토의 일부가 됐다는 뜻을 명확하게 함과 동시에 어조가 너무 과격하지 않은 단어를 선택하려고 여러 가지를 고려했지만, 끝내 적당한 단어를 발견할 수가 없었다. 따라서 당시 아직 일반적으로 사용되고 있지 않는 단어를 쓰는 편이 좋겠다고 판단하고, 병합이라는 단어를…… 사용했다.
> ― 고마쓰 미도리(小松綠), 《조선병합의 이면(裏面)》, 1920

조약이 결코 대등한 의미를 지닌 '합방'·'합병' 등이 아니라 일본 제국에 의한 대한제국의 '폐멸'이라는 점을 명확히 하면서 '병탄(倂呑)' 등으로는 '아무래도 침략적'인 본질이 드러나기 때문에 '병합'이라는 단어를 만들어냈다고 스스로 고백했던 것입니다.

병합 조약에 의해 대한제국은 소멸하고, 한국은 대일본 제국의 영토로서 병탄되고 말았습니다. '한국 병합'이 발표되자 일본 내에서는 축하의 제등 행렬이 각지에서 거행됐습니다. 신문들도 사설에서 이 사실을 다뤘습니다.

> 병합은 한(국)인에 대한 평화와 질서, 진보를 가장 확실하게 보장해주는 것인 만큼 한(국)인들도 당연히 문명상의 일대 사실로서 이를 기념하지 않으면 안 된다.
>
> ―《도쿄니치니치신문》

> 한(국)인이 일본인이 되는 것은 한(국)인을 위해 행복한 일이다. 대체로 한국에서 일본의 행동은 문명을 의미하며, 따라서 인민의 안전과 평화를 보장해주기 때문이다. ……그러므로 합병을 기뻐해야 할 사람은 누구보다 한(국)인이고, 국민적 경사의 표시로 제등 행렬을 거행할 만한 가치가 있으며, 또 (한국의) 황제로는 특사사(特謝使)를 파견해야 하는 데도, ……일본 사람이 때때로 축하의 뜻을 표하는 것은 관리전도(冠履顚倒)라고 해야 한다.
>
> ―《오사카아사히신문(大阪朝日新聞)》

이렇듯 병합이 한국의 문명 발전을 위하고, 역사·인종·언어 등의 측면에서 보더라도 필연적인 조치였다는 점 등을 강조했습니다.

그리고 한국인에게 일본 국가와 황실에 대해 감사하라고 요구하는 점이 눈에 띕니다.

메이지 천황은 칙사를 파견해 한국의 마지막 왕이 돼버린 순종을 '이왕(李王)'으로 책봉했습니다. 곤도 시로스케(權藤四郎介, 《이왕궁비사(李王宮秘史)》, 1926)는 창덕궁 인정전에서 조칙을 전달하는 모습을 이렇게 설명했습니다.

> 궁 안은 삼엄하게 소리도 없이 엄숙한 기운으로 가득 찼고, 각각의 사람들은 극도로 긴장해 있었다. ……왕 전하도 심각한 표정으로 침묵하고 칙사도 완전히 침묵했으며, 쌍방의 수행원들도 헛기침 소리 하나 내지 않고, 마치 우상(偶像)과 같은 자세로 서 있었다. 그때 칙사는 아무 말도 하지 않은 채 조서(詔書)를 넣은 이지(梨地, 금은 가루를 뿌린 뒤 겉에 투명한 칠을 해 만든 공예품 — 옮긴이)에 국화 문장이 빛나는 길이 3척에 폭 2촌 5푼 정도의 함을 공손하게 받들어 전하에게 바쳤고, 전하는 이를 받은 뒤 서로 장중한 경례를 나눴을 뿐 한 마디 말도 없었다. 단지 아주 신비스러웠다고 밖에는 달리 형용할 문자가 없었던 것이다.

이는 백촌강 전투 때 부여풍을 백제 왕으로 책봉한 이후로 처음 있었던 일이라고 할 수 있을지도 모릅니다. 그때는 패전에 따른 실패와 허구에 머물렀던 데 비해 이번에는 실제로 한국 왕이 천황에게 신종(臣從)하고, 국토가 병탄됐던 것입니다.

20장 | 식민지 지배

1. '무단정치'에서 '문화정치'로

35년간의 식민지 지배 시대는 통치 정책에 따라 세 시기로 나눌 수 있습니다. 1910년대는 '무단정치' 시기입니다. 일본 본국의 육군대신을 겸임하면서 초대 총독으로 취임했던 데라우치 마사타케(寺內正毅) 육군대장은 모든 일을 군대식으로 처리하려 했습니다. 그러나 무단정치가 데라우치 개인의 성향에서 비롯한 것만은 아닙니다.

'총독부관제'에 의하면, 조선총독은 육·해군 대장 가운데 선발하게 돼 있었습니다. 그리고 천황에게만 직예(直隸)한다고 했는데, 이런 점에서 수상 등과 동격의 존재였습니다. 더욱이 수상이 헌법과 의회에 구속을 받는 데 비해서, 총독에게는 자신의 판단으로 제령(制令)을 정할 권리가 주어졌으며, 한국에 주둔하는 군대 통솔권 등도 인정받았습니다. 그야말로 '소천황(小天皇)'으로서 식민지 민중 위에 군림했던 것입니다.

〈20-1〉 3 · 1독립운동 당시 모여 있는 민중.

총독무관제(總督武官制)와 더불어 무단 정치의 특징을 헌병경찰제도에서 찾아볼 수 있습니다. 이는 일반 민중을 단속하는 경찰과 군대경찰인 헌병을 접목한 제도입니다. 헌병대 사령관이 경무총장을, 각도의 헌병대장이 도경찰부장을 각각 겸임하는 형태를 취하고 있으며, 호적 사무나 부업 장려에서부터 일본어의 사용 보급에 이르기까지 경찰 업무를 분담했습니다. 사실 이 제도는 보호국 시기에 의병을 토벌하기 위해 고안됐는데, 민중의 일상생활을 군대경찰이 직접 감시하기 위한 목적으로 병합 후에도 그대로 유지됐습니다. 군사력을 전제로 식민지 지배가 행해졌다는 사실을 단적으로 보여 주는 제도라고 할 수 있으며, 군대를 통솔하기 위해서라도 총독은 현역 대장이 되지 않으면 안 됐습니다.

무단 통치 아래 총독부의 정책을 비판하는 움직임은 철저하게 봉쇄됐지만, 1919년에 일어난 3 · 1운동은 문자 그대로 민족 전체의 독립운동이었습니다. 3월 1일에 독립선언문을 발표하는 것으로 시작한 이 운동은 수개월 동안 전국 218군 거의 모든 곳으로 파급됐

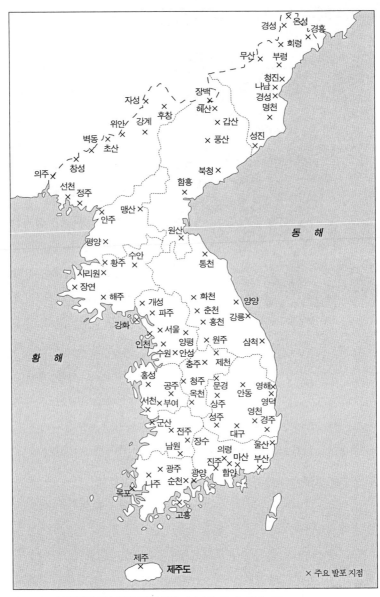

경성
온성
경흥
회령
무산
부령
청진
나남
경성
명천
자성
장백
해산
후창
강계
갑산
위안
벽동
풍산
성진
초산
북청
의주
창성
함흥
선천
정주
맹산
안주
원산
평양
수안
황주
통천
사리원
장연
화천
양양
해주
개성
춘천
강릉
파주
홍천
강화
서울
원주
삼척
인천
양평
수원
안성
제천
충주
홍성
청주
문경
영해
공주
옥천
안동
영덕
서천
부여
상주
영천
군산
성주
경주
전주
대구
남원
장수
울산
의령
마산
부산
광주
진주
함양
광양
나주
순천
목포
고흥
제주
제주도

× 주요 발포 지점

〈20-2〉 3 · 1 독립운동 당시 일본군 발포 지역. 다케다 유키오, 《조선사》 인용.

고, 참가인 수가 200만 명에 이르렀다고 합니다. 일본은 군대를 증파해서 진압했고, 공식 기록으로 확인할 수 있는 군의 발포 지역만해도 〈20-2〉 지도에서와 같이 여러 곳이었습니다. 박은식(《한국독립운동지혈사》, 1920)은 탄압으로 인한 조선인 사망자가 7,509명에 이른다고 추정했습니다.

일본은 3·1운동을 진압했지만 지배 방식을 바꾸지 않으면 안 됐습니다. 새로 총독으로 부임한 사이토 마코토(齋藤實)는 지금까지의 무단정치 대신 '문화정치'를 지향하겠다고 선언했습니다. 따라서 1920년대는 '문화정치'의 시기라고 할 수 있습니다. 이러한 문화정치에 의한 개혁으로 선전됐던 첫 번째 일은 총독무관제를 폐지하고 문관도 총독이 될 수 있게 개정함과 동시에 총독이 조선군을 통솔한다는 규정을 철폐하는 것이었습니다. 두 번째로는 헌병경찰제도를 폐지하고 헌병과 보통 경찰을 분리해 일반 민중의 단속은 보통경찰이 담당하도록 고쳤다는 것이 강조됐습니다.

문화 통치 아래에서는 일정한 결사와 집회가 인정되고, 한국어 신문 발간 등도 허가됐습니다. 제1차 세계대전 후 세계적으로 민족운동이 고양된 데도 영향을 받아 민족운동·사회운동 진전에도 유리한 조건이 마련됐습니다. 그러나 제도상으로는 현역 무관제가 폐지됐지만, 역대 총독에 문관 출신자는 한 사람도 취임하지 않았습니다. 더욱이 사이토 마코토가 해군대장이었던 것을 제외하면 실제로 총독으로 임명됐던 사람은 모두 육군대장이었습니다. 또한 일반 경찰로 교체됐다고 하지만, 경찰서 수는 1919년 736곳에서 다음해인 1920년에는 2,746곳으로, 경찰관의 수도 6,387명에서 20,134명으로, 경찰 예산은 약 700만 엔에서 2,400만 엔으로 크게 늘어났습니다. 민중에 대한 감시를 더욱 치밀하게 펼칠 수 있도록 경찰 망을 확충해 체제를 강화하려 했던 것입니다. 문화정치라 할지라도 군사적인 토대 위에 성립된 지배였다는 점에서 아무런 변화도 이뤄지지 않았습니다. 그러니까 만일의 경우에 대비해 총독에 문관을 취임시킬 수가 없었던 것입니다.

2. 동화주의와 일선동조론

　　　　　　　　　　그렇다면 문화정치로의 전환은 무엇을 의미할까요? 병합 초기부터 한국 통치의 기본 이념은 동화주의였다고 생각합니다. 병합 후 데라우치는 "고대 이후로 제국과 한토(韓土)는 특수한 관계이기" 때문에 "하나로 통일된 국가를 이뤄야" 하며, 한국인을 "충실하고 선량한 제국 신민으로 만드는" 것이 "한국 병합의 본뜻"이라고 한 다음, "지역이 매우 가까워서〔순치상의 (脣齒相倚)〕 옛날부터 밀접한 관계를 맺고 있었을 뿐 아니라 동종동문(同種同文)으로서 습속풍교(習俗風敎) 역시 커다란 차이가 없으므로 서로 융합동화(融合同化)할 수 있다"고 연설했습니다. 3·1운동의 발발에 직면해 한국 지배 방식을 둘러싸고 여러 가지 주장이 제기됐는데, 수상 하라 다카시(原敬)는 〈조선통치사견〉에서 다시 한 번 동화주의의 방향을 명확하게 제시했습니다. 하라는 일본과 한국의 관계에서 언어나 풍속이 "근본으로 거슬러 올라가면 거의 같은 계통에 속"하며, "인종은 원래 서로 다른 점이 없고, 역사도 상고 때부터 거의 동일"하므로, "조선을 통치하는 원칙은 전적으로 일본인과 동일한 주의와 방침에 따르는 것을 근본 정책으로 정"해야 한다고 말했습니다.

서로의 이질성을 전제한 뒤 본국과 다른 제도를 적용했던 구미의 식민지 통치와는 달리, "조선 통치의 궁극적인 목적은 일본인과 똑같이 만드는 데 있다"고 했습니다. 한국 지배의 목표는 궁극적으로 한국인을 완전히 일본인화하고, 최종적으로는 제반 제도도 일본과 똑같이 만들어간다는 내지연장주의(內地延長主義)였습니다. 그러한 동화주의의 방침을 더욱 선명히 하여 교육 정책 등에 중점을 두고 친일 세력을 육성하려 했던 것이 문화정치였다고 할 수 있습니다. 동화가 가능한 근거로서 일본인과 한국의 인종적인 일체성, 혈연적인 근친성이 강조됐으며, 일선동조론(日鮮同祖論) 등이 선전됐습니다.

일선동조론은 일본에서 국민 통합의 이데올로기로 이용한 군민동조론(君民同祖論)을 식민지 한국에까지 확대하려 했던 주장입니다. 근대 일본에서 국민 통합의 이념이 형성되는 과정의 특징은 천황 지배의 정당화론을 구축하는 것과 불가분의 관계를 맺으면서 전개됐다는 데 있습니다. 헌법에서 말하는 "대일본 제국은 만세일계의 천황이 통치한다"는 것의 정당성을, 공통의 선조로부터 비롯한 혈연적인 일체성을 가진 '민족'의 개념을 근거로 내세워 인정받으려고 했습니다. 국민 전체가 모두 혈연적 관계를 맺은 가족이며, 공통의 선조가 천황가의 선조라고 강조하면서 국민과 천황을 결부시키고, '만세일계'에 가치를 부여하려고 했던 것입니다.

그러나 단일 민족적인 국가론은 식민지 지배의 확대라는 '팽창적 국시(國是)'와 서로 어긋나지 않을 수 없었습니다. 일본의 민족적 일체성을 지나치게 강조하다 보면 식민지 민중을 '의붓자식'으로 취급하게 됨으로써 오히려 '일본 제국을 무너뜨릴 만한 파괴력'이 될 우려가 있었습니다. 그렇다면 혈연적인 일체성에 기초한 가족 국가론을 지켜나가면서, 동시에 이민족 지배를 정당화하고, 다양한 민족을 포함한 대일본 제국 전체의 통합 이념을 어떻게 만들어나갈까요? 그러한 시도 가운데 하나가 일선동조론을 비롯한 동조동원론(同祖同源論)입니다. 아주 먼 옛날로 거슬러 올라가면 한국인도 일본인과 똑같은 선조에게서 나왔으며, 일본의 가족 국가에 한국까지 포함된다는 주장입니다. 일선동조론이 처음 주장됐던 시기는 청일전쟁 전후였지만, 한국 병합 때는 "같은 선조에게서 분가(分家)"한 한국이 "힘있는 본가(本家)의 가정"으로 복귀하는 것이라고 선전됐습니다.

그런데《일본서기》의 기록을 근거로, 일본의 신이 바다를 건너서 한국의 건국 신이 됐다고 한 초기의 동조론은 학문이 진전됨에 따라 비판을 견뎌내기 어려웠습니다. 더군다나 3·1운동의 발발로 드러났듯이, 식민지 지배의 현실은 녹록하지 않았습니다. 그러한 위기감으로 말미암아 동조론은 새롭게 단장되고 전개되기에 이르렀습니다. 기타 사다키치(喜田貞吉)는 한국인의 저항을 불러일으킨 이유는 "양쪽[彼我]의 어리석은 사람들이 쓸데없이 압력을 가하고, 쓸데없이 우리에게 저항하려 하기" 때문인데, "서로 민족이 다르고, 타인끼리 모여 있다는 잘못된 생각" 때문에 대립이 빚어졌지만, "원래 서로가 같은 뿌리였다는 점을 이해"한다면 이러한 사태에 이르지 않았을 것이라고 했습니다. 그래서 일본 열도로 유입된 여러 구성 요소가 천황가로 연결되는 천손(天孫) 민족을 중심으로 융합해왔던 것이 일본 민족이라고 강조하고, 도래의 주요 경로에 해당하는 한국의 백성이 많은 요소를 일본인과 공유하고 있다는 의미에서 '일선양민족동원론(日鮮兩民族同源論)'을 주장했습니다. 기타가 주장하는 동조 동원의 대상은 이후 일본 제국을 구성한 민족들에게 무한히 확대돼갔습니다. 어쨌든 단일 민족에 대한 지향을 근간으로 하면서 이 민족 지배의 정당화를 꾀하고, 동화 정책의 실현 가능성에 근거를 부여하려 했던 주장이 바로 일선동조론이었습니다.

제1차 세계대전 후 국제적으로 민족운동이 발전하고, 제국주의의 식민지 정책에서 동화주의가 방기되었던 시대에 일본만이 거꾸로 그것을 강화해갔던 배경은 위와 같은 천황제의 가족 국가론에 의한 국민 통합 형태와 깊은 관련이 있다고 봅니다. 그러한 국가관에 기초한 통합 이념이 아니고서는 이민족을 포함한 제국의 통합 이념을 수립하기가 곤란했다고 할 수 있습니다. 동화주의 이외에 이민족의 통합을 정당화하는 주장을 내세우기가 어려웠으며 그만큼 가족 국가의 허구를 무한히 확대해나가지 않을 수 없었던 것입니다. 위기가 심화되자 광신적으로 동화를 강조하기에 이르렀습니다. 1930년대 이후 경제 공황과 전쟁 속에서 동화정책은 극한의 상태에까지 강행됐고, 철저하게 한국의 민족성을 말살하면서, 우격다짐으로라도 일본인으로 만들려고 했습니다. 그것이 '황국신민화(皇國臣民化)' 정책이었습니다.

3. 황국신민화 정책

1931년 9월, 일본은 만주사변을 일으켜 중국 동북 지방을 지배 아래 두었습니다. 나아가 1937년 7월 노구교(蘆溝橋) 사건을 계기로 중일전쟁이 시작됐고, 1941년 12월부터 전쟁은 미국, 영국 등 연합국을 상대로 한 태평양전쟁으로 확대돼갔습니다.

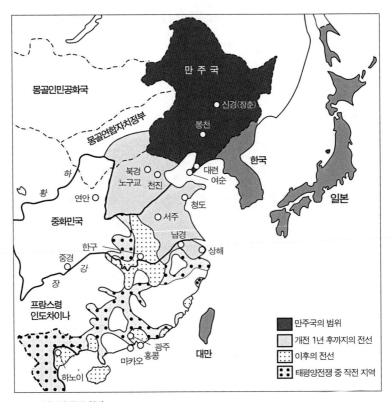

지도의 범례:
- 만주국의 범위
- 개전 1년 후까지의 전선
- 이후의 전선
- 태평양전쟁 중 작전 지역

지도 내 지명:
몽골인민공화국, 몽골연합자치정부, 만주국, 신경(장춘), 봉천, 한국, 일본, 하, 황, 북경, 노구교, 천진, 연안, 대련, 여순, 청도, 중화민국, 서주, 남경, 한구, 상해, 중경, 강, 장, 프랑스령 인도차이나, 광주, 마카오, 홍콩, 대만, 하노이

〈20-3〉 **일본의 중국 침략.**

이러한 정세 속에서 1931년 취임한 우가키 가즈시게(宇垣一成) 총독은 중대 사건이 일어날 때도 모국(母國)을 배반하지 않을 한국으로 만들지 않으면 안 된다고 말하면서 '내선융화(內鮮融和)'의 슬로건을 내걸고, 경제 공황으로 고통받는 농촌을 진흥하려고 했습니다. 1936년 그 뒤를 계승한 미나미 지로(南次郎) 총독은 취임을 맞이해 '천황의 행행(行幸)'과 '징병제 시행' 두 가지를 자신의 시정 목표로 내걸었습니다. 이는 천황이 안심하고 여행할 수 있고, 무기를 갖더라도 총구가 겨눠질 두려움이 없는 상태를 말합니다. 하지만 이는 어느 쪽이든 동화가 이뤄져야 비로소 가능한 일이었습니다. 중일전쟁이 터지자 그것은 더더욱 절실한 일이 됐습니다.

앞으로 더욱 심각한 사태에 직면할 때, 만약 어느 기간에 대륙 작전군이 일본으로부터 해상 수송을 차단당할 경우가 생기더라도, 조선의 능력만으로 이것을 보충할 수 있을 정도까지 조선의 산업을 다각화하고, 특히 군수 산업 육성에 역점을 두어 만전을 기할 필요가 있다.

즉, 대륙 병참 기지로서 한국의 구실이 커졌던 것입니다. 일본에서 국가 총동원 체제가 형성되기 시작함과 동시에 한국에서도 인적 · 물적 전쟁 동원 체제의 구축이 요청됐습니다. 그런데 현실은 그렇지 못했습니다.

겉으로는 대체로 고요하고 편안해 보이던 강내(疆內) 치안 상황도 이면을 들여다보면 일부에서는 사상의 안정 · 정조(正調)가 부족하고, 교격(矯激) 불온(不穩)한 거동으로 나서는 자가 아직 끊이질 않으며, 심지어 사회 기관을 악용해 고루하고 편협한 민족 의식의 고조 · 선동을 기도하는 자가 있는 등 앞날의 치안을 낙관할 수 없는 상황에 처해 있다.

미나미가 총독으로 취임한 뒤 최초로 부닥친 문제는 베를린올림픽 마라톤에서 금메달을 획득한 손기정 선수의 사진을 《동아일보》 등이 가슴의 일장기를 지운 채 실어 무기한 정간 처분을 받았던 '일장기 말소 사건'입니다. 전쟁을 수행하기 위한 필요성과 식민지 지배에 대한 반감이라는 현실, 이 틈을 메우기 위해 동화 정책을 더욱 강화할 필요가 있었습니다. 그것이 바로 미나미가 내걸었던 '내선일체(內鮮一體)' 슬로건입니다.

내선일체는 서로 손을 잡거나 형태가 융합하는 모양 같은 미온적인 것이 아니다. ……형태도, 마음도, 피도, 살도 모두 일체가 되지 않으면 안 된다. ……내선은 융합이 아니다, 악수도 아니다, 신심(身心)이 모두 완전히 일체되는 것이 아니면 안 된다. ……내선일체의 마지막 목표는 내선 무차별 평등에 도달하는 것이다.

이는 바로 철저한 일본화 정책과 민족말살정책이라고 할 수밖에 없습니다. 그가 취임하면서 내걸었던 '행행'·'징병'이라는 목표 역시 이 '내선일체'에 의해 실현될 수 있는 일이었습니다.

학교나 직장에서는 "우리들은 모두 대일본 제국의 신민입니다", "천황 폐하께 충의를 다하겠습니다"는 황국 신민의 서사(誓詞, 맹세하는 말)를 제창하게 했습니다. 서울 남산에는 철근 콘크리트로 만든 높이 17미터의 탑 '황국신민서사지주(皇國臣民誓詞之柱)'가 세워졌고, 그 안에는 전국 500개 학교에서 학생들에게 베껴 쓰게 했던 서사 140만여 장이 봉납됐다고 합니다. 1925년에 완성된 남산의 조선 신궁에 일본의 정신적 중심인 아마테라스 오미카미와 메이지 천황이 모셔져 있었는데, 총독부는 전국 각 면마다 신사를 건립할 방침을 세우고 신사참배를 강요했습니다. 학생들이 집단참배를 거부한 사립학교는 폐쇄됐고, 저항하는 기독교인은 투옥됐습니다. 학교교육을 비롯해 다양한 분야에서 일본어를 강제로 사용케 했으며, 한국어사전 편찬을 추진하고 있던 조선어학회 회원이 일제히 체포되

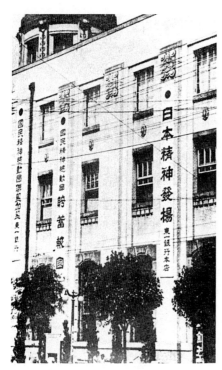

〈20-4〉황민화 정책의 구호가 쓰인 플래카드.

는 사건도 발생했습니다.

1940년 2월 11일 기원절을 기해 시행됐던 창씨개명(創氏改名)은 한국의 가족제도를 일본식으로 바꾸고, 강제로 가(家)의 명칭인 '씨(氏)'를 '창(創)' 출하려는 것으로, 임의로 맡겼던 창씨 '개명'도 말단에서는 사실상 강제로 이뤄졌습니다. 부계 혈족 집단에 대한 귀속 의식과 밀접하게 관련된 전통적인 문화의식을 무너뜨리고, 천황제의 가족 국가로 끌어들이려는 데 근본적인 목적이 있었습니다. "내지 사회와 똑같은 씨를 갖고, 고래로부터 전통의 씨 이념 속에 살면서 천황 중심의 가정 건설에 매진하기" 위한, 그야말로 황민화(皇民化) 정책의 요점이라고도 할 만한 시책이었습니다. 더욱이 "조직 분자가 순일무잡(純一無雜)"해서 "모두가 일본인"이라는 점에 일본군의 강함이 있기 때문에, 부대 안에 "김모, 박모 등이 섞여 있다고 가정해보면, 시책의 이로움과 해로움의 여부가 저절로 명확해진다"고 주장하는 군의 강력한 요청으로 인해 시행됐습니다.

식민지 지배 정책의 밑바탕을 이룬 동화주의가 전쟁의 필요에 따라 극한으로 치달았던 것이 바로 1930년대 이후에 시행된 황민화 정책입니다. 뒷날 되돌아보면 극히 난센스인 시책이라도 일본 제국에 의한 한국 통치 정책의 필연적인 귀결이었다는 점을 명확히 해두지 않으면 안 됩니다. 그것은 정신의 내면까지 바꾸려 한 정책이었던 만큼 피지배인들에게는 심각한 상처를 주는 한편, 지배자에게는 '선의'의 선택이었다는 의식을 뿌리 깊게 남김으로써 자신들의 식민지 지배에 대해 충분히 반성하지 않은 채 그냥 마무리 지으려는 요인이 되고 있습니다.

4. 전쟁 동원

식민지 지배 시책들에 근거해 한국 사람들을 전쟁으로 동원하는 정책이 강화돼갔습니다. 전후 보상 문제와 관련해서도 실태 파악이 추진되고 있지만, 여기에서는 개략적으로만 정리해보겠습니다.

병력 동원 1938년 육군특별지원병령이 공포되고, 지원자를 선발해 한국인 병사가 탄생했습니다. 피지배 민족에게 무기를 주는 것은 황민화가 결실을 거둔 뒤라야 한다면서 징병을 목표로 내걸었던 미나미 총독 자신도 시행 시기가 수십 년 뒤라고 생각하고 있었습니다. 지원병령은 직접적인 병력 확보라는 측면보다 황민화 교육의 일환으로서 의미가 컸고, 선발 기준은 매우 엄격했습니다. 군함에 한국인을 탑승시키는 데 신중한 태도를 취하고 있던 해군은 1943년에

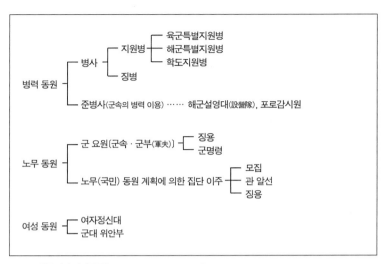

〈20-5〉 **한국인의 전시 동원.**《김영달(金英達) 저작집 Ⅱ》인용.

이르러 지원병제를 시행하기로 결단을 내렸습니다. 육·해군 합쳐
지원병 수가 연 23,681명이었다는 기록이 있습니다.

 1944년 전쟁이 불리하게 돌아가면서 전력 보충이 눈앞의 과제로
떠오르자, 한국에서도 징병이 시행됐습니다. 8월에 징병 검사가 시
행됐고, 9월에는 소집 영장이 발부되기 시작했습니다. 정식 징병자
수는 자료마다 달라 정확한 수를 파악하기 어렵지만, 전후 후생성
제2복원국(復員局)이 작성한《재일조선인개황(在日朝鮮人槪況)》
(1958)에서는 표 〈20-7〉 '병력 동원 규모'와 같이 육·해군 합쳐
209,279명이었다고 했고, 히구치 유이치(樋口雄一)는 징병 내역을
표 〈20-6〉 '한국인 징병자 수'와 같이 추정하고 있습니다.

 병사 이외에도 많은 사람들이 군 요원으로 동원됐습니다. 신분은
군에 직접 고용된 군속의 형태이며, 한국에 배치된 군대 배속 외에

	1944년	1945년	합계
육군	45,000	45,000	90,000
해군	10,000	10,000	20,000
보충병	29,000	(29,000)	58,000
근무병	11,000	(11,000)	22,000
합계	95,000	95,000	190,000

〈20-6〉 **한국인 징병자 수**(단위 : 명). 히구치 유이치, 《전시하 조선의 민중과 징병》 인용.

내역	인원 수
육군특별지원병	16,830
해군특별지원병	3,000
학도지원병	3,893
징병 육군	186,980
해군	22,299
군속 육군	70,424
해군	84,483
합계	385,209

〈20-7〉 **병력 동원 규모**. 후생성 제2복원국, 《재일조선인 개황》 참조.

도 일본 · 만주 · 중국 본토, 나아가 남방으로도 보내졌습니다. 앞에서 들었던 제2복원국의 자료에서는 군속 수를 154,907명으로 기록하고 있고, 대장성 관리국에서 작성한 《일본인의 해외 활동에 관한 역사적 조사》(1950)에서는 각 연도 송출 지역을 표 〈20-8〉의 '한국에서 송출된 군 요원 수'와 같이 보여주고 있습니다. 군속 중에도 병력으로 활용된 예도 있었습니다. 특히 남방으로 파견된 사람들은 비행장이나 도로 건설 등에 동원된 것 외에도 미 · 영국인 포로 감시원 등으로 충원되기도 했는데, 이로 말미암아 전후 전범재판에서 B · C급 전범으로 판결받기도 했습니다. 연합국이 진행한 재판에서는 23명의 한국인이 사형, 125명이 무기 및 유기형을 받았는데, 대부분이 포로 감시요원으로 근무한 사람들이었습니다. 강제로 군 요원으로 동원됐다가 전후에는 일본군의 일원으로서 죄를 떠안은 것입니다.

전사 및 부상자와 유족에 대한 보상 문제가 걸려 있다는 점은 말할 필요도 없습니다. 후생성 원호국의 자료에 의하면, 군인 · 군속

연도	일본 본토	조선 내	만주	중국	남방	합계
1939년	——	——	145	——	——	145
1940년	65	——	656	15	——	736
1941년	5,396	1,085	284	13	9,249	16,027
1942년	4,171	1,723	293	50	16,159	22,396
1943년	4,691	1,976	390	16	5,242	12,315
1944년	24,071	13,575	1,617	294	5,885	45,442
1945년	31,603	15,532	467	347	——	47,949
총수	69,997	33,891	3,852	735	36,535	145,010

〈20-8〉 **한국에서 송출된 군 요원 수**(단위 : 명). 대장성 관리국, 《일본인의 해외 활동에 관한 역사적 조사》.

희생자는 22,182명으로 파악되고 있습니다. 이 자료는 군인·군속
총 수를 24만 명으로 파악했던 전제에서 이뤄졌는데, 제2복원국 자
료의 38만여 명에 비해 동원된 사람 수가 적게 잡혀 있어 군속 사망
자 등 빠뜨린 사람이 여럿 있는 것으로 보입니다. 각 전사자에 대한
사망 정황 조사 등은 일본인 전몰자에 비해 여전히 제대로 조사되지
않은 채 남아 있는 실정이므로, 앞으로의 과제로 삼아야 합니다.

노무 동원　　병력뿐 아니라 노동력 측면에서도 대규모의 동원이 이
뤄져, 한국 안에서는 말할 것도 없고 일본 등에서도 집단적인 노무
동원이 강행됐습니다. 일본 내에서는 젊은이가 전쟁터로 나가 노동
력이 부족했기 때문에 식민지 한국으로부터 동원하지 않을 수 없었
습니다. 이른바 강제 연행입니다. 국민 동원 계획에 기초해 1939년
에는 모집 방식으로 행해지더니, 1942년부터는 관의 알선 방식으로
이뤄졌으며, 1944년부터는 징용 방식으로 동원이 시행됐습니다. 각
연도의 노무 동원 수에 대해서도 몇몇 통계 자료가 있지만, 일본 본

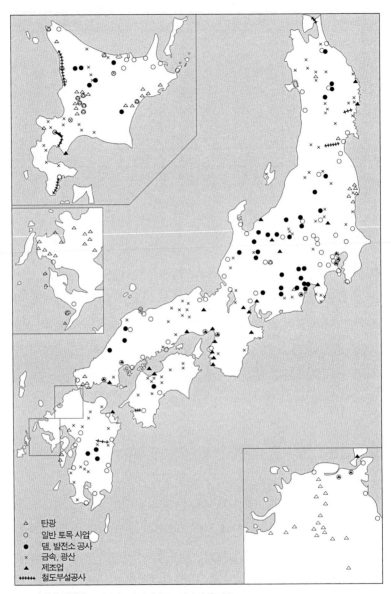

△   탄광
○   일반 토목 사업
●   댐, 발전소 공사
×   금속, 광산
▲   제조업
┿┿┿┿┿   철도부설공사

〈20-9〉 **강제 연행지.** 조선사연구회 편, 《입문 조선의 역사》 인용.

연도	'국민동원계획'에 의한 계획 수	이송지 인원 수			
		일본 본토	화태	남양	합계
1939년	85,000	49,819	3,301	——	53,120
1940년	97,300	55,979	2,605	814	59,398
1941년	100,000	63,866	1,451	1,781	67,098
1942년	130,000	111,823	5,945	2,083	119,851
1943년	155,000	124,286	2,811	1,253	128,350
1944년	290,000	228,320	——	——	228,320
1945년	불명	불명	불명	불명	불명
합계	857,300	634,093	16,113	5,931	656,137

* 한국 내 동원 수 및 군 요원 동원은 포함되지 않음.
* 각 연도는 4월부터 다음해 3월까지의 수치.
* 1944년도는 12월까지의 수치.

〈20-10〉 **노무 동원의 규모.** 조선총독부 재무국, 《제86회 제국의회 설명 자료》 참조.

토뿐만 아니라 화태 · 남양군도를 포함한 총독부의 통계는 표 〈20-10〉의 내용대로입니다. 단, 여기에서 1944년도는 12월까지의 수치이고, 또한 1945년의 수치가 빠져 있습니다. 각 기업별 인원 수와 노동 실태를 해명함과 아울러 통계 자료의 검토 등 더욱 면밀한 조사가 필요하다고 하겠습니다.

가혹한 노동으로 인한 사망이나 부상에 대한 보상, 임금 미지불 문제 등이 해결되지 않은 채 남아 있습니다. 또한 히로시마 · 나가사키의 군수 공장에 동원됐던 한국인도 많고, 원폭 피해자 가운데에도 수만 명의 한국인이 포함돼 있었습니다. 피폭된 채 한반도로 돌아간 사람들은 치료도 받지 못하고 방치됐습니다. 그리고 전쟁이 끝날 당시 화태에는 일본인 30만 명 외에 한국인 43,000명이 있었는데, 그들 대부분은 강제 연행으로 탄광 · 광산에 동원됐던 사람들입니다. 전후 일본인의 경우에는 소련과 협상을 통해 귀국할 수 있었던 데

〈20-11〉 군대 위안부에 관한 군의 자료 육군성 병무과 기안, 〈군위안소 종업부 등 모집에 관한 건〉.
요시미 요시아키(吉見義明) 편, 《종군위안부자료집》 인용.

비해, 한국인은 그대로 내버려졌고, 소련과 한국 사이에 국교가 단절되어 있었기 때문에 고향과 연락도 취하지 못한 채 몇십 년이나 방치됐습니다.

여성 동원 1944년 여자정신대근로령을 근거로 군수공장 등에 수십만 명의 여성들이 동원됐습니다. 게다가 이와 별도로 군대 위안부 문제가 있었습니다. 군대 위안부 제도는 병사들의 강간 사건이 잇따라 발생해 애를 먹던 일본군이 고안해낸 매춘 제도인데, 수많은 여성이 위안부로 보내졌고 혹독한 조건 속에서 병사를 상대하도록 강요받았습니다. 방위청 도서관 등에서 국가와 군의 관여 사실을 보여주는 사료가 다수 발견돼 군의 계획에 기초해 위안부를 모집했으며, 전쟁터로 보냈던 모습 및 군대 안에 설치됐던 위안소의 실태 등이 분명하게 밝혀지고 있습니다.

병사의 '위안'은 강간 방지라 할지라도 현지 여성을 보호하려는 제도가 아니었습니다. 1938년 6월 중국북지나(北支那, 중국 북부) 방면군 참모장의 통첩에는 "강간에 대해 각지의 주민이 일제히 맞서 늘 죽음으로 보복하고 있으며, 따라서 각지에서 빈발하는 강간은 단순한 형법상의 죄악에 그치지 않고 치안을 해쳐 군의 작전 행동을 저해하며, 국가에 누를 끼치는 중대 반역 행위라고 할 만하다"고 강조하면서 엄중하게 단속함과 동시에 "빨리 성적 위안 설비를 마련"하라는 명령을 내리고 있습니다. 일본 군인에 의한 강간은 중국 민중의 저항을 자극하는 요인이 됐으며, 강간을 방지하는 일은 바로 군의 작전 행동에 사활이 걸린 문제였습니다. 위안소 설치 자체가 군사 작전의 중요한 한 부분이었다는 점에 유의하지 않으면 안 됩니다.

민간업자가 위안소를 운영했으므로 국가와 군에 책임이 없다는 식으로 말하는 태도는 민간업자의 자유로운 영업이 불가능한 군대와 전쟁터의 상황에 무지하거나, 아니면 일부러 모르는 체하려는 것에 지나지 않습니다. 민간업자에게 맡기는 쪽이 많은 위안부를 모집하고 관리하는 데 가장 효과적인 방법이었습니다. 무엇보다 '신성'해야 할 '황군(皇軍)'이 감리 매춘의 당사자라는 사실을 수치스럽게 여겨야 한다는 자각이 있었기 때문에 군이 직접 전면에 나서지 않고 민간업자에게 맡기는 형식을 취했던 것입니다. 군의 지시에 따라 민간업자가 일본에서 위안부를 모집했을 때, 경찰이 부녀 유괴 혐의로 내정하려는 일마저 발생했습니다. 같은 국가기관인 경찰조차 설마 '황군'이 그러한 지시를 내리지 않았을 것이라고 생각하고 악덕업자를 처벌하려 했던 것입니다.

당시 내무성 경보국장의 통첩에는 "제국의 위신을 훼손하고, 황군의 명예를 해칠 뿐 아니라 후방인 국내의 일반 국민, 특히 출정 군인 가족에게 좋지 않은 영향을 미침과 아울러, 부녀 매매에 관한 국제 조약의 취지에도 어긋남이 없음을 보증하기 어려우므로"신중하게 처리하라는 지시가 보입니다. 민간업자에게 맡겼다 하더라도 제국의 위신을 손상하고 황군의 명예를 해치는 일이었는데, 더군다나 군 자체가 직접 당사자라는 사실이 알려지면 국민들의 사기에 나쁜 영향을 미치지 않을 수 없었습니다. 민간업자에게 맡기는 형식은 '작전'에 더욱 적극적인 의미를 지녔다고 할 수 있습니다. 그래도 일본 내에서 위안부 모집은 신중히 할 수밖에 없었으므로 소극적이었고, 한국에서 모집이 집중적으로 이뤄졌습니다. 더구나 당국이 '부인·아동 매매를 금지하는 국제 조약'에 저촉되는 데 대한 두려움을 충분히 자각하고 있었기 때문에 가입 시에 적용 범위에서 제외된 식민지에서 주로 행해졌던 것입니다. 한국에서 인원 모집이 식민지 권력과 밀접하게 결탁돼 실행됐다는 점은 말할 필요도 없습니다.

당사자들은 그래도 수치스러워해야 할 일이라는 자각을 하면서 시행했는데, 지금의 우리들이 민간업자에 의한 합법적인 영업이었으므로 책임이 없다는 식으로 한다면 그야말로 수치스러운 짓을 거듭 저지르는 꼴이 되고 맙니다. 어찌됐든 군대 위안부 문제는 전쟁과 인권, 식민지 지배와 민족, 여성의 지위와 존경의 문제 등 폭넓은 시각으로 접근할 필요가 있습니다. 실태 해명과 더불어 앞으로 적극적으로 논의해야 할 문제입니다.

5. 해방과 분단

　　　　　　　 3·1운동 이후 1920년대에는 다양한 형태의 민족운동과 사회운동이 전개됐습니다. 1920년대 후반에는 사회주의자와 민족주의자의 공동 전선으로 신간회(新幹會)가 조직됐고, 1929년 광주학생운동 등 민족운동이 고양됐습니다. 국외에서도 3·1운동 당시, 이승만(李承晩)을 초대 국무총리로 한 대한민국임시정부가 상해에서 조직됐으며, 중국 동북 지방에서는 의병투쟁과 애국계몽운동의 흐름을 이어받아 독립군 운동이 전개됐습니다. 1930년대 이후 전쟁기에는 탄압으로 인해 국내에서 공공연하게 운동을 벌이는 것 자체가 매우 어려워졌지만, 민중의 다채로운 저항·불복종이 지속됐고, 전쟁 말기에는 여운형(呂運亨) 등의 조선건국동맹(朝鮮建國同盟)이 조직되는 등 일본의 패전을 주시한 움직임이 모색됐습니다.

　국외에서는 만주사변 후 공산주의자들의 무장투쟁이 중국 공산당의 지도 아래 동북인민혁명군으로 편입됐고, 1935년에는 통일전선 방침에 근거를 둔 동북항일연군으로 개편돼 계속 이어졌습니다. 이 가운데 최용건(崔庸健)과 김일성(金日成) 등의 지도자와 함께 다수의 한국인 병사가 활약했는데, 일본군의 공격이 더욱 심해진 1941년 이후에는 소련 영내로 이동해 세력을 유지했습니다. 연안(延安)에서는 최창익(崔昌益) 등 조선독립동맹(朝鮮獨立同盟)의 조선의용군(朝鮮義勇軍)이 중국 공산당이 지도하는 팔로군(八路軍)과 함께 싸웠고, 중국 국민당과 함께 중경(重慶)으로 옮겼던 대한민국임시정부는 김구(金九)의 지도 아래 한국광복군(韓國光復軍)을 조직해 일본에 선전포고를 했습니다. 이러한 저항은 한국 민중이 동아시아

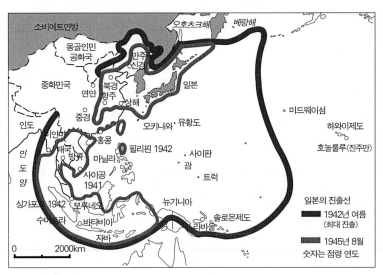

〈20-12〉 **태평양전쟁 지도.**

에서 항일 전선의 일익을 담당했다는 데 의의가 있습니다.

　한국 해방이 처음으로 연합국 측의 공식적인 전쟁 목적 가운데 하나가 된 것은 1943년 11월 카이로선언 때였습니다. 다만, 태평양전쟁이 미일 두 나라에 의한 아시아 · 태평양 지역의 정복 전쟁이라고 할 수 있는 만큼, '적절한 절차를 거친' 뒤의 '독립'이라는 문구에는 일본을 패퇴시킨 뒤 미국의 야망이 담겨 있다고 볼 수 있습니다. 미국이 일관되게 추구했던 것은 공동 점령을 거친 국제적인 공동 통치 구상이었으며, 1945년 2월 얄타회담 때는 한국에 대해 중국 · 소련 · 영국, 그리고 미국이 가담한 4자의 신탁통치 구상이 화제에 올랐습니다. 일본을 몰아내고 열강이 자국의 식민지를 탈환한다는 것이 제2차 세계대전에서 연합국의 '정의'였다고 한다면, 일본을 대신해 한국에 대한 권리를 갖는 나라는 첫 번째로 러일전쟁에서 싸웠던

〈20-13〉 해방을 기뻐하는 서울 시민.

러시아(후계자로서 소련), 두 번째로 청일전쟁을 벌였던 청나라(후계
자인 중화민국)가 되는 것은 아닐까요? 이 사실에 비춰보면, 미국은
개입의 구실로 삼을 만한 정당한 역사적 근거를 갖지 못했습니다.
그래서 문호 개방 선언 이후 전통적인 방법으로 비집고 들어가려고
했던 것이 국제적 공동에 의한 신탁통치 구상이었습니다. 미국의 제
안에 영국과 프랑스가 이의를 제기했습니다. 자신들이 돌려받아야
할 대영제국의 식민지와 프랑스령 인도차이나에서 미국이 똑같은
방법으로 개입하려는 의도를 경계했던 것입니다. 미국은 신탁통치
안이 한국에서만 적용되는 것이라고 해명함으로써 지지를 얻어냈습
니다.

이러한 움직임에 대해 전쟁 종료 직전까지 시도했던 일본 측의 화
평 공작은 모두 국체 호지(護持), 즉 천황제 유지와 대만·한국의

영유(領有)가 전제돼 있어, 최후까지 한국을 포기할 의사가 없었음을 알 수 있습니다.

원폭 투하와 소련 참전, 관동군의 예상치 못한 패퇴로 인한 소련군의 급속한 진격이라는 사태가 전개됐음에도 한국에 대한 대응이 늦어진 미국은 영토의 일부라도 확보하기 위해 38도선이라는 급조한 정책을 제안했습니다. 8월 10일부터 미국 정부의 국무·육군·해군 3부 합동위원회에서 다뤄졌던 이 안은 스탈린에게 타전되자마자 간단하게 받아들여졌고, 미소 두 나라에 의한 한국의 분할 점령이 결정됐습니다. 일본군의 무장 해제 책임 범위에 관한 연합국 총사령부 일반 명령 제1호는 일본 본토를 미국이, 만주·화태·쿠릴열도를 소련이 분담함과 아울러, 한반도는 38도선 이남을 미국이, 이북을 소련이 각각 담당하기로 결정했습니다. 전쟁이 끝날 당시 일본군의 지휘 계통은 38도선을 경계로 남쪽이 대본영, 북쪽이 관동군의 소속으로 결정됐습니다. 일본군의 무장해제라는 종전 처리를 위한 잠정적인 경계선이 그 후 반세기 넘게 남과 북을 가로막고 있습니다.

포츠담회담에 기초해 한국을 비롯한 식민지를 제외한 결과, 일본의 영토는 홋카이도·혼슈(本州)·시코쿠(四國)·규슈 및 주변 섬들로 한정됐습니다. 겉으로는 마치 단일민족국가가 실현된 것 같은 모습을 띠게 됐고, 천황은 다양한 민족 위에 군림하는 대일본제국의 통치자에서 '단일민족국가' 일본의 상징으로 바뀌어 존속하게 됐습니다. 유럽의 패전국 독일과 달리 일본은 분할 점령을 모면하게 된 데 비해, 한국은 일본 대신에 분단을 떠맡음으로써 8·15해방과 동시에 분단 시대가 시작되고 말았습니다. 동서 대립 속에서 중국 혁명의 성공이라는 새로운 상황이 전개됐고, 일본은 미국의 동아시아 전략에 종속적으로 편입된 위치에서 분단된 남한, 북한과 관계를 맺게 됐습니다. 전후 동아시아 및 한반도의 정세를 어떠한 관점에서 이해하던지 간에, 한국 민중에게 고난의 근원인 38도선이 역사적으로는 일본에 의한 식민지 지배의 직접적인 산물이었다는 사실만은 확실하게 인식해둘 필요가 있다고 생각합니다.

연표

한국 및 한일 관계	시대			중국과 일본
	한국	일본	중국	
BC 195년경 위씨조선 성립 BC 108 낙랑군 설치	고조선		진	BC 221 진(秦)의 통일
			전한	BC 202 전한(前漢)의 성립
32 고구려, 후한(後漢)에 조공 44 한(韓)의 염사국(廉斯國), 낙랑군(樂 　　　浪郡)에 조공	낙랑 · 대방군		후한	25 후한(後漢)의 성립 57 왜(倭) 나국왕(奴國王) 사신 파견
105 고구려, 요동군(遼東郡) 공격 204 공손씨(公孫氏), 대방군 설치 209 고구려, 국내성(國內城)으로 천도 238 위(魏), 낙랑 · 대방군 접수			삼국시대	220 후한 멸망. 삼국시대 239 히미코(卑彌呼)의 사신 파견 265 서진(西晋)의 성립 266 이요(壹與)의 사신 파견 280 서진의 중국 통일
313 고구려, 낙랑 · 대방군을 멸망시킴 346 백제, 근초고왕 즉위 356 신라, 내물왕 즉위 369 백제왕, 칠지도(七支刀) 제작 391 고구려, 광개토왕 즉위 400 고구려, 왜와 싸움			서진	317 동진(東晋)의 성립. 5호16국
414 광개토왕릉비 건립 427 고구려, 평양성으로 천도 475 백제, 웅진성으로 천도	고구려 · 백제 · 신라	왜	남북조시대	413 왜, 동진에 사신 파견 421 왜왕 산(讚), 송에 사신 파견 439 북위(北魏)의 화북(華北) 통일 478 왜왕 부(武), 송에 사신 파견
501 백제, 무녕왕 즉위 514 신라, 법흥왕 즉위 529 왜, 가야로 출병 532 신라, 금관국(金官國) 병합 538 백제, 사비성으로 천도 552 신라, 서해안 지역으로 진출 562 신라, 가야 지역 병합				527 이와이(磐井)의 반란 538 왜에 불교 전래 589 수(隋)의 중국 통일

326

연도	사건 (한국·중국)	한국 시대	일본 시대	중국	연도	사건 (일본)
					593	쇼토쿠태자(聖德太子)의 섭정
					595	호코사(法興寺) 완성
598	수(隋), 고구려 공격을 명함	고구려·백제·신라	아스카시대	수	600	제1회 견수사(遣隋使)
					607	견수사 오노노 이모코(小野妹子) 파견
612	수의 고구려 원정(613, 614)			당	618	당(唐) 건국
					630	제1회 견당사(遣唐使)
641	백제, 의자왕의 반대파 추방					
642	고구려, 연개소문의 권력 장악					
645	당(唐)의 고구려 공격(647, 648)				645	다이카개신(大化改新)
647	신라, 비담의 난					
660	백제 멸망					
663	백촌강(금강) 전투				664	수성(水城) 건설
668	고구려 멸망				672	임신(壬申)의 난(亂)
676	신라, 당의 세력 구축					
698	발해 건국	신라·발해	나라시대		702	견당사, '일본(日本)'을 칭함
					710	헤이죠쿄(平城京)로 천도
					720	《일본서기(日本書紀)》 완성
727	발해, 처음으로 일본에 사신 파견					
759	일본의 신라정토 계획					
779	신라, 마지막으로 일본에 사신 파견				794	헤이안쿄(平安京)로 천도
					838	마지막 견당사
840	장보고의 사자, 다자이후(大宰府) 방문		헤이안시대			
				5대10국	907	당 멸망, 5대10국으로
					916	거란(契丹) 건국
918	고려 건국	고려				
926	발해 멸망					
935	신라, 고려에 투항				939	다이라노 마사카도(平將門), '신황(新皇)'을 칭함
					960	송(宋) 건국
					979	송의 중국 통일
993	거란(契丹)의 제1차 침입			송		
1010	거란의 제2차 침입				1019	도이(刀伊)의 입구(入寇)
1018	거란의 제3차 침입					
1079	고려, 일본에 명의(名醫) 파견 요청				1115	여진족, 금(金) 건국
					1117	남송(南宋)의 성립
					1167	다이라노 기요모리(平淸盛), 태정대신(太政大臣) 취임

한국		일본	중국	일본·중국
1170 무신정권 개시				
				1192 가마쿠라 막부의 성립
1196 최씨 정권 성립				
				1207 칭기즈칸 즉위
1231 몽골의 고려 침략 개시		가마쿠라 시대	송	1234 몽골, 금(金) 정복
1259 최씨 정권 붕괴. 고려 항복	고려			1260 쿠빌라이 즉위
1268 몽골의 사자, 일본 도착				
1270 무신정권 멸망. 삼별초의 항쟁				
1273 삼별초 진압				
1274 원(元)의 제1차 일본 공격				1279 남송 멸망
1281 원의 제2차 일본 공격			원	1336 무로마치 막부 성립
1350 대규모의 왜구(倭寇) 활동 시작				1368 명(明) 건국
1388 위화도 회군				1391 남북조 통일
1392 조선 건국		무로마치 시대		
1401 명(明), '조선 국왕' 책봉				1401 아시카가 요시미쓰(足利義滿), 명에 사신 파견
1404 조선 국왕과 일본 국왕의 통교 개시				1402 명, '일본 국왕' 책봉
1419 기해동정(己亥東征, 오에이(應永)의 외구(外寇))				
1443 계해약조(癸亥約條)				
	조선		명	1467 오닌(應仁)의 난
1471 신숙주, 《해동제국기(海東諸國紀)》				1470 《선린국보기(善隣國寶記)》
1510 삼포왜란(三浦倭亂)				1523 영파(寧波)의 난
		오도정권기		1573 무로마치 막부(室町幕府) 멸망
				1590 도요토미 히데요시(豊臣秀吉), 전국 평정
1592 도요토미 히데요시(豊臣秀吉)의 제1차 침략(임진왜란)				
1597 히데요시의 제2차 침략(정유왜란)				
				1603 에도 막부(江戶幕府)의 성립
1605 탐적사(探賊使) 유정(惟政), 일본 방문		에도 시대		
1607 제1회 사절, 일본 방문				1616 후금(後金) 건국
1627 후금(後金)의 침입(정묘호란)				1636 청(淸)으로 개칭
1636 청(淸)의 침입(병자호란)				1639 포르투갈의 내항(來航) 금지
				1644 명 멸망, 청의 중국 지배
1705 왕궁에 대보단(大報壇) 설치				
				1709 아라이 하쿠세키(新井白石), 쇼토쿠

1778 박제가, 《북학의(北學議)》		(正德)의 치(治)
1801 천주교 탄압(신유박해)		
1832 영국 선박 내항		
		1840 아편전쟁
		1853 페리 내항
		1860 영불연합군의 북경(北京) 점령
1863 고종 즉위, 흥선대원군 정권 성립		
1866 제너럴 셔먼호 사건. 프랑스 함대의 강화도 공격(병인양요)		
1868 서계(書契) 문제 발생	조선	1868 메이지유신(明治維新)
1871 미국 함대의 강화도 공격(신미양요)		
1873 흥선대원군 하야, 민씨 정권 성립		1873 정한 논쟁(征韓論爭)
1875 강화도 사건		
1876 조일수호조규(강화도조약)		
1882 조미조약. 임오군란. 조중상민수륙 무역장정(朝中商民水陸貿易章程)		
1884 갑신정변	청	
1894 갑오농민전쟁		1885 천진조약(天津條約)
1895 명성황후 시해사건(민비학살사건)		1894 청일전쟁 개시
1896 아관파천. 독립협회 결성		1895 시모노세키조약(下關條約)
1897 대한제국	메이지 시기	
1904 한일의정서. 제1차 한일협약		1904 러일전쟁 시작
1905 제2차 한일협약	대한제국	1905 포츠머스조약
1906 한국통감부 설치		
1907 헤이그밀사 사건. 제3차 한일협약. 의병 투쟁 격화		
1909 이토 히로부미(伊藤博文) 사살 사건 (안중근 의거)		
1910 '한국 병합'. 조선총독부 설치, 데라우치 마사타케(寺內正毅) 총독 취임		
		1911 신해혁명(辛亥革命)
		1912 중화민국 성립
		1914 제1차 세계대전 시작
1919 3·1독립운동. 상해에 대한민국임시정부. 사이토 마코토(齊藤實) 총독 취임. 문화정치 개시	일제식민지통치 / 다이쇼 시기	1919 파리강화회의
1929 광주학생운동		1923 간토(關東) 대지진
1931 우가키 가즈시게(宇垣一成) 총독 취임		1931 만주사변
1936 미나미 지로(南次郎) 총독 취임	중화민국	
1937 황국신민의 서사 제정		1937 중일전쟁 시작
1938 육군특별지원병령 공포		
1939 일본으로 노무 동원 개시	쇼와 시기	1939 제2차 세계대전 시작
		1941 태평양전쟁 시작
1943 조선어학회 사건		1943 카이로선언
1944 징병 시행		
1945 8·15해방		1945 8월 15일 일본 패전

[참고문헌 및 그림 출전]

참고문헌

1장 일본 열도의 주민

埴原和郎,《日本人の起源》, 朝日新聞社, 1984.

渡部忠世 編,《アジアの中の日本稻作文化》, 小學館, 1987.

佐佐木高明,《日本史誕生》, 集英社, 1991.

埴原和郎,《日本人の成り立ち》, 人文書院, 1995.

尾本惠市,《分子人類學と日本人の起源》, 裳華房, 1996.

池田次郎,《日本人のきた道》, 朝日新聞社, 1999.

早乙女雅博,《朝鮮半島の考古學》, 同成社, 2000.

白石太一郎 編,《倭國誕生》, 吉川弘文館, 2002.

2장 금인(金印)의 세계

栗原朋信,《秦漢史の研究》, 吉川弘文館, 1969.

大谷光男,《研究史金印》, 吉川弘文館, 1974.

大谷光男 編,《金印研究論文集成》, 新人物往來社, 1994.

西嶋定生,《邪馬台國と倭國》, 吉川弘文館, 1994.

高倉洋彰,《金印國家群の時代》, 靑木書店, 1995.

李成市,《古代東アジアの民族と國家》, 岩波書店, 1998.

千田稔,《邪馬台國と近代日本》, 日本放送出版協會, 2000.

小路田泰直,《「邪馬台國」と日本人》, 平凡社, 2001.

3장 수수께끼의 4세기와 칠지도 명문

김석형, 〈삼한 삼국의 일본렬도내 분국(分國)에 대하여〉,《력사과학》1963년 제
　　1호(日本語 譯,《古代日本と朝鮮の基本問題》, 學生社, 1974).

栗原朋信, 〈七支刀銘文についての一解釋〉,《日本歷史》216, 1966. 5.

神保公子, 〈七支刀の解釋をめぐって〉,《史學雜誌》84-11, 1975. 11.

鈴木靖民,〈石上神宮七支刀銘についての一試論〉,《板本博士頌壽記念日本
　史學論集》上, 吉川弘文館, 1983.

村山正雄,《石上神宮七支刀銘文圖錄》, 吉川弘文館, 1996.

木村誠,〈百濟史料としての七支刀銘文〉,《人文學報》306, 2000(《古代朝鮮
　の國家と社會》, 吉川弘文館, 2004).

吉田晶,《七支刀の謎を解く》, 新日本出版社, 2001.

4장 광개토왕 비문 연구

鄭寅普,〈廣開土境平安好太王陵碑文釋略〉,《庸齊白樂濬博士還甲記念國學
　論叢》, 延世大學校, 1955(日本語 譯,《古代日本と朝鮮の基本問題》).

김석형,《초기조일관계연구》, 사회과학원출판사, 1966(日本語 譯,《古代朝日關係
　史》, 勁草書房, 1966).

박시형,《광개토왕릉비》, 사회과학출판사, 1966(日本語 譯,《廣開土王陵碑》, そ
　しえて, 1985).

中塚明,〈近代日本史學史における朝鮮問題〉,《思想》561, 1971. 3(《近代日
　本の朝鮮認識》, 研文出版, 1993).

佐伯有淸,〈高句麗廣開土王陵碑文再檢討のための序章〉,《日本歷史》287,
　1972. 4(《廣開土王碑と參謀本部》, 吉川弘文館, 1976).

李進熙,〈廣開土王陵碑文の謎〉,《思想》575, 1972. 5(《好太王陵と任那日本
　府》, 學生社, 1977).

浜田耕策,〈高句麗廣開土王陵碑文の虛像と實像〉,《日本歷史》304, 1973. 9.

王健群,《好太王碑研究》, 吉林人民出版社, 1984(日本語 譯,《好太王碑の研
　究》, 雄渾社, 1984).

武田幸男,《廣開土王碑原石拓本集成》, 東京大學出版會, 1988.

武田幸男,《高句麗史と東アジア》, 岩波書店, 1989.

李成市,〈表象としての廣開土王碑文〉,《思想》842, 1994. 8.

5장 '임나일본부' 문제

末松保和,《任那興亡史》, 大八洲出版, 1949(《末松保和朝鮮史著作集 4 古代の
　日本と朝鮮》, 吉川弘文館, 1996).

坂元義種,《古代東アジアの日本と朝鮮》, 吉川弘文館, 1978.

坂元義種, 《倭の五王》, 敎育社, 1981.

山尾幸久, 《古代の日朝關係》, 塙書房, 1989.

田中俊明, 《大加耶連盟の興亡と「任那」》, 吉川弘文館, 1992.

鈴木英夫, 《古代の倭國と朝鮮諸國》, 靑木書店, 1996.

6장 아스카 불교의 배경

上原和·小原二郎·田村圓澄·西村公朝·山田宗睦 編, 《美の秘密～二つの
　彌勒菩薩像》, 日本放送出版協會, 1982.

田村円澄·黃壽永 編, 《半跏思惟像の研究》, 吉川弘文館, 1985.

李成市, 《古代東アジアの民族と國家》, 岩波書店, 1998.

吉村武彦 編, 《古代を考える繼體·欽明朝と佛敎傳來》, 吉川弘文館, 1999.

川勝守, 《聖德太子と東アジア世界》, 吉川弘文館, 2002.

7장 다이카개신과 백촌강 전투

鬼頭淸明, 《白村江》, 敎育社, 1981.

遠山美都男, 《白村江》, 講談社, 1997.

森公章, 《「白村江」以後》, 講談社, 1998.

森公章 編, 《倭國から日本へ》, 吉川弘文館, 2002.

8장 동이의 소제국

田島公, 〈日本の律令國家の賓禮〉, 《史林》 68-3, 1985. 3.

鈴木靖民, 《古代對外關係史の研究》, 吉川弘文館, 1985.

石上英一, 〈古代東アジア地域と日本〉, 《日本の社會史》 1, 岩波書店, 1987.

《石母田正著作集 3 日本の古代國家》, 岩波書店, 1989.

《石母田正著作集 4 古代國家論》, 岩波書店, 1989.

山尾幸久, 《古代の日朝關係》, 塙書房, 1989.

堀敏一, 《中國と古代東アジア世界》, 岩波書店, 1993.

石上英一, 《律令國家と社會構造》, 名著刊行會, 1996.

礪波護·武田幸男, 《隋唐帝國と古代朝鮮》, 中央公論社, 1997.

李成市, 《東アジアの王權と交易》, 靑木書店, 1997.

堀敏一, 《東アジアのなかの古代日本》, 硏文出版, 1998.

森公章, 《古代日本の對外認識と通交》, 吉川弘文館, 1998.

森公章, 《「白村江」以後》, 講談社, 1998.

西嶋定生, 《古代東アジア世界と日本》, 岩波書店, 2000.

李成市, 《東アジア文化圈の形成》, 山川出版社, 2000.

金子修一, 《隋唐の國際秩序と東アジア》, 名著刊行會, 2001.

酒寄雅志, 《渤海と古代の日本》, 校倉書房, 2001.

上田雄, 《渤海使の研究》, 明石書店, 2001.

石井正敏, 《日本渤海關係史の研究》, 吉川弘文館, 2001.

筧敏生, 《古代王權と律令國家》, 校倉書房, 2002.

鈴木靖民 編, 《倭國と東アジア》, 吉川弘文館, 2002.

《西嶋定生東アジア論集 3 東アジア世界と冊封體制》, 岩波書店, 2002.

《西嶋定生東アジア論集 4 東アジアと日本》, 岩波書店, 2002.

浜田耕策, 《新羅國史の研究》, 吉川弘文館, 2002.

森公章 編, 《倭國から日本へ》, 吉川弘文館, 2002.

吉川眞司 編, 《平安京》, 吉川弘文館, 2002.

石井正敏, 《東アジア世界と古代の日本》, 山川出版社, 2003.

山內晋次, 《奈良平安朝の日本とアジア》, 吉川弘文館, 2003.

9장 동아시아 세계의 변모

森克己, 《日宋貿易の研究》, 國立書院, 1948(新訂版, 國書刊行會, 1975).

藤間生大, 《東アジア世界の形成》, 春秋社, 1966.

森克己, 《續日宋貿易の研究》, 國書刊行會, 1975.

森克己, 《續續日宋貿易の研究》, 國書刊行會, 1975.

奧村周司, 〈高麗における八關會的秩序と國際環境〉, 《朝鮮史研究會論文集》
    16, 1979. 3.

蒲生京子, 〈新羅末期の張保皐の台頭と反亂〉, 《朝鮮史研究會論文集》16, 1979. 3.

石上英一, 〈日本古代10世紀の外交〉, 《東アジアの變貌と日本律令國家》, 學
    生社, 1982.

村井章介, 《中世日本の內と外》, 筑摩書房, 1999.

山內晋次, 《奈良平安朝の日本とアジア》, 吉川弘文館, 2003.

10장 몽골의 내습

池內宏, 《元寇の新研究》, 東洋文庫, 1931.

旗田巍, 《元寇》, 中央公論社, 1965.

村井章介, 《アジアのなかの中世日本》, 校倉書房, 1988.

杉山正明, 《モンゴル帝國の興亡》 上・下, 講談社, 1996.

村井章介, 《中世日本の內と外》, 筑摩書房, 1999.

村井章介, 《北條時宗と蒙古襲來》, 日本放送出版協會, 2001.

近藤成一 編, 《モンゴルの襲來》, 吉川弘文館, 2003.

佐伯弘次, 《モンゴル襲來の衝擊》, 中央公論社, 2003.

11장 조선 국왕과 일본 국왕

中村榮孝, 《日鮮關係史の研究》 上・中・下, 吉川弘文館, 1969.

田中健夫, 《中世對外關係史》, 東京大學出版會, 1975.

田中健夫, 《對外關係と文化交流》, 思文閣, 1982.

高橋公明, 〈室町幕府の外交姿勢〉, 《歷史學研究》 546, 1985. 10.

村井章介, 《アジアのなかの中世日本》, 校倉書房, 1988.

今谷明, 《室町の王權》, 中央公論社, 1990.

閔德基, 《前近代東アジアのなかの韓日關係》, 早稻田大學出版部, 1994.

12장 왜구 대책과 다원적인 통교 체제

中村榮孝, 《日本と朝鮮》, 至文堂, 1966.

中村榮孝, 《日鮮關係史の研究》 上・中・下, 吉川弘文館, 1969.

田中健夫, 《倭寇》, 敎育社, 1982.

高橋公明, 〈外交儀禮よりみた室町時代の日朝關係〉, 《史學雜誌》 91-8, 1982. 8.

高橋公明, 〈朝鮮遣使ブームと世祖の王權〉, 《日本前近代の國家と對外關係》, 吉川弘文館, 1987.

高橋公明, 〈中世東アジア海域における海民と交流〉, 《名古屋大學文學部研究論集》 史學 33, 1987.3.

田中健夫, 〈倭寇と東アジア通交圈〉, 《日本の社會史》 1, 岩波書店, 1987(《東アジア通交圈と國際認識》, 吉川弘文館, 1997).

村井章介, 《アジアのなかの中世日本》, 校倉書房, 1988.

村井章介,《中世倭人傳》, 岩波書店, 1993.

浜中昇,〈高麗末期倭寇集團の民族構成〉,《歷史學研究》685, 1996. 6.

金光哲,《中近世における朝鮮觀の創出》, 校倉書房, 1999.

李領,《倭寇と日麗關係史》, 東京大學出版會, 1999.

13장 도요토미 히데요시의 조선 침략

北島万次,《豊臣政權の對外認識と朝鮮侵略》, 校倉書房, 1990.

北島万次,《豊臣秀吉の朝鮮侵略》, 吉川弘文館, 1995.

貫井正之,《豊臣政權の海外侵略と朝鮮義兵研究》, 靑木書店, 1996.

北島万次,《秀吉の朝鮮侵略》, 山川出版社, 2002.

14장 고쳐진 국서(國書)

中村榮孝,《日鮮關係史の研究》上・中・下, 吉川弘文館, 1969.

田代和生,《書き替えられた國書》, 中央公論社, 1983.

高橋公明,〈慶長十二年の回答兼刷還使の來日についての一考察〉,《名古屋
　　大學文學部研究論集》史學 31, 1985. 3.

荒野泰典,《近世日本と東アジア》, 東京大學出版會, 1988.

閔德基,《前近代東アジアのなかの韓日關係》, 早稻田大學出版部, 1994.

紙屋敦之,《大君外交と東アジア》, 吉川弘文館, 1997.

孫承喆,《近世の朝鮮と日本》, 明石書店, 1998.

15장 조선통신사

李進熙,《江戸時代の朝鮮通信使》, 講談社, 1982(新書版, 1992).

三宅英利,《近世日朝關係史の研究》, 文獻出版, 1986.

荒野泰典,《近世日本と東アジア》, 東京大學出版會, 1988.

池內敏,〈近世後期における對外觀と「國民」〉,《日本史研究》344, 1991.

辛基秀・仲尾宏 編,《善隣と友好の記錄 大系朝鮮通信使》全8卷, 明石書店,
　　1993~96.

閔德基,《前近代東アジアのなかの韓日關係》, 早稻田大學出版部, 1994.

仲尾宏,《朝鮮通信使と德川幕府》, 明石書店, 1997.

孫承喆,《近世の朝鮮と日本》, 明石書店, 1998.

16장 정한사상의 원류

賴祺一 編, 《儒學·國學·洋學》, 中央公論社, 1993.

藤田雄二, 〈近世日本における自民族中心的思考〉, 《思想》 832, 1993.10.

桂島宣弘, 《思想史の十九世紀》, ぺりかん社, 1999.

河宇鳳, 《朝鮮實學者の見た近世日本》, ぺりかん社, 2001.

朴忠錫·渡辺造 編, 《國家理念と對外認識》, 慶應義塾大學出版會, 2001.

吉野誠, 《明治維新と征韓論》, 明石書店, 2002.

山內弘一, 《朝鮮からみた華夷思想》, 山川出版社, 2003.

17장 메이지유신과 정한 논쟁

毛利敏彦, 《明治六年政變の研究》, 有斐閣, 1978.

毛利敏彦, 《明治六年政變》, 中央公論社, 1979.

姜範錫, 《征韓論政變》, サイマル出版會, 1990.

高橋秀直, 〈征韓論政變と朝鮮政策〉, 《史林》 75-2, 1992.3.

高橋秀直, 〈征韓論政變の政治過程〉, 《史林》 76-5, 1993.9.

諸洪一, 〈明治初期日韓關係の再編と對馬〉, 《九州史學》 116, 1996.11.

沈箕載, 《幕末維新日朝外交史の研究》, 臨川書店, 1997.

吉野誠, 《明治維新と征韓論》, 明石書店, 2002.

18장 청일전쟁과 조선

信夫誠三郎, 《日淸戰爭》, 1934(增補改訂版, 南窓社, 1970).

田保橋潔, 《近代日鮮關係の研究》 上·下, 朝鮮總督府, 1940(復刻版, 原書房, 1973).

山辺健太郎, 《日韓倂合小史》, 岩波書店, 1966.

中塚明, 《日淸戰爭の研究》, 靑木書店, 1968.

藤村道生, 《日淸戰爭》, 岩波書店, 1973.

朴宗根, 《日淸戰爭と朝鮮》, 靑木書店, 1982.

秋月望, 〈1882年, 派使駐京問題を中心に〉, 九州大學 《東洋史論集》 13, 1984.10.

趙景達, 〈朝鮮における大國主義と小國主義の相克〉, 《朝鮮史研究會論文集》 22, 1985.3.

永井和,〈東アジアにおける國際關係の變容と日本の近代〉,《日本史研究》289,
　　1986. 9.

茂木敏夫,〈李鴻章の屬國支配觀〉,《中國~社會と文化》2, 1987.6.

中塚明,《「蹇蹇錄」の世界》, みすず書房, 1992.

糟谷憲一,〈近代的外交體制の創出〉,《アジアのなかの日本史 Ⅱ》, 東京大學
　　出版會, 1992.

大澤博明,〈伊藤博文と日淸戰爭への道〉,《社會科學研究》44-2, 1992.9.

高橋秀直,《日淸戰爭への道》, 東京創元社, 1995.

茂木敏夫,《變容する近代東アジアの國際秩序》, 山川出版社, 1997.

原田環,《朝鮮の開國と近代化》, 溪水社, 1997.

大江志乃夫,《東アジア史としての日淸戰爭》, 立風書房, 1998.

大澤博明,《近代日本の東アジア政策と軍事》, 成文社, 2001.

19장 러일전쟁과 '한국 병합'

信夫誠三郎 · 中山治 編,《日露戰爭史の研究》, 改訂再版, 河出書房新社,
　　1972.

姜在彦,《朝鮮近代史研究》, 新訂版, 日本評論社, 1982.

森山茂德,《近代日韓關係史硏究》, 東京大學出版會, 1987.

森山茂德,《日韓併合》, 吉川弘文館, 1992.

姜在彦,《朝鮮近代史》, 新訂版, 平凡社, 1994.

海野福壽,《韓國併合》, 岩波書店, 1995.

海野福壽 編,《日韓協約と韓國併合》, 明石書店, 1995.

月脚達彦,〈大韓帝國成立前後の對外的態度〉,《東洋文化研究》1, 1999.3.

海野福壽,《韓國併合史の研究》, 岩波書店, 2000.

大江志乃夫,《世界史としての日露戰爭》, 立風書房, 2001.

20장 식민지 지배

朴慶植,《日本帝國主義の朝鮮支配》上 · 下, 靑木書店, 1973.

君島和彦,〈朝鮮における戰爭動員體制の展開過程〉,《日本ファシズムと東
　　アジア》, 靑木書店, 1977.

宮田節子,《朝鮮民衆と「皇民化」政策》, 未來社, 1985.

宮田節子・金英達・梁泰昊,《創氏改名》, 明石書店, 1992.

藤代和美,《朝鮮分割》, 法律文化社, 1992.

吉見義明 編,《從軍慰安婦資料集》, 大月書店, 1992.

樋口雄一,《戰時下朝鮮の民衆と徵兵》, 總和社, 2001.

尹明淑,《日本の軍隊慰安所制度と朝鮮人軍隊慰安婦》, 明石書店, 2003.

《金英達著作集 2 朝鮮人强制連行の研究》, 明石書店, 2003.

통사(通史)·사전·연표·기타

梶村秀樹,《朝鮮史》, 講談社, 1977.

井上光貞・西嶋定生・甘粕健・武田幸男 編,《東アジアにおける日本古代史
　　講座》全10卷, 學生社, 1980~86.

朝鮮史研究會 編,《入門朝鮮の歷史》, 三省堂, 1986.

伊藤亞人・大村益夫・梶村秀樹・武田幸男・高崎宗司 監修,《朝鮮を知る辭
　　典》, 新訂增補版, 平凡社, 1986.

《東アジアのなかの日本歷史》全13卷, 六興出版, 1988~90.

田中健夫 編,《世界歷史と國際交流》, 日本放送出版協會, 1989.

《爭点 日本の歷史》全6卷, 新人物往來社, 1990~91.

《日本の歷史》全21卷, 集英社, 1991~93.

荒野泰典・石井正敏・村井章介 編,《アジアの中の日本史》全6卷, 東京大
　　學出版會, 1992~93.

《新觀点 日本の歷史》全7卷, 新人物往來社, 1993.

朝鮮史研究會 編,《戰後日本における朝鮮史文獻目錄》, 綠蔭書房, 1994.

朝鮮史研究會 編,《朝鮮の歷史》, 新版, 三省堂, 1995.

姜在彦・李進熙,《日朝交流史》, 有斐閣, 1995.

木村誠・吉田光男・趙景達・馬淵貞利 編,《朝鮮人物辭典》, 大和書房,
　　1995.

武田幸男 編,《朝鮮の歷史と文化》, 日本放送出版協會, 1996.

石井正敏・川越泰博 編,《日中·日朝關係研究文獻目錄》, 增補改訂版, 國書
　　刊行會, 1996.

井上光貞・永原慶二・兒玉幸多・大久保利謙 編,《日本歷史體系》全18卷,
　　普及版, 山川出版社, 1996.

對外關係史總合年表編輯委員會 編, 《對外關係史總合年表》, 吉川弘文館, 1999.

武田幸男 編, 《朝鮮史》, 山川出版社, 2000.

吉田光男 編, 《朝鮮の歷史と社會》, 日本放送出版協會, 2000.

大槻健·君島和彦·申奎燮 譯, 《新版韓國の歷史-國定韓國高等學校歷史教科書》, 明石書店, 2000.

《日本の歷史》全26卷, 講談社, 2000~03.

《日本の同時代史》全30卷, 吉川弘文館, 2002~04.

韓永愚, 吉田光男 譯, 《韓國社會の歷史》, 明石書店, 2003.

그림 출전

沈仁安, 《東アジアのなかの日本歷史 1 倭國と東アジア》六興出版(2-3) ; 大谷, 《金印硏究論文集成》(2-3) ; 村山, 《石上神宮七支刀銘文圖錄》(3-2) ; 武田, 《廣開土王碑原石拓本集成》(4-1·3) ; 小原ほか, 《美の秘密》(6-4) ; 龜田孜 編, 《新修日本繪卷物全集 8 華嚴錄紀》, 角川書店, 1976(8-6) ; 村井, 《北條時宗と蒙古襲來》(10-4) ; 韓國中央博物館 編, 《新安海底文物》, 1977(10-6) ; 張玉祥, 《東アジアのなかの日本歷史 3 織豊政權と東アジア》, 六興出版(11-3, 13-1·5) ; 今谷, 《室町の王權》(11-4) ; 田中, 《東アジア通交圈と國際認識》(12-2) ; 中村, 《日本と朝鮮》(12-4) ; 田中健夫 譯註, 《海東帝國紀》, 岩波書店, 1991(12-5) ; 北島, 《豊臣秀吉の朝鮮侵略》(13-6) ; 辛·仲尾 編, 《大系朝鮮通信使》(14-1, 15-1·4·5) ; 李燦, 《韓國의 古地圖》, 汎友社, 1991(16-2) ; 賴編, 《儒學·國學·洋學》(16-4·5·6) ; 國史名畵刊行會 編, 《戰役畵帳御國之譽》, 省文社, 1935(17-1) ; 村井靜馬 編, 《明治太平記(第11編)》, 延壽堂, 1876(17-4) ; 辛基秀 編, 《映像が語る「日韓併合」史》, 勞動經濟社, 1987(18-3, 20-1·13) ; 서울特別市史編纂委員會 編, 《開港以後 서울의 近代化와 그 試練》 2002(19-1) ; 辛基秀 編, 《韓國併合と獨立運動(寫眞集)》, 勞動經濟社, 1995(19-8) ; 강만길 외 편, 《한국사 13》, 한길사, 1994(20-4).

찾아보기

342

344

현재 우리나라는 '역사 전쟁'을
하고 있다. 2001년 일본 중학교
검인정교과서 ─ 특히 후쇼사(扶
桑社) 간행 ─ 문제로 일본의 우익화 경향과 역사 왜곡을 둘러싼 논
쟁이 벌어졌고, 최근에는 고구려·발해 역사를 자국에 편입하려는
중국의 '동북공정' 추진으로 총성 없는 전쟁이 진행되고 있다. 역사
는 과거와 현재의 끊임없는 대화라지만, 지금은 어느 때보다 정확한
사실을 바탕으로 허심탄회한 대화를 나누고, 올바른 역사관을 정립
하는 작업이 필요한 시점이다.

이러한 상황에서 편협한 민족주의 혹은 일국사적 역사 관점에서
벗어나 역사를 주변국가와의 유기적인 관련 ─ '동아시아 세계'와
'동아시아 문명' ─ 속에 탐구하고자 하는 '동아시아사'적 관점은
기존 연구의 단점을 검토함과 동시에 그 한계를 넘어서기 위한 방법
으로 각광받고 있다. 한·중·일 삼국의 역사는 각각 독자성·자립
성을 지님과 동시에 서로 떼려야 뗄 수 없이 밀접하게 영향을 주고
받으면서 전개돼왔기 때문이다.

요시노 마코토(吉野誠) 교수의 《동아시아 속의 한일 2천년사》(원
제 《東アジア史のなかの日本と朝鮮》)는 바로 동아시아사의 관점 아
래 고대에서부터 1945년에 이르기까지 한일관계사를 균형 잡힌 역

사관으로 새롭게 서술한 연구 성과로 주목받을 만하다. 무엇보다 저자가 한국사와 일본사는 물론 중국사에 대한 해박한 지식을 토대로 동아시아 전체를 시야에 넣으면서 한일관계사의 흐름과 특징을 일목요연하게 파악한 통사를 저술했다는 점이 돋보인다.

한일관계사는 어느 시기, 어떠한 주제라도 논쟁거리가 있을 만큼 매우 다양하고 복잡 미묘한 관점이 혼재되어 있다. 따라서 각 주제마다 논쟁의 핵심을 제대로 파악하지 못할 경우 흐름을 제대로 정리하기가 쉽지 않고, 더군다나 특정 시대사가 아니라 모든 시기를 대상으로 삼은 통사를 저술하는 작업은 엄두조차 내기 어렵다. 지금까지 출간된 한일관계에 대한 통사들은 거의 대부분 각 시대 전공자의 공동 저술이었으며, 그나마 다양한 관점보다 일반적인 사실을 정리하는 수준에 머물고 있는 것도 이러한 사정에서 연유한다 해도 과언이 아닐 것이다. 그럼에도 요시노 교수는 20년 가까이 한일관계사를 강의·강연한 경험을 바탕으로 3년 넘게 집필에 공을 들인 끝에 엄청나게 축적된 연구성과를 객관적인 입장에서 비판·소개했을 뿐 아니라, 전문가는 물론 일반인들도 한일관계사의 전개과정을 쉽게 이해할 수 있는 통사를 혼자서 저술하는 값진 성과를 거두었다.

이 책의 가장 돋보이는 부분은 현재 한일 두 나라 국민의 상호인식이 역사적으로 어떻게 형성·발전되었는지를 명쾌하게 분석·해명한 점이다. 한·일 두 나라는 지리적으로 가까울 뿐 아니라 역사적으로 오랫동안 밀접한 관계를 맺어왔다. 이처럼 두 나라가 '순망치한(脣亡齒寒)'의 보완적이고 긴밀한 관계를 맺고 있는데도, 양국의 관계는 우호와 협력의 긍정적 측면뿐 아니라 침략과 대립의 부정적 측면이라는 이중성을 띠고 있다. 그 결과 두 나라 국민은 서로 상대방을 '가깝고도 먼 나라'로 인식하고 있는 실정이다.

이러한 두 나라 관계와 상호 인식의 특징을 저자는 각 시대별로 '허상과 실상', '이념과 현실', '자존과 동경', '적대와 융화', '멸시와 교린' 등 서로 대칭적이고 상반된 요소가 중첩돼온 것으로 규정했다. 나아가 이 두 가지 중 어느 쪽에 비중을 두고 한일관계사를 전체적으로 조감하고 이해하느냐에 따라서 전혀 다른 역사관 혹은 역사인식이 형성될 수 있다고 파악하였다.

여기서 지나쳐서는 안 될 사실은 저자가 근대에 해당하는 시기에 대해 아무런 특징도 제시하지 않았다는 점이다. 이 시기에 일본은 한국의 국권을 강탈하고 식민지로 지배하였고, 그 결과 해방과 동시에 패전국 일본이 아니라 오히려 식민지 한국이 분단되는 뼈아픈 상황이 전개되고 있다. 이와 같이 긍정적인 측면보다 부정적인 측면으로 얼룩졌던 근대 이후 오늘에 이르기까지 우리는 한일관계를 어떠한 특징으로 채워넣도록 노력해야 할까? 현재와 미래의 바람직한 한일관계상을 정립하기 위해 노력하는 것, 이는 곧 요시노 교수가 이 책에서 두 나라 국민을 향해 던지는 메시지이기도 하다.

동아시아적 관점에 입각해서 쓰여진 이 책은 한일관계사 연구의 새로운 지평을 열었다는 점에서 중요한 의의를 지니지만, 그럼에도 아쉬운 점이 없는 것은 아니다. 저자 스스로 서문에서 밝혔듯이, 이 책은 어디까지나 일본사의 흐름을 중심으로 서술한 한일관계사인 만큼, 내용상 한국측의 상황이 충분히 소개되어 있지 않은 부분도 있을 뿐 아니라 한국사의 시각과 다른 부분도 적지 않다. 이러한 의미에서 이 책은 우리들에게 커다란 과제를 던져주고 있다. 한국사의 입장에서 동아시아 삼국의 역사를 유기적으로 파악하여 새로운 한일관계사를 집필하는 일은 다름 아닌 우리의 몫이기 때문이다.

역자는 2003년 말 책과함께 출판사로부터 이 책의 출판 여부를 판단해달라는 부탁을 받았다. 아직 활자화되지 않은 채 저자가 입력만 해놓은 초고 상태의 원고였다. 평소에 한일관계에 관심을 갖고 있던 데다가 저자인 요시노 마코토 교수의 글을 예전에 접해본 적이 있어서 원고를 건네받자마자 대강 훑어볼 요령으로 읽기 시작했다. 그런데 이 책의 내용이 전문가는 물론 일반인들도 쉽게 읽을 수 있을 만큼 흥미진진할 뿐만 아니라 학문적 가치 역시 매우 높아 원고에서 눈을 뗄 수가 없었다. 그래서 역자는 자신의 부족한 역량을 잠시 망각한 채 직접 번역을 하겠다는 만용을 부렸다.

그 후 2004년 초 역자는 마침 자료 수집 차 일본에 가게 되었고, 그때 요시노 교수와 일본 출판사 관계자를 직접 만나서 대화를 나누는 소중한 기회를 갖기도 했다. 이 자리에서 역자와 저자는 동일한 시기를 공부하는 전공자로서 한일관계사를 새롭게 인식·연구해야 한다는 점에 공감대를 느꼈으며, 앞으로 번역과정에서 긴밀하게 협조하기로 약속하였다.

번역에 착수한 이후 역자는 한 차례 더 일본을 방문했고, 저자는 세 차례나 한국을 방문해 서로 학문적 토론을 벌였을 뿐 아니라 이 책을 정확하게 번역하는 데 필요한 지식을 교환할 수 있었다. 이 과정에서 요시노 교수는 한국어판 출판을 위해서 일본에서 간행된 본서의 내용을 재검토하여 일부 오류를 바로잡았을 뿐만 아니라, 번역 원고 전체를 여러 차례나 꼼꼼하게 읽고 잘못된 부분을 일일이 수정하는 데 심혈을 기울여주셨다. 역자의 짧은 지식과 일본어 실력에도, 이 책이 오역을 최소화하면서 그나마 번역서다운 체제를 갖출 수 있게 된 것은 저자의 끊임없는 관심과 도움이 있었기 때문이다. 그런데도 번역에 오류가 있다면 전적으로 역자에게 책임이 있음을 밝혀둔다.

이 책을 번역하면서 많은 분들의 도움을 받았다. 역자가 해결하지 못한 부분이 있을 때마다 언제나 기꺼이 시간을 내줘 명쾌하게 해결해주신 정태섭 교수님, 바쁜 와중에서도 번역 원고를 철저하게 검토 · 비판해주신 서강대의 허지은 선생님과 동국대의 이경섭 · 이승민 선생님, 교정에 많은 시간을 할애해준 동국대 정구선 · 한성민 · 김수현 선생님, 그리고 대학원생 권오수 · 최보영 군에게도 지면을 빌려 감사의 뜻을 전하지 않을 수 없다. 아울러 이 번역은 2004년도 동국대학교 번역 연구비의 지원을 받아 이루어졌다. 좋은 책을 번역할 수 있게 도와준 학교 당국에도 고마움을 표한다. 그리고 이 책을 번역 · 출간할 수 있게 기회를 마련해준 책과함께 류종필 사장님께도 감사의 말씀을 전한다.

2004년 12월 남산 기슭에서
한철호

354

동아시아 속의 한일 2천년사

1판 1쇄 2005년 2월 7일
1판 4쇄 2009년 9월 24일

지은이 ㅣ 요시노 마코토
옮긴이 ㅣ 한철호
펴낸이 ㅣ 류종필

기획 ㅣ 박은봉
편집 ㅣ 조세진

교정 ㅣ 裏·柳·書·家 아름다운 집
본문 디자인 ㅣ 裏·柳·書·家 아름다운 집
표지 디자인 ㅣ 김경진

펴낸곳 ㅣ 도서출판 **책과함께**
　　　　주소 서울시 마포구 동교동 158-24 혜원빌딩 4층
　　　　전화 335-1982, 335-1983
　　　　팩스 335-1316
　　　　전자우편 prpub@hanmail.net
　　　　등록 2003년 4월 3일 제6-654호

ⓒ 요시노 마코토, 2005
ISBN 89-91221-05-X 03910

값 15,000원